국가, 정부, 정책의 이해

Understanding of State, Government, and Public Policy

도서출판 윤성사 238
국가, 정부, 정책의 이해
Understanding of State, Government, and Public Policy

제1판 제1쇄 2024년 3월 1일

지 은 이	박경돈
펴 낸 이	정재훈
꾸 민 이	(주)디자인뜰

펴 낸 곳	도서출판 윤성사
주 소	서울특별시 용산구 효창원로 64길 10 백오빌딩 지하 1층
전 화	대표번호_02)313-3814 / 영업부_02)313-3813 / 팩스_02)313-3812
전 자 우 편	yspublish@daum.net
등 록	2017. 1. 23

ISBN 979-11-93058-41-1 (93350)

값 22,000원

ⓒ 박경돈, 2024

지은이와의 협의에 따라 인지를 생략합니다.

이 책의 전부 또는 일부 내용을 재사용하려면 반드시 사전에 저작권자와 도서출판 윤성사의 동의를 받아야 합니다.

잘못 만들어진 책은 구입하신 서점에서 교환 가능합니다.

본 저서의 '이 과제는 부산대학교 기본연구지원사업(2년)에 의하여 연구되었음.'

국가, 정부, 정책의 이해

Understanding of State,
Government, and Public Policy

박경돈

머리말

국가, 정부, 정책의 이해
Understanding of State, Government, and Public Policy

이 책 『국가, 정부, 정책의 이해』를 출간하게 돼 즐겁다. 정책학 입문 학생과 전공자는 늘 자기 분야의 다양한 이론을 배우지만, 자기 전공의 기반이 되는 국가와 정치에 대한 거시적 시각과 관점의 학습이 부족함을 느낀다. 특히 역사적 관점에서 정치와 국가 형성에 대해 심도 있게 배우지 않았으며, 정책학과 행정학 이외의 다른 학문의 시각에서 정책을 배우지 않았다. 정부는 행정부만을 의미하지 않지만, 정책을 공부할 때 행정부가 주된 연구 대상이다. 따라서 국가와 정부를 구성하는 사법부와 입법부를 소홀히 다룬다.

본격적인 정책학의 공부와 연구에 들어서기 전이나 더 심도 있게 정책학을 공부하기 위해 정치와 국가 및 정부 관련 주요 이론과 시각을 저서에 두루 수록했다. 정책학 입문 전공자뿐만 아니라 정책학 전문가도 다양한 관점에서 정치와 국가, 국가와 정부, 정부와 정책의 관계에 대해 고민했으면 한다.

저자는 책을 출간할 때마다 항상 가지는 사명감이 있다. 그것은 이 책이 두 번, 세 번 미래에도 계속 찾아볼 가치가 있어야 한다는 고민이다. 저자는 국가, 정책, 정부와 관계된 주요 이론과 관점을 방대하게 수록하려고 노력했기에 좀 더 상세하고 깊이 있게 논의되지 못한 점은 아쉽다. 그 반면, 기존 저서와 달리 정부와 정책을 둘러싼 정치와 국가 관련 제반 영역을 광의적 시각에서 두루 훑어봤다.

저자의 이 같은 바람과 사명감이 이 책에 묻어나는지 탈고를 앞두고 더 고민된다. 미진한 부분은 앞으로 계속 수정·보강해 나가고자 한다. 탐독을 통해 정치, 국가, 정부, 정책을 폭넓고 깊이 있게 이해하고, 사회문제와 정부 기능의 변화에 도움이 되는 아이디어가 샘솟기를 바란다. 이런 독자에 의해 내일의 우리 정부가 더 좋은 국가를 만드는 데 일조하기를 기대해 본다.

2024년 3월 01일
부산대 경제통상관에서 **박경돈**

목차

머리말_ 7

제1부 국가의 정치와 정책 · 19

제1장 국가와 정치 · 21

1. 정치의 의의와 발생 원인 · 21
   1) 정치의 의의_ 21
   2) 정치의 원천과 발생 원인_ 23
2. 정치적 결정과 방식 · 25
3. 조직정치 · 27
   1) 조직정치의 원인_ 27
   2) 조직정치의 전략과 효과적 관리 방안_ 28
4. 권력의 정의, 유형, 원천 · 28
   1) 권력의 정의_ 29
   2) 권력의 원천, 유형, 반응_ 30
      (1) 권력의 원천과 유형_ 30
      (2) 권력의 반응과 개인 능력_ 31
5. 권력과 권위의 구분: 막스 베버 · 31
6. 정부와 정책의 연구 방법 · 33
   1) 정책-행정의 관계_ 33
      (1) 조직관리의 정치적 함의_ 33
      (2) 행정-정치의 구분_ 34
   2) 정책학과 행정학_ 38
      (1) 행정학의 태동_ 38
      (2) 행정학의 범위_ 40
      (3) 정책학의 태동_ 41
      (4) 정책학의 특성 및 외연 확장_ 42

제2장 국가의 이데올로기와 정책 · 44
1. 이데올로기의 의의 · 44
1) 역사와 유용성_ 44
2) 구조와 특성_ 45
3) 개인적 및 사회적 기능_ 46
2. 자유주의 · 47
3. 보수주의 · 50
4. 사회주의 · 57
5. 전체주의 · 58
6. 이데올로기의 비교 · 61
7. 종교와 이데올로기 · 65
8. 이데올로기와 사회 정의 · 66

제2부 국가와 정부 · 69

제3장 국가 형성과 정부 운영 · 71
1. 근대국가의 형성 · 71
1) 국가의 의의와 개념_ 71
2) 근대국가의 태동과 발달 원인_ 72
   (1) 상업 발전의 재화 운송과 조세 재정의 필요성_ 73
   (2) 국가의 공공재 제공_ 74
2. 민족국가와 국가 건설 · 81
1) 국가와 민족_ 81
2) 실패한 국가와 성공한 국가_ 82
3. 정부실패와 시장실패 · 83
4. 정부의 운영 · 85
1) 엘리트주의_ 85

목차

    2) 다원주의_ 86
    3) 조합주의_ 87

제4장 정부와 민주주의 · 89
  1. 민주주의의 의의와 유형 · 89
    1) 민주주의의 의의_ 89
    2) 민주주의의 유형_ 90
    3) 민주주의와 시민 참여_ 93
      (1) 시민참여의 긍정론_ 93
      (2) 시민참여의 회의론_ 95
      (3) 시민참여와 공익_ 96
  2. 민주주의의 전제 조건 · 98
  3. 민주주의의 역사적 이행 · 99
    1) 전 세계의 민주화_ 100
    2) 역사적 이행의 의의_ 100
    3) 민주주의 발전의 영향요인과 결과_ 101
      (1) 영향요인_ 101
      (2) 발전의 결과_ 103
  4. 민주주의와 자본주의 · 105
    1) 공통점과 차이점_ 106
    2) 갈등과 통합_ 108
  5. 전제정치 체제 · 109
    1) 특징_ 110
    2) 군사정부_ 110
    3) 군주제_ 111
    4) 신권 정치체제_ 112
  6. 정부의 정통성_ 113

국가, 정부, 정책의 이해
Understanding of State, Government, and Public Policy

제5장 정부와 권력배분 · 116
1. 헌법의 설계 원칙 · 116
2. 헌법의 구성요소와 개정 · · · · · · · · · · · · · · · · · · · 119
1) 헌법의 구성_ 119
2) 국가적 정체성_ 120
3) 헌법개정_ 121
　(1) 헌법개정의 발의와 인준_ 121
　(2) 헌법개정의 가결과 최종 승인_ 123
4) 헌법개정의 제약_ 124
3. 헌법과 시민참여 · 125
4. 한국의 법령 체계 · 127
1) 헌법 조문의 특징과 구성_ 127
2) 헌법개정의 역사_ 129
3) 법률의 비교_ 131
4) 조례와 규칙의 개정_ 133
　(1) 주민참여예산 제도의 의의_ 133
　(2) 주민참여예산 제도의 부정론_ 133
　(3) 주민참여예산 제도의 긍정론_ 135
　(4) 주민참여예산 제도의 연혁_ 135
　(5) 주민참여예산 법령의 분석: 제·개정 횟수와 기간_ 136
5. 미국의 법령 체계 · 138
1) 미국 연방헌법_ 138
2) 미국의 기타 법령_ 140

제6장 정부 형태와 정책 · 142
1. 의원내각제 · 142
1) 의원내각제의 특징_ 143
　(1) 의원내각제의 대통령_ 145

목차

    (2) 입법부 중심의 국가 기능_ 146
    (3) 입법부의 규모 비교_ 146
    (4) 내각 행정권의 집합적 행사_ 150
    (5) 권력 분립의 보장_ 150
    (6) 입법부-행정부 간 협력_ 151
    (7) 행정부 안정성_ 151
    (8) 총리의 지위 및 권한 강화_ 153
  2) 의원내각제의 장단점_ 154
    (1) 의원내각제의 장점_ 154
    (2) 의원내각제의 단점_ 154

2. 대통령제 · 155
  1) 대통령제의 입법부_ 156
  2) 법률안 채택_ 157
    (1) 대통령의 입법 및 의제 권한_ 157
  3) 대통령의 불신임_ 159
  4) 대통령 국가의 선거_ 161
    (1) 국회의원 선거 및 대통령 선거의 규칙_ 161
    (2) 대통령 선거_ 162
    (3) 선거 시기_ 162
  5) 대통령의 임기_ 163
    (1) 대통령 재선에 대한 헌법상 임기 제한_ 163
    (2) 강력한 대통령제_ 164
    (3) 법률 채택_ 164
    (4) 대통령 권한 축소의 고려 사항_ 164

3. 혼합대통령제 · 165
4. 여성의원의 정치적 대표성 · · · · · · · · · · · · · · · · · · · 167
5. 입법 과정 · 172
  1) 국회의 입법과정_ 172

(1) 입법 과정(Ⅰ): 법률안의 입안_ 173
            (2) 입법 과정(Ⅱ): 법률안의 심의·의결_ 176
            (3) 입법 과정(Ⅲ): 법률의 공포 및 효력 발생_ 178
        2) 행정부의 입법과정_ 179
            (1) 입법계획의 수립_ 179
            (2) 법령안의 입안_ 180
            (3) 관계기관의 협의_ 180
            (4) 사전 영향평가_ 180
            (5) 입법예고_ 181
            (6) 규제심사_ 181
            (7) 법제처 심사_ 182
            (8) 차관회의·국무회의_ 182
            (9) 대통령 재가 및 관계 국무위원의 부서 후 국회 제출_ 182
            (10) 국회의 심의·의결_ 182
            (11) 공포안과 국무회의_ 183
            (12) 공포_ 183
            (13) 행정부의 입법 기간_ 183
    6. 국회와 대통령 간 균형 · 184
        1) 입법부와 행정부의 균형 간 중요성_ 185
        2) 입법부와 행정부의 균형 분석_ 185

제7장 정부 구성과 선거 · 189
    1. 선거제도 · 189
        1) 선거제도와 다수대표제_ 189
        2) 비례대표제의 미비_ 190
    2. 국민투표 · 192
    3. 투표 참여와 투표의 역설 · 196
        1) 선거의 참여_ 196

목차

    (1) 투표율_ 196
    (2) 비례대표제와 선거 참여_ 196
  2) 투표의 역설_ 197
    (1) 개념_ 197
    (2) 투표 비용과 의사결정규칙_ 197
  3) 현자민주주의와 합리적 무지_ 200
    (1) 정치 지식과 시민 부류_ 200
    (2) 민주정치의 문제와 극복_ 201
    (3) 엘리트 정치의 비판과 급진성_ 202
4. 한국과 미국의 선거 · 203
  1) 한국의 선거제도_ 203
    (1) 대통령 선거_ 203
    (2) 의원 선거 등_ 205
  2) 미국의 선거제도_ 207
    (1) 선거권_ 207
    (2) 대통령 선거_ 208
    (3) 입법부 선거_ 210
    (4) 미국의 사법부 선거_ 211
    (5) 지역정부의 선거_ 212

제3부 정책과 정부 · 215

제8장 정책과 정책과정 · 217
 1. 정책과 정책학 · 217
  1) 공공정책의 정의_ 217
  2) 정책학의 태동_ 218
 2. 정책과정 · 219

3. 정책의제 설정 · 219
   1) 의제 설정의 의의_ 219
   2) 정책단계와 정부 의도성_ 220
   3) 콥, 로스, 로스의 의제설정모형_ 222
   4) 킹던의 정책창 이론_ 222
4. 정책형성 · 223
5. 정책결정 · 224
   1) 정책결정의 의의_ 224
   2) 정책결정과 합리성_ 224
       (1) 합리모형_ 225
       (2) 초합리모형_ 226
       (3) 만족모형_ 227
       (4) 점증모형_ 227
       (5) 혼합주사모형_ 227
       (6) 회사모형_ 228
       (7) 앨리슨모형_ 229
       (8) 쓰레기통모형_ 229
6. 정책집행 · 230
   1) 정책집행과 일선관료_ 231
   2) 정책집행 연구의 세대_ 231
7. 정책평가 · 231
8. 정책유형 · 233
9. 정책참여자 · 233
10. 정책수단 · 234
11. 정책산출물 · 235

제9장 정부 체제와 정부조직 · 236
1. 정부 체제 · 236

목차

    1) 연방국가_ 236
        (1) 연방제의 의의_ 236
        (2) 연방제 모형_ 237
    2) 연방국가와 단일국가_ 238
    3) 분권화된 단일국가와 집권화된 연방국가_ 239
2. 정부조직 · 242
    1) 정부의 구조_ 242
        (1) 헌법재판소_ 243
        (2) 선거위원회_ 246
    2) 정부 인력의 국가 간 비교_ 248
3. 한국의 정부 · 252
    1) 중앙정부와 인력_ 253
    2) 지방정부와 인력_ 255
4. 미국의 정부 · 257
    1) 군정부와 지방정부_ 257
    2) 지역정부의 특성과 권한_ 258
    3) 미국 지역정부의 유형_ 259
        (1) 시장-의회형 정부_ 260
            (1)-A. 강시장-의회형 정부_ 260
            (1)-B. 약시장형 시장-의회형 정부_ 261
        (2) 의회-도시관리자형 정부_ 262
        (3) 위원회형 정부_ 264
    4) 시장-의회형 정부와 의회-도시관리자형 정부 간 비교_ 265

제10장 정부와 관료 행태 · 266
  1. 관료제의 형성 · 266
  2. 베버의 관료제 · 267
    1) 관료제의 특징_ 267

    2) 관료제의 구조적 우월성_ 269
  3. 조직관 · 269
    1) 폐쇄적-합리적 조직관_ 270
    2) 폐쇄적-자연적 조직관_ 270
    3) 개방적-합리적 조직관_ 271
    4) 개방적-자연적 조직관_ 271
  4. 정부 관료의 동기부여 · 272
    1) 동기부여이론_ 273
      (1) 내용이론_ 273
      (2) 과정이론_ 275
    2) 공적 서비스의 동기부여이론_ 276
    3) 반동기부여이론_ 277
  5. 정부 관료의 정책판단과 리더십 · · · · · · · · · · · · · · 278
    1) 정부 관료의 정책판단 근거_ 278
    2) 관료의 리더십 이론_ 281
    3) 고전적 리더십_ 281
      (1) 자질론 또는 특성론_ 281
      (2) 유형론 또는 행태론_ 282
      (3) 상황론 또는 환경론_ 283
    4) 현대적 리더십_ 284
      (1) 거래적 리더십_ 284
      (2) 변혁적 리더십_ 285
    5) 리더십 대체의 추종심_ 286

참고 문헌_ 289

찾아보기_ 305

제1부

국가의 정치와 정책

국가, 정부, 정책의 이해
Understanding of State, Government, and Public Policy

제1장
국가와 정치

1. 정치의 의의와 발생 원인

> 한 국가에서 정치인은 매일 갈등을 일으키고, 소속 정당에 기대어 진영을 나누고 매일 싸우는 모습만 보이는데, 정치가 왜 필요한가? 정치는 나와 상관없는 일인데 관심을 버려야 하나? 정치는 왜 필요하며, 바람직한 정치의 구축, 제도, 문화를 어떻게 만들어야 하는가?

1) 정치의 의의

우리나라에서 정치적 활동과 기능에 대한 국민적 인식은 매우 부정적이다. 국민의 대리인인 국회의원이 자기 소속 정당의 의석이나 이권만 늘리는 행위를 정치(Politics)라고 한다. 국회에서 의원 자신의 이익만을 위해 이전 투구하는 행위나 결정을 정치라고 느낀다. 따라서 정치는 국회의원이나 지방의원에 의한 대의제 정치(Representative Politics)의 부정적 이미지와 접목되기에 정치의 순기능과 선한 정치는 잘 인식되지 않는다.

하지만, 국가적 차원에서 보더라도 광범위한 일과 좋은 결정은 늘 정치와 관계된다. 국가의 해외 원조 지원 금액의 결정, 민주적 선거제도의 구축, 사회적 약자를 위한 구제 방법 등에 관한 논의와 결정은 모두 정치적 행위를 수반한다. 인간을 위한 좋은 정책을 수립·결정·집행하는 과정은 항상 정치적 행위와 절차를 포함한다.

정치적 행위는 국가적 차원의 정치뿐만 아니라 일상적 차원에서도 나타난다. 정치적 결정은 사회, 기업, 가족, 국가, 대학 강의실 어디에서나 발생한다. 친구와 점심을 먹을 식당의 결정에서 상호 의견 불일치와 조정, 학과·학년을 대표하는 학생 대의원의 선출 등 생활 전반에서 합의 도출을 위한 활동은 집단 내 정치이다. 정치적 집합체가 아닌 가족, 기업체, 학교에서 구성원이 자기 자신에게 적용할 규칙이나 활동을 결정하는 행위도 정치를 통해 달성된다.

이처럼 일상적 차원이든 국가적 차원이든 어떤 가치를 중심으로 한 선택, 협력 및 갈등이 있을 때 항상 정치적 행위가 나타난다. 특히 국가 차원에서 사회문제의 해결을 위해 정부나 공적 기관이 정치 기능을 거쳐 도출된 결과물은 공공정책(Public Policy)이다. 반면, 기업 차원에서 정치 기능을 거친 자기 조직을 위한 정책이라는 결과물이 있다면, 이는 기업 방침(firm policy/private policy)이다.

하지만, 국가가 정책을 결정할 때 정치적 결정이 많이 나타나지만, 정부나 공공기관의 관리적 결정이 항상 정치적 결정은 아니다.[1] 이에 정치적 사실과 비정치적 사실, 그리고 정치적 행동과 비정치적 행동을 구분하는 것은 말처럼 쉽지 않다. 어떤 시각에서 정치를 설명하더라도 정치적인 것과 비정치적인 것을 구분하기는 어렵다.

예를 들면, 올해 정부의 복지예산 총액이 작년보다 25% 증액했다는 객관적인 수치에 관한 사실은 관리적 결정이면서도 가치를 지닌 정치적 결정이다. 현 정부 및 정권의 가치와 우선순위를 사회복지에 두겠다는 정부의 의지이다. 정부의 의사가 정책으로 나타난 것이며, 다양한 관련 이해당사자 간 정치활동의 결과이다. 페퍼와 페퍼(Pfeffer & Pfeffer, 1981)는 조직과 관계된 행위나 사실 중 정치나 권력의 효과로 묘사되지 않는 사건은 거의 없다고 한다.

정치의 정의에 관해 라스웰(Harold D. Lasswell)은 누가 언제, 어떻게, 무엇을 갖는

---

[1] 이 책에서의 정책이란 용어는 방침이 아니라 모두 공공정책을 의미한다.

지에 관한 것이라고 한다(Carpenter, 1936). 앨런 외(Allen et al., 1979: 77)는 조직에서의 정치를 정의하면서, 정치란 개인이나 집단의 이기심을 증진하거나 방어하는 데 영향을 미치는 의도적 행위라고 한다. 마이어스(B. T. Mayes)와 앨런(R. W. Allen)에 따르면, 조직정치는 비승인된 영향력의 수단을 통해 승인된 결과 획득에 영향을 미치는 행위 또는 조직에 의해 승인되지 않은 결과를 획득하는 데 영향을 미치는 관리라고 한다(Mayes & Allen, 1977: 675). 즉, 조직의 '승인 없는 목적'을 달성하는 행위 또는 승인된 목적을 '승인 없는 수단'으로 얻는 행위와 영향력 관리를 정치로 정의한다. 수단을 강조하든 목적을 강조하든지 무엇이든 중요하게 생각하는 것을 달성하려는 의도적 행위로 요약할 수 있다.

이스턴(David Easton)에 따르면, 정치는 '권위의 가치적 배분'이라는 설명으로 귀결된다(Easton, 1953). 이런 정의는 정치의 내용적 설명이다. 따라서 정치는 '의도적 행위를 위한 가치'가 포함되고 '권력(power)의 획득과 사용'을 수반하며, '여러 사람에게 영향을 미치는 행위'를 포함한다. 정치는 가치의 의도성 및 목적, 권력, 다수의 영향력이란 세 가지 요소가 필요하다. 정치와 정책의 문제 및 행위는 권력과 관계되며 다수에게 매우 광범위하게 영향을 미치기에 정치는 최소한 준공공재적 성격(Quasi-Public Goods)을 가진다.

2) 정치의 원천과 발생 원인

정치의 발생 원인을 사회적 관점에서 보면, 사회적 자원이 희소하기 때문이다. 사회의 자원이 부족해서 이에 대한 배분의 선택과 결정이 어려워 정치활동이 발생한다. 또한, 정치의 발생 원인을 조직적 관점에서 보면, 자원의 희소성, 의사결정 기준의 모호함, 목표 우선순위의 불명확성 및 복잡성, 기술적 난해성 및 조직 외부 환경의 동태성 때문이다.

생산가능곡선

생산가능곡선은 경제에서 자원을 어떻게 배분해 사적재화를 공급하는지에 관련된 분석 모형이다(Mankiw, 2020). 생산가능곡선은 독립된 하나의 경제체제에서 2가지 재화의 공급과 1개의 결정 주체를 가정한 경제학적 모형이다. 이 모형에서 2개의 사적재 투입을 대신하여 2개 공공재 도입을 분석하면 정치가 필요한 이유를 확인할 수 있다. 즉, 정치적 가치와 배분의 문제로 치환하여 해석하는 것이다. 정부가 2가지 공공재의 생산이 가능한 상황에서 어떤 수준으로 공공재 생산·제공의 조합을 결정·조절하는 것이 바람직한지를 논의해보자.

그림의 X축은 국방 무기 공급의 축이고, Y축은 아동 복지 프로그램 공급의 축이라고 하자. 국방 무기와 복지프로그램 간 교환의 그래프를 생산가능곡선 또는 생산가능변경(Production Possibilities Frontier: PPF)이라고 한다. 이 곡선은 수많은 생산 가능 조합인 생산가능곡선 중에서 가장 효율적으로 두 재화를 교환할 수 있는 조합의 변방을 연결한 곡선이다.

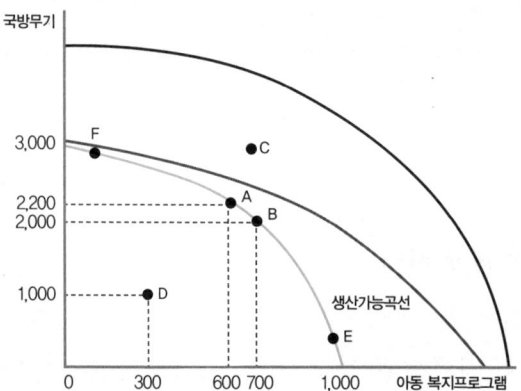

만약 정부가 무기 생산(X축)에만 전력한다면, 복지프로그램(Y축)은 공급되지 않는다. 그 반대로 정부가 복지제공에만 전력한다면, 국방 무기는 생산되지 않는다. 어느 한 공공재 생산에만 국가의 모든 자원과 인력을 투입하면, 다른 재화나 서비스는 공급되지 않아 사회적 문제가 된다. 또한, 특정 공공재를 더 많이 제공하려는 의도적 정책결정은 다른 재화의 제공 감소에서 더 많은 자원이 소진되기에 조심스럽게 결정해야 한다.

만약 정부가 무기 공급을 완전히 포기하고 다른 공공재인 아동 복지프로그램만 제공하기로 결정하면, 기존 군수 설비나 공장은 못 쓰게 된다. 무기 생산 인력은 복지인력으로의 전직이나 직무 전환 및 저항 등의 비용이 막대하게 소요된다. 무기 생산 인력의 마지막 1인까지 교육해 모든 인력을 복지프로그램 요원으로 전환하는 비용은 매우 크기에 밖으로 볼록한 그래프가 도출된다. 무기 제공의 큰 비용을 포기해도 아동 복지 프로그램으로 전환이 힘들기에 복지 제공보다 무기 제공 포기에 훨씬 더 큰 비용이 소요된다.
이처럼 특정 재화의 제공으로 인해 다른 재화 제공의 포기에 드는 금액이 기회비용(Opportunity Cost)이다(Mankiw, 2020). 기회비용은 어떤 선택지의 재화나 서비스 중 선택할 수 있는 두 번째로 좋은 선택지나 대안을 포기한 비용이다. 현 사례에서는 특정 공공재 생산의 증가를 선택한다면, 나머지 공공재의 기회비용을 희생한 결과이다. 현재의 경제 수준으로는 두 공공재 간 배합 비율을 개선할 수 없기에 정책결정이란 선택에는 비용이 수반된다(|기울기| = 한계변환율(Marginal Rate of Transformation): 한계변환율의 개념을 각 재화를 생산하기 위해 다른 재화를 얼마나 포기해야 하는지에 관한 기회비용으로 표시할 수 있음; 즉, 한계생산비용인 한계비용(Marginal Cost: MC)의 비율로 표시함).
만약 곡선이 외부로 확장돼 우상향하거나 밖으로 커진다면 두 공공재의 교환가능성이 더 커지고 더 많은 공공재가 공급될 수 있다. 이런 상황을 야기하는 주요 요인은 국가의 기술 진보, 경제 발전, 인구 증가 등이다(Mankiw, 2020). 같은 자원으로도 공공재를 더 효율적으로 생산할 수 있거나 경제 발전으로 더 많은 자원과 인력을 투입할 수 있도록 국가 경제 시스템이 확대·성장한 것이다. 결국 국가 경제시스템의 성장이라는 긍정적 변화가 없다면, 현 경제 상황에서 어떤 지점의 공공재 수준을 결정·공급할지가 중요하다. 정부는 시대나 사회의 가치와 요구에 맞도록 공공재 공급의 결합에서 정책결정의 지혜를 발휘해야 하므로 정치는 중요하다.

2. 정치적 결정과 방식

정치적 결정의 주체는 누구이며, 어떻게 결정되는가?

정치는 사회가 추구하는 무엇을 하도록 하는 공동의 공공재를 제공하는 활동이다. 정부는 공공재를 무한정 제공할 수 없기에 특정 공공재에 사회적 가치를 부여하고 이를 제공한다. 정부를 포함한 정치체제는 가치의 권위적 배분 체제(Easton, 1965)이므로 결국 누가 그 가치에 대한 권위를 가지는지에 따라 공공재의 제공 결정과 관련 정책이 달라진다. 아래는 쉬블리(Shively, 2014)의 가치와 권위 간의 관계에 대한 설명이다.

첫째, 공동 의사결정 또는 대중 선택(pubic choice)으로서의 정치이다(Shively, 2018). 모든 질문은 인간을 위한 것이며 다수 사람의 결정에 따라서 정치가 실현된다는 뜻이다. 따라서 이 관점의 핵심은 정치가 '집단 현상설'이란 의미이다. 공동의 정책 수립을 위해 다수와 관련된 문제에 대해 합리적·최선의 해결 방식을 도모하는 것이 정치적 행위이다. 이런 관점에 따르면, 정치는 공공선택을 포함하는 협력적 차원의 결정이라고 할 수 있다.

> 공공선택(pubic choice)은 공공선택론(Pubic Choice Theory)의 공공선택 개념과 혼동된다. 공공선택론은 정치 현상에 대한 경제학적 설명 및 해석으로 경제학의 한 분파이자 법경제학의 한 분파이다.

둘째, 권력자에 의한 권력 행사(power execution) 장치로서의 정치이다(Shively, 2014). 권력을 가진 자는 타인에게 자기 영향력을 미치는 행위를 할 수 있다. 타인을 강제하는 행위는 실제적 가능성과 잠재적 가능성을 모두 포함한다. 권력은 권력자의 잠재적 능력 또는 피지배자가 느끼는 인식에 근거한다. 실제로 권력자의 강제력 보유와 무관하게 피지배자의 인식과 믿음에 따라 생성되는 것이 지배자의 권력이다. 따라서 권력자가 행하는 실력 행사를 피지배자에 대한 영향력의 차원에서 보면, 권력자의 의도대로 피지배자를 움직이게 하는 실질적 강제력과 두려움 및 인식에 근거한 심리적 강제력을 모두 포함한다.

피지배자의 처지에서 보면, 권력은 실제 발생해 보이는 것보다 보이지 않는 측면이 더 두렵고 크게 느낀다(Caza, Tiedens, & Lee, 2011). 이에 권력은 두 가지 종류가 존재한다. 우선 '암묵적 권력(Implicit Power)'이다. 피지배자는 실제 권력이 없더라도 권력이 있다고 느끼기에 그 권력자가 원하는 무엇을 해야 한다고 인식·행동하는 것이다. 이와 대조적으로 '명시적 권력(Explicit Power)'은 분명히 드러난 권력자의 신호와 명령에 따라 지배자가 행동하는 것을 의미한다.

이 관점은 정치는 개인 또는 권력을 가진 다수의 권력 행사를 항상 포함한다. 한 사람이 다른 사람을 강제하거나 피지배자가 지배자가 원하는 것을 해야 한다고 느끼면 권력이 발생한 상황이다. 어떤 사람이 다른 사람을 강제한다는 느낌이 있거나 실제적인 행위를 강제할 수 있다면, 그 사람은 권력자이다.

브라워(Ralph S. Brower)와 아볼라피아(Mitchel Y. Abolafia)에 따르면, 정부 내에서 '위로부터의 정치'는 공식적이고 직위에서 비롯되며 정규적 행위 통로나 채널이 작동된다. 반면, '아래로부터의 정치'는 비공식적이고 직위와 관련 없이 시작되며 임시적 행위 채널이 작동된다고 한다(Brower & Abolafia, 1997). 권력자에 의한 권력 행사 장치로서의 정치는 '권력 현상설 또는 국가 현상설'을 대변한다. 권력 현상설은 개인이나 소수 집단이 다른 집단에 대한 권력의 사용이 주요 초점이며, 국가가 중심이면 국가 현상설이다.

3. 조직정치

조직에서 권력 차이 때문에 정치가 발생한다면, 정치는 조직 발전과 정책에 도움이 되는가?

1) 조직정치의 원인

페퍼(Jeffrey Pfeffer)에 따르면 조직은 기본적으로 정치적 체제라는 점에서 정부 조직과 유사하다고 한다. 조직을 이해하려면 조직의 정치적 행동을 이해해야 한다고 주장한다(Pfeffer, 1981). 조직을 '정치적 체제'로 바라보는 관점은 조직을 '합리적 체제'로 보는 접근법과는 차이가 크다. 조직을 정치적 체제로 바라보는 관점에 따르면, 조직의 효과성, 수익성, 생산성만이 조직구성원들의 관심사가 아니라는 점이다. 오히려 조직구성원은 많은 자원의 획득, 일상적 운영 방식의 준수, 자신에게 피해가 적게 발생하는 결정을 추구하는 정치성을 발휘하기 위해 노력한다는 점이다(Cyert and March, 1963).

2) 조직정치의 전략과 효과적 관리 방안

듀브린(Andrew J. DuBrin)은 조직 내에서 발생하는 정치적 전략을 효과적으로 관리하는 방안을 다음과 같이 제시했다(DuBrin, 2009). 첫째, 권력자와 동맹 관계를 유지한다. 둘째, 과거의 권력층에 속했던 사람들은 확실하게 대우를 해주거나 완벽하게 제거한다. 셋째, 분할 지배를 한다. 넷째, 정보를 통제한다. 다섯째, 성과를 신속하게 올릴 수 있는 업무부터 착수한다. 여섯째, 호의를 베풀되 상대방이 빚을 졌다는 것을 확실하게 인식할 수 있도록 한다. 일곱째, 점진적인 전략을 취하는 것이 혁명적인 방법보다 효과적이다. 여덟째, 한 번에 한 단계씩 달성하는 것이 효과적이다. 아홉째, 위기 상황을 이용한다.

비먼(Don R. Beeman)과 샤키(Thomas W. Sharkey)가 제시하는 조직정치의 관리 방안을 요약하면 다음과 같다(Beeman & Sharkey, 1987). 첫째, 제도적 불확실성을 줄인다. 둘째, 경쟁의 원천을 되도록 줄인다. 셋째, 조직의 발전 및 효과성에 역기능적인 권력 집단을 제거하거나 나눈다. 넷째, 비정치적 태도를 인사 평정에서 핵심 평가 요소로 반영한다.

4. 권력의 정의, 유형, 원천

> 정치의 기본 요소인 권력은 무엇 때문에 발생하나? 어떤 종류의 권력이 있고, 어떻게 구분할 수 있나?

1) 권력의 정의

학자에 따라 권력의 정의는 다양하다. 달(Robert A. Dahl)에 따르면, 권력은 사회이론이 계속 증가해 온 것처럼 고대 시대부터 어느 곳이든 만연했다고 한다. B라는 사람이 하지 않아도 되는 일을 A 때문에 하게 될 때 발생하는 사회행위자 간의 관계(a relation among social actors)가 권력이다. 따라서 권력은 '피지배자에 대한 강제력'을 의미한다(Dahl, 1957: 201-203).

에머슨(Richard M. Emerson)에 따르면, 행위자 B에 대한 A 권력의 크기는 B가 보인 저항을 A가 잠재적으로 극복하는 정도라고 한다(Emerson, 1962: 32). 페퍼(Jeffrey Pfeffer)와 살란식(Gerald R. Salancik)에 따르면 개념 정의는 어렵지만, 현실적으로 목격하기는 훨씬 쉽다고 한다(Pfeffer & Salancik, 1977). 권력을 가진 자가 바라는 결과를 산출할 수 있는 권력자의 능력이라고 한다. 따라서 권력은 타자에 대한 '지배자의 우월적 선호 실현'을 의미한다.

〈표 1-1〉 권력의 정의와 발생 원인

학자	내용	권력 발생의 맥락
달(Dahl, 1957)	피지배자 행태에 대한 강제력	피지배자에 대한 강제력
에머슨(Emersn, 1962)	피지배자 저항의 극복력	
페퍼와 살란식(Pfeffer & Salancik, 1977)	지배자의 선호 도출 능력	지배자의 우월적 선호 실현
페로(Perrow, 2019)	지배자의 불평등 우월성 유지	
비어슈테트(Bierstedt, 1950)	사회적 반대에서 발현	특수 환경

페로(Perrow, 2019; complex organization)는 관료제 이론이 초기 상태의 불평등한 자원의 배분을 당연한 것으로 받아들이므로 권력은 형평성이 없는 상태를 교정하기보다 오히려 유지한다고 한다. 비어슈테트(Robert Bierstedt)에 따르면, 권력은 사회적 반대가 발생한 경우에만 일어나는 사건이라고 한다(Bierstedt, 1950: 738). 따라서 권력은 '특별한 상황과 환경'으로부터 발생함을 의미한다.

이를 종합하면, 권력은 행태를 강제할 수 있는 사회적 관계와 특정한 맥락(context)

에서 발생한다. 이와 같은 권력은 피지배자에 대한 강제력, 지배자 선호의 달성, 특수 환경의 존재를 포함한다. 이와 같은 세 가지 속성인 관계와 맥락이 조직에서 발생하면 구조적인 현상(structural phenomenon)으로 고착되어 나타난다.

2) 권력의 원천, 유형, 반응

(1) 권력의 원천과 유형

권력은 보유 자산이나 자금력, 지식, 전문성, 강제력 또는 위하력, 지위, 추종심 때문에 발생한다. 그렇기에 이런 요인은 권력의 원천이 된다. 구체적으로 구분한 권력의 발생원인 및 유형은 다음과 같이 네 가지로 구분할 수 있다. 다음은 프렌치, 레이븐과 카트라이트(French, Raven, & Cartwright, 1959)가 설명하는 다섯 가지 권력 원천과 유형에 관한 수정·요약이다.

첫째, 준거적 권력이 있다. 권력자가 가진 능력이나 특정한 역량, 이끌림 등으로 인해 피지배자가 지배자를 닮아가고자 할 때 발생하는 권력이다. 지배자가 가진 카리스마, 성실성 등 피지배자가 롤 모델(role model)로 설정한 권력자를 추종할 때 권력자는 피지배자에게 권력이 발생한다.

둘째, 전문적 권력이다. 이 권력은 지배자가 전문성, 지식, 기술 등을 보유할 때 그들의 권위에 따라 지배자에게 발생하는 권력이다. 이 권력의 발생은 피지배자의 인식에 기반하며 그들 스스로 복속되거나 강제된다.

셋째, 합법적 권력이다. 직위에 따른 권력으로 피지배자의 직위가 높을수록 권력이 크고 피지배자는 이에 복속된다. 조직 내에서는 직위의 권력 행사 범위와 강도에 따라 권력의 강도가 정해진다.

넷째, 보상적 권력이다. 이 권력은 지배자가 피지배자에게 제공할 수 있는 자금, 예산, 인센티브 등의 보상 능력에 기반한다. 보상 가능성과 크기가 클수록 피지배자의 복속 가능성은 커지며 지배자의 권력은 강해진다. 보상에 따른 권력의 행사는 다른 권력 유형의 행사보다 더 쉽다.

다섯째, 강압적 권력이다. 이 권력은 심리적 압박, 물리적 처벌, 제재 등의 제재력에 기반한 권력이다. 강압할 수 있는 능력과 가능성이 크다면 피지배자는 복종하게 되며 피지배자의 권력은 크다. 조직의 규정 위반이나 근무 태만 등에 대한 상사의 통제력 및 압력의 행사 방법이 크다면 강압적 권력이 큰 것이다.

(2) 권력의 반응과 개인 능력

권력의 존재 인식 및 행사에 따라 순종적인 피지배자는 대체로 몰입과 복종의 두 가지 행태를 보인다. 몰입은 부하가 리더를 지도자로 인정하고 자신과 리더를 동일시하면서 보이는 반응이다. 복종이란 부하가 리더가 원하는 것을 수행하는 것을 말한다.

권력은 조직구조 및 개인 특성에 따른 권력으로 나눌 수 있다. 조직구조에 따른 권력(organizational power)은 직위 권력(Position Power)이다(Hersey, Blanchard, & Johnson, 1942). 직위 권력은 권력자의 특성이나 역량과 무관하게 조직 계층제에서 개인이 부여받은 직위 자체로부터 주어지는 권력이다.

개인 특성에 따른 권력은 개인 권력(Personal Power)이다. 개인 권력은 권력자의 직위와 무관하게 개인의 역량과 능력, 특성으로부터 발생하는 권력이다. 개인이 어떤 역량이나 능력을 보유하고 있는지가 중요하다. 위에서 제시한 준거적 권력, 전문적 권력, 강압적 권력, 보상적 권력 등은 우선 개인 권력의 세부 유형 또는 발생 원인과 관련된다.

5. 권력과 권위의 구분: 막스 베버

> 권력과 유사한 개념은 무엇인가? 권위는 무엇이고, 권력과 어떤 차이가 있으며, 어떻게 서로 구분되나?

권력(power)과 권위(authority)는 다르지만 상호 관련된 개념이다. 권력은 직위, 자산, 지식, 정보 등에 의해 생성될 수 있다. 권력은 피지배자가 동의하든 하지 않던 간에 동의 여부와 관련 없이 행사할 수 있다. 권력은 조직의 상위관리자, CEO, 개인, 공식집단 등이 가지며, 조직 내에서 합법성을 지닌다.

반면, 권위는 피지배자의 철저한 동의와 수용에 기반한다. 피지배자가 능력자가 그러한 힘을 가진다고 스스로 추종하고 인정한다면 그것은 권위이다. 권위는 일반적으로 조직이 부여한 합법적 권력이 아니다.

그런데도 조직의 권력과 권위는 연계된다. 특히 권력이 정당성을 가질 때 권위를 의미한다고 하며 권력 행사의 정당성(legitimacy)을 강조했다(Weber, Henderson, & Parsons, 1947). 권력이 권위로 전환되면 영향력은 약해 보이지만 실제로 더 강력하다고 한다. 반면, 권위가 유지되지 않고 종결되면 강제력을 동원한 권력이 시작된다. 권위는 자원과 승인 때문에 그리고 사회적 압력과 규범 때문에 유지된다(Weber, 1947).

베버(Max Weber)가 설명하는 권위의 발생 원인은 아래의 세 가지이다(Weber, 1998). 베버는 관료제의 권위가 보장되는 이유를 설명하면서, 권위가 다양한 원천(sources)으로부터 생성될 수 있다고 했다. 하지만, 추상화된 방법(abstraction)을 사용하여 수많은 권위와 발생 원인을 추론하여 몇가지 유형의 권위로 범주화했다.

첫째, 권위는 전통이나 관습에 의해서 발생한다. 이러한 권위를 '전통적 권위(Traditional Authority)'라고 한다. 할아버지, 할머니, 어머니 등과 같이 전통적인 위계질서와 관습에 따라 일반인은 연장자나 상위 계층 사람들의 권위를 스스로 인정한다.

둘째, 권위는 카리스마적 이유로 발생한다. 카리스마를 가진 자는 주술적·영감적 힘이나 능력을 갖춘 존재로서 지식, 정보, 문화, 대중 설파 등에서 압도적인 능력이 표출되고 행사되기에 이를 따를 때 발생하는 권위이다. 이 경우에 발생하는 권위는 '카리스마적 권위(Charismatic Authority)'이다.

셋째, 베버는 법적·합리적 이유로 권위가 발생한다고 한다. 관료제의 경우 법적인 근거와 규정에 따라서 그리고, 그것을 따르는 피지배자의 합리적 추론 때문에 권위가 발생한다고 한다. 관료의 행위가 법령에 근거하고 합리적이면 권위가 발생하고 시민은 관료의 행위를 수용한다. 반면, 관료 행위가 법적인 근거 없이 또는 합리적 추론으로 의심이 발생한다면, 그 관료의 권위는 수용이 거부되고 상실된다. 따라서 이 경우에 권위는 '법적·합리적 권위(Legal·Rational Authority)'이며, 관료가 권위를 갖는 이유이다.

6. 정부와 정책의 연구 방법

> 정책과 행정의 차이는 무엇이며, 정치가 정부의 행정에 개입되나? 정부 운영이나 관리의 원칙에 관한 정책학과 행정학의 관계와 역할은 무엇이며 어떤 차이가 있나?

1) 정책 - 행정의 관계

(1) 조직관리의 정치적 함의

윌슨(Thomas Woodrow Wilson)은 민주주의는 삼권 분립에 기반한다고 전제하면서 정치와 행정을 구분해 정치적 업무와 행정적 업무 간 차이가 있다고 주장했다(Wilson, 1887). 다시 말하면, 윌슨은 정치에 근간한 '정책적 업무'와 조직의 관리를 위한 '행정적 업무'는 철저히 분리되어야 함을 주장한 것이다. 행정적인 업무는 과학적 관리론(Taylor, 1914; One Best Way)에 입각한 계량적 과학적 방식으로 처리할 수 있기에 가치의 개입이 전혀 필요 없는 순수한 집행의 영역이라고 주장했다. 업무상 관리라는 그 당시의 용어를 현대 용어로 대체하면, 조직관리적 효율성 또는 능률성을 의미하는 것이다.

하지만, 공무원의 관리적 업무는 때때로 정치적인 영향력을 발휘하고, 정치적으로 결정되며, 가치를 지니게 된다. 예를 들면, 사기업이 인력 효율화를 위해 과다한 직원 규모를 축소하려고 공개채용을 전면 중단한다면 대중이 받아들일 수 있는 조직관리적 행위이다. 하지만, 만약 정부 기관이 인력 효율화 논리로 9급, 7급, 5급 공무원 공채를 전면 중단한다면, 일반인은 똑같은 기관 관리적 행위도 사회적으로 매우 큰 정치적 함의를 띤다. 모든 입시준비생과 고시생의 권리를 뺏는 정치적·사회적 행위가 된다.

또 다른 예를 보면, 1960~70년대 스웨덴에서 예상만큼 민간기업의 공채가 늘어나지 않아 정부기업 및 공공기관의 공채를 급격하게 증가시켰다. 이와 같은 행위는 스웨덴 정부의 인력에 대한 순수한 인원 조정이라는 의미보다는 열악한 청년 구직난을 해소하기 위한 정책적·정치적 행위에 더 가깝다고 할 수 있다. 이와 같은 사례를 요약하면, 정부가 순수하게 인력관리의 기능을 수행하더라도 사회적 가치를 수반한 정치성을 띠는 것이다.

(2) 행정-정치의 구분

정치와 행정, 정책과 행정 간의 차이와 관계에 관한 펠리세로(Pelissero, 2002)의 설명을 아래와 같이 요약해 본다. 정치와 행정 간 관계에 관한 초기 학자들은 정치는 가치를 중시하고, 행정은 실용을 중시하는 것으로 인식했다. 학문적 특성에서도 정치의 하부 학문인 행정학은 가치와 분리된 것으로 인식하는 '정치-행정 이원론(dichotomy)'의 시각을 가졌다.

하지만, 그 이후 정치와 유사한 정책은 정치의 구체화인 정부의 사업, 프로그램 등을 의미하는 것이기에 학자들은 정치와 정책을 거의 동질적 개념으로 취급했다. 행정의 정치성이나 가치성이 분리된다는 명제는 현실성이 낮아 거의 동의하지 않는다(정치-행정 일원론; Pelissero, 2002: 18).

① 정치-행정 이원론: 목표와 수단의 분리 완화

행정학이 태동한 초창기에 학자들은 정치와 행정이 상호 다른 기능을 수행하는 것으로 구분했다. [그림 1-1]의 왼쪽 그림처럼 굿노(Frank Goodnow)와 윌슨(Wilson)은 정치와 정책은 목표에 관한 것만 다루지만, 행정은 수단에 관한 부분만을 다룬다고 주장했다(Goodnow, 1990; 2017; Wilson, 1886). 즉, 정책-행정 이분법 모형(정치-행정 이

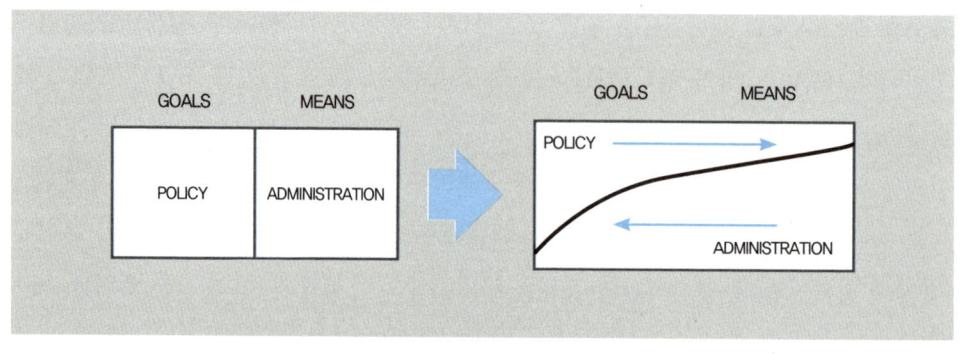

출처: Pelissero(2002).

[그림 1-1] 정책과 행정의 이원론: 목표와 수단의 분리 완화

원론)을 보면, 정책은 목표의 설정이라는 정책결정에, 행정은 목표 달성의 수단이라는 정책집행에 관련된 기능만을 수행한다고 묘사된다.

하지만, 실제로 정책은 수단에 관한 것을 부분적으로 포함하고, 행정도 수단뿐만 아니라 목표에 대한 것을 부분적으로 포함한다([그림 1-1] 오른쪽 그림 참조). 따라서 아래에서 제시된 것처럼 다양한 정책-행정 간 모형이 존재한다.

② 정책혼합: 정책과 행정의 혼합

기본적으로 정책은 가치를, 관료제인 행정은 수단을 다루지만, 상호 혼재된다. [그림 1-2]에 제시된 스바라(James Svara)의 '정책혼합'모형(Mixture In Policy)은 정치와 행정을 가치, 비용, 혜택의 분배로 정의한 행태주의자 이스턴(David Easton), 달(Robert Dahl), 사이어(Wallace Sayer) 등의 관점을 나타낸다. 정치인과 관료 모두가 분배 과정에 참여한다. 그 과정에서 관리자는 선출된 공직자가 공식화한 정책을 제안하고, 정책을 결정하고, 정책수단을 선택하며, 예산을 작성하고, 공공서비스를 전달·결정하는 등 정책결정과 집행에서 광범위한 재량을 갖는다. 따라서 행정 영역의 수평선은 정책영역 쪽으로 많이 올라가 침투돼 있다. 반면, 정책영역을 다루는 정치인의 행정 개입

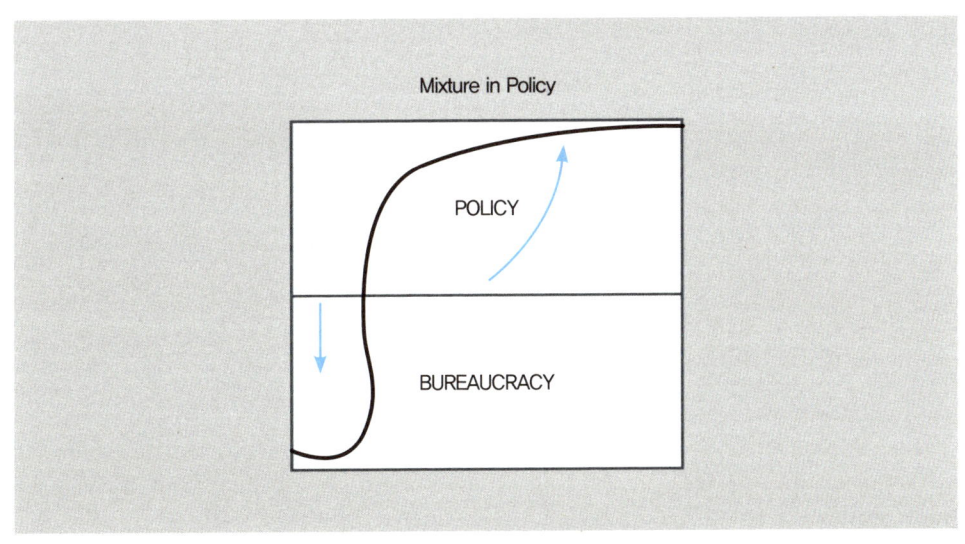

출처: Pelissero(2002).

[그림 1-2] 정책혼합: 정책의 확장

([그림 1-2]의 아래 방향 화살표의 선)은 상대적으로 적다.

정책영역으로 올라간 곡선은 정책 입안에서 관료적 권한이 그 영역으로 확대됨을 의미한다. 관료제 영역 아래의 선은 관료제에 대한 정치적 통제의 부재를 의미한다. 정책영역 곡선이 관료 영역으로 조금 내려간 부분은 행정 문제에 대한 개입의 제약, 특정 서비스 제공과 관련된 관료제의 통제 미비, 구매 또는 자본 건설 및 계약 수주의 허용을 의미한다. 의회-도시관리자형 정부(제9장 정부 체제와 인력을 참조)가 정책 모형의 혼합에 해당하는 실증적 증거이며(Frederickson, Johnson Wood) 관료에 대한 약한 통제 및 개입의 패턴을 보여준다.

③ 행정혼합: 정책의 행정 침투

주로 행정보다 정책을 담당하는 정치인도 행정의 영역에 많이 개입·관여하고 있다. [그림 1-3]의 '행정혼합(Mixture In Administration)' 모형은 본질적으로 [그림 1-2]의 정책혼합 모형과 정반대의 양상이다. 선출된 집행부인 시의원은 정부의 행정적·일상적 집행에 깊이 있게 관여하며 심도 높게 질의한다. 어떤 이들은 이런 개입을 부정적 개념으로 정치인의 미세관리(micro-management)로 묘사한다.

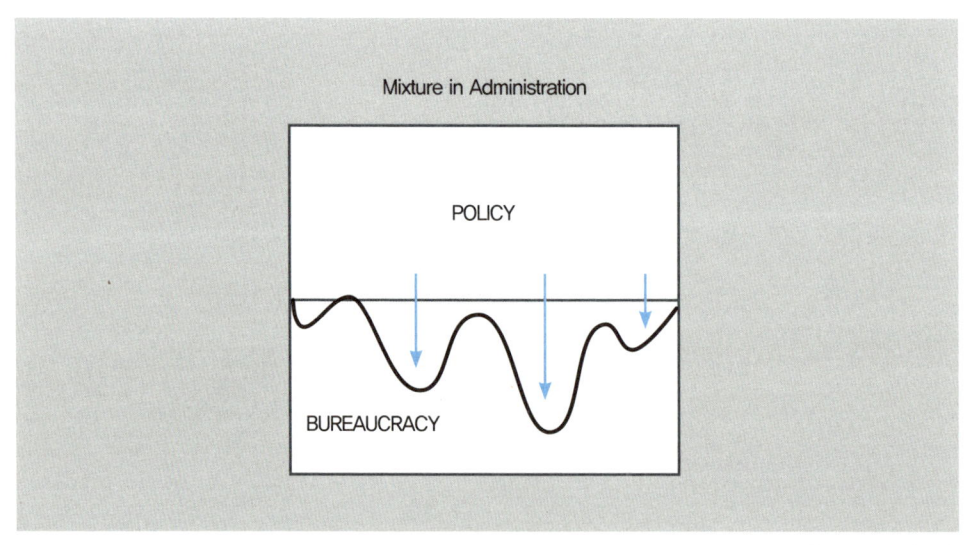

출처: Pelissero(2002).

[그림 1-3] 행정혼합

이런 정치적 관여와 간섭은 지역개혁 운동이 막고자 했던 지역 정치의 부패 발생 우려에 대한 대응이다(Newland, 1994). 행정혼합 모형은 통제되지 않는 관료제의 과잉을 억제하기 위한 입법적 특권 또는 정치적 대응성을 강조한다(Welch & Bledsoe, 1988). 행정혼합 모형은 앞선 정책혼합 모형처럼 다른 유형의 의회-도시관리자 모형의 사례이다. [그림 1-2]에서 설명한 의회-도시관리자 모형과의 차이점은 지역구에서 당선된 시의원은 적극성이 매우 커서 행정에 깊숙이 관여하지만, 도시관리자가 매우 수동적인 모형의 도시정부를 염두에 두고 묘사한 모형이다.

④ 동등모형

관료제 중심의 행정이 정책의 가치 영역에 깊게 침투할 수 있다. [그림 1-4]는 선출직 공무원-행정관료의 '동등모형(Elected Official - Administrator as Co-equal)'이다. 이 동등모형은 정책혼합 모형의 많은 특성을 공유한다. 스바라(James Svara)에 의하면, 이 모형은 신행정학(New Public Administration)의 주장처럼 행정관리자의 행위도 본질적으로 정책적 정당성이 있기에 가치를 포함한다고 주장한다. 특히 행정관리자도 저대표성(under-representation)을 가진 소외자의 이익을 보호할 윤리적 의무 및 사회적 형평성을 증진할 의무가 있다고 한다. 시민의 대리인으로 활동하지만, 법률, 의회 지침, 관료적 효율성 및 공정성의 기준에 따라 도시정부의 업무를 관리한다(Frederickson 1997; Wamsley & Wolf, 1996).

스바라의 이 동등모형 [그림 1-4]에 따르면, 시의회는 정책을 설정하고 예산을 승인하지만, 의회 개입이 없는 강력한 도시관리자가 효율성 및 공정성의 기준에 따라 정책을 집행하고 서비스 제공에 자유롭다. 따라서 관료제에 대한 통제력이 부재하거나 법령 통과, 기준 설정 및 예산 승인을 통한 정치적 통제력이 약화할 우려도 있는 모형이다. 정책영역의 수평선 윗부분에서 물결치는 선까지의 굴곡은 모든 영역이 아니라 특정 영역의 가치 문제에 관료가 적극적으로 개입함을 의미한다.

요약하면, 행정혼합([그림 1-3]) 모형은 정치가가 행정이나 관료 영역에 깊숙이 관여된 모형이다. 정책혼합 모형([그림 1-2])과 동등모형([그림 1-4])은 행정관료가 정책영역에 깊숙이 관여된 모형이다. 이 둘을 구분하면, 정책혼합 모형([그림 1-2])에는 정치가의 행정 및 관료제 개입이 동등 모형([그림 1-4])보다 비교적 많은 편이다.

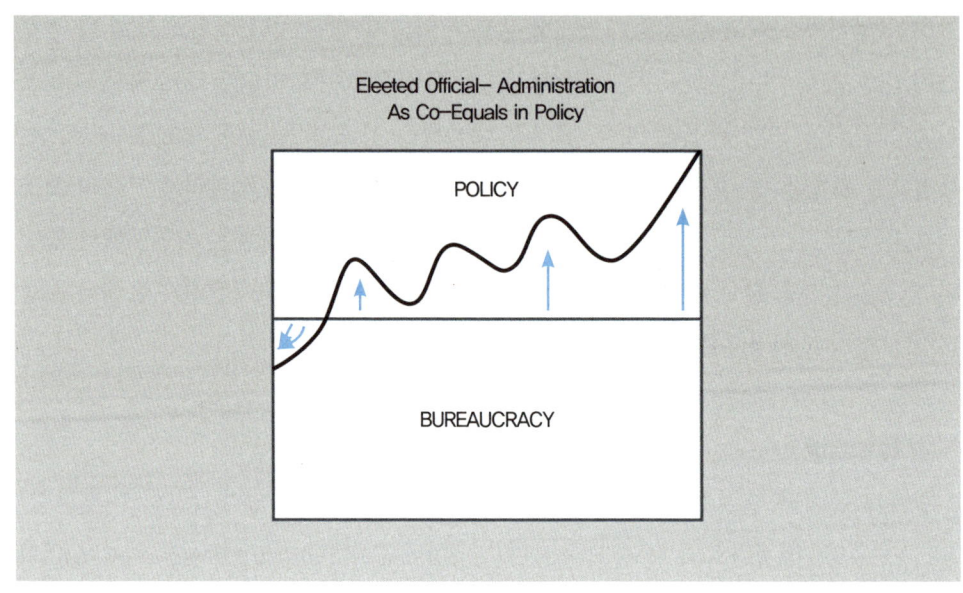

출처: Pelissero(2002).

[그림 1-4] 동등모형

위의 세 그림([그림 1-2·3·4])이 의미하는 바를 보면, 정치는 행정 및 관료제에 개입하지만, 관료제 및 관료가 정책의 집행과 결정에 더 깊숙이 관여한다는 점이다. 이에 정책과 행정을 구분하는 정치-행정 이원론보다는 일원론이 당연히 타당하다는 설명이다. 특히 현대 정부는 당연히 행정과 정책을 모두 포함하고 있어, 정도의 문제이지만 가치와 수단이 혼재된다.

2) 정책학과 행정학

(1) 행정학의 태동

미국 행정학의 시작을 이끈 윌슨(Wilson, 1887: 197) 대통령은 그동안 알아야 할 필요가 없다는 점에서 실용 학문이 전혀 연구되지 않았다(No practical science is ever studied where there is no need to know it)고 하면서 정치학으로부터 분리된 행정학의 출발과 필요성을 아래와 같이 역설했다.

윌슨은 행정을 연구한 목적은 첫째, 정부가 적실성 있고 성공적으로 수행할 수 있는 것이 무엇인지를 발견하는 것이라고 한다. 둘째, 재정 또는 인력 투입(에너지)의 관점에서 최소한의 비용으로 가능한 한 최대의 효율성을 달성하며 적절하게 업무 수행할 방법을 발견하는 것이라고 했다.

> **행정학 태동의 목표**
>
> It is the object of administrative study to discover, first what government can properly and successfully do, and, secondly, how it can do these proper things with the utmost possible efficiency and at the least possible cost either of money or of energy.
>
> 출처: Wilson(1887: 197).

그동안 정치학은 정부 구성과 같은 대단위의 사변적인 물음에 답해 왔다면, 행정학은 그동안 정치학이 다루지 않았던 실용적 세부 사항(practical detail)을 다루겠다고 했다. 이론적이고 철학적인 정치학으로부터 분리된 실용적 학문의 존재를 알림과 동시에 정부의 성공적 업무와 효율적 업무 수행 방법에 관한 연구가 필요하다는 것이다(Wilson, 1887: 197-198). 이와 같은 선언을 통해 정치학으로부터 또는 사회과학으로부터 분리된 행정학이 태동했다.

> **공공행정 개념과 범위**
>
> 1. 공공행정의 개념
>   - 공공행정(Public Administration)은 입법부, 행정부, 법원이 채택하거나 발행한 법률 및 기타 규정의 집행과 관련된 모든 프로세스, 조직 및 공식 지위의 개인을 모두 포함한다.
>
> 2. 공공관료제와 행정의 확대 원인
>   정부관료제를 포함한 공공관료제(Public Bureaucracy)의 확대에 대한 다양한 원인을 제시했다. 아래는 마이어(Meyer, 1987)의 설명이다.

- 첫째, 주요 주장은 정부 활동의 '기술적 복잡성(technological complexity)'이 증가함에 따라 정부관료제도 증가했다는 점이다.
- 둘째, 또 다른 주장은 관료제 증대가 다양한 '이해관계 또는 고객집단의 대중적 압력 증대(public pressures)'에 따른 결과라고 한다.
- 셋째, '위기에 대한 정부 대응(governmental responses to crises)'이 관료제를 확대했다고 한다. 행정국가화 현상을 설명할 때 서구 선진 국가에서는 '복지국가화' 현상 때문에 나타난 것이라고 한다. 하지만, 우리나라는 최근 노무현 정부 이후 복지예산이 비약적으로 증대한 현상을 제외하면, 그 이전까지 일반적으로 복지국가화 지향으로 인한 행정부의 비대화 현상이 없었다.
- 넷째, '규제와 관료주의의 필요성'에 대한 대중적 수용(public acceptance)이 증가해 정부관료제가 확대됐다고 한다.

3. 공공행정과 사기업 관리(private administration)와의 유사점과 차이점
- 민간 조직은 경영진에게 책임이 집중되고, 시장을 통제하고, 고객을 정의하고, 관리자가 스스로 자기 목표를 설정할 수 있다. 민간기업은 이익 지향적이며 최소한 급여 지급을 위해 재화나 서비스를 제공한다. 기업에서는 이익 또는 손실이 '최종선'으로 평가된다(Rainey, Backoff, & Levine, 1976).
- 공공부문은 민간부문과 다르기에 공적 책임은 공공기관의 내부에만 귀속되는 것이 아니라 외부 기관이나 대중에도 널리 적용된다. 행정관료는 우선 입법부가 정한 목표를 달성하기 위해 노력해야 하므로 때때로 무엇을 해야 하는지, 최상의 대중 이익이 극대화되기 위해 어떻게 행동할지에 관한 선택의 문제에 봉착한다. 공공기관은 세금으로 충당된 공공서비스를 제공하며, 통상 다양한 외부 세력에 의해 다양한 형태로 평가받는다(Rainey, Backoff, & Levine, 1976).

(2) 행정학의 범위

순수한 행정 기능이라는 관점에서 정부를 보면 행정학은 사기업처럼 자기 기관의 관리에 우선적 관심이 있다. 이에 조직, 인사, 예산 기능은 기업 경영처럼 조직관리의 3대 필수 기능이다. 이를 뒷받침하는 학문은 행정조직론, 인사행정론, 정부예산론 및 재정학이다. 미국 행정학의 태동을 이끈 윌슨(Thomas W. Wilson)에 따르면, 협의의 행정학은 기본적으로 관리 학문(study of administration)이다. 조직의 관리 학문 중에서 정부 기관의 조직관리 및 운영 등에 핵심적인 교과목은 협의의 행정학(Public

Administration)에 해당하며, 해당 교과목은 조직(관리)론, 인사행정, 재무행정이다.

이와 같은 행정학은 정부나 공공기관이 아닌 기업의 조직관리를 위한 학문인 경영학(Business Administration)과 거의 유사하다. 경영학에서도 (기업)조직관리, 인력자원관리, 재무관리는 기업이나 사업조직의 필수적 유지를 위한 핵심 과목이다. 미국에서 최초로 1887년 태동한 행정학은 정부 기관의 조직, 공무원 인력관리, 예산 등을 중심으로 한 정부 기관의 관리 학문이었다. 그 후 행정학은 사회문제의 해결과 공공 기능의 적용이 가능한 영역과 학문 분야로 그 범위를 점차 넓혀 오면서 정체성의 위기(Identity Crisis)도 겪었다(Ostrom, 2008). 광의의 행정학에는 대체로 행정학 각론 교과목인 전자정부론, 공공서비스론, 복지행정론, 공기업론, 관료제론 등이 포함된다.

(3) 정책학의 태동

현대 정책학의 시작은 미국의 정부 정책에 대한 시민적 요구의 사례로부터 살펴볼 수 있다. 미국에서 역사적으로 정부의 기능은 시민사회 및 시장의 역기능 및 부정적 결과에 대한 수정, 조정 및 이들 주체의 활동 무대의 근간을 설정하는 데에 초점이 있었다. 이를 협치, 국정관리, 또는 거버넌스(Governance)라고 부른다.

한편, 1950~70년대 미국에서 시민사회나 특히 시장의 기능에 따른 역기능 및 사회적 폐해가 다양하게 나타났다. 인종 차별, 성별 차별, 노동 인권, 장애인 차별, 전쟁 등으로 인해 등장한 사회적 부작용을 개선하려는 민간부문의 노력은 한계에 도달하게 된다. 이에 최우선적, 선제적으로 사회문제를 정부가 해결하도록 하는 시민적 요구가 커졌다. 통치(Government)와 정책 기능의 강화 필요성이 증대되면서 본격적으로 정책학이 태동하게 된다. 따라서 기본적으로 정책학은 정부 개입의 사회문제 해결에 관한 학문이다.

각 학문의 다양한 분야에서 이미 정책 연구와 분석은 원천적으로 존재했다. 사회복지, 외교, 해양, 대기과학 등 다양한 학문 분야에서도 정부의 프로그램이나 정책대안에 관계된 연구 및 학문의 분야는 이미 존재했다. 즉, 개별 학문마다 정책학이란 이름으로 연구나 분석 및 대안이 각개 약진하는 모습을 보였다.

하지만, 학문 간 지식과 대안, 분석 방법이 다른 학문과 통합되지 않았기에 단편적이고 변증법적 발전을 가져오지 못했다(Lasswell, 1970). 분야별 독창성과 발전에 따라 개별 학문의 과학성이 증진됐지만, 사회문제의 분석과 처방 역량이 크게 개선되지 않았다. 한편, 학문적 차원에서 보면, 정책학은 다양한 학문과 결합하면서 더 넓게 외연이 확장됐고, 동시에 정책학 일반론 또는 통론이라는 정책이론의 촉발 및 정교화를 달성하고 있다.

(4) 정책학의 특성 및 외연 확장

정책은 정치성을 포함해 국가나 정부 기관의 상위 차원의 정책결정에서 보면, 정치와 정책은 거의 동질적 개념이다. 정책적 결정은 정치적 결정으로 이 두 가지 개념은 동일하게 취급된다.

정책학은 기본적으로 바람직한 사회 달성을 위한 가치를 포함한 실용 학문이다. 정책학은 정부나 공적 기능의 수행기관이 사회적 가치를 접목하여 사회문제를 과학적으로 분석하면서 해결하기 위한 법령, 사업 및 프로젝트를 결정·집행한 후 평가하는 과정과 관계된 학문이다. 따라서, 정부 조직에만 국한되지 않고 사회문제와 관련된 정부의 결정과 행동도 모두 정책학의 범주에 포함된다.

정책학의 범위는 타 학문으로부터 많은 이론과 시각, 분석방법론을 받아들이면서 확대됐다. 정책학의 외연적 확장은 행정학의 확장과 타 학문으로부터의 정책학의 범위 확장이라는 시각에서 살펴볼 수 있다. 행정학의 인사행정론이 민간인의 정부 진출과 그들의 권리 및 취업 기회 등과 밀접히 관련된다면(예: 공무원 공개채용의 중단과 예견된 사회 혼란 등), 이는 인사정책론으로 확장된다. 정부예산론은 공공재정론으로 확장된다면, 이는 정책학의 범주에 해당하는 영역까지 포함한 행정학 또는 정책학이 된다.

앞서 밝힌 바와 같이 이렇게 되면 행정학은 정통 행정학에다가 정책학을 포함해 학문적 범위가 확대된다. 아울러 정책학 일반론 또는 통론 및 정책이론과 결합하게 된다. 정책학의 필수 과목을 정책과정의 관점에서 보면, 정책의제설정론, 정책형성론, 정책결정론, 정책집행론, 정책평가론을 포함한다. 그리고, 정책학에는 정책과정의 고유한 과목에다가 정책분석론, 사회문제론, 정책성과평가론, 규제정책론 등 정책학 각론도 폭넓게 포함된다. 또한, 다양한 개별 학문 분야의 정책학도 포함된다.

한편, 정책학은 과학기술, 전자정부, 환경, 사회복지, 교정, 해양대기, 산업 및 인력, 공기업, 외교 등 정부가 관여해 사회문제 해결을 위한 모든 분야에 정책학이라는 꼬리표를 붙일 수 있다. 따라서 정책학도 고유의 정책이론에 협의 및 광의 행정학을 포함하여 그 외연이 확장되었다.

제2장
국가의 이데올로기와 정책

1. 이데올로기의 의의

이데올로기는 어떻게 형성됐기에 우리나라에서 정치이데올로기가 강하게 나타나는가? 정치이데올로기가 없으면 집단 간 상호 대립도 없을 텐데, 왜 굳이 필요한가?

1) 역사와 유용성

이데올로기[1]는 프랑스 혁명기(1789~1799년)의 1796년 프랑스 학자인 데슈트 드 트레이시(Antoine Destutt de Tracy)에 의해 처음 사용됐다. 이데올로기는 이념에 관련된 학문 및 이념학이라는 뜻으로 그의 책에서 최초로 주장된 개념이다. 이스턴(David Easton)에 따르면, 이데올로기는 어떤 체제의 구성원이 과거를 해석하고 현재를 설명

---

[1] 이데올로기는 어원이 유래된 프랑스식은 이데올로지(idéologie)라고 발음하며, 미국과 영국에서 아이디알러지(미국식 [aɪdi | ɑːldʒi], 영국식 [aɪdi | ɒlədʒi]), 독일에서는 이데올로기(Ideologie)로 불린다.

하며 미래 비전을 제시하는 데 도움이 되는 일종의 이상, 목표, 목적이라고 규정했다(Easton, 1965). 이데올로기는 서로 관련성이 높으며 서로에게 수정을 가하는 체계적으로 구성된 일련의 관념들을 일컫는 말이다. 이데올로기는 특별하게 정치와 관련돼서 자신의 의견을 수정하기도 하고 다른 정책적 견해에 대한 믿음을 가지는 근거로 사용되기도 한다.

이데올로기는 ① 유용성과 ② 안도감이라는 두 가지 측면에서 개인에게 유익하다. 이데올로기의 ① 개인적 유용성은 ⓐ 개인적 측면과 ⓑ 사회적 측면으로 구분해 설명된다(Easton, 1965; 박경돈, 2021). 첫째, 이데올로기의 ⓐ 개인적 유용성을 보면, 이데올로기는 다양한 문제의 이해에 기반이 되는 접근법과 시각의 근거가 된다.

둘째, 이데올로기의 ⓑ 사회적 유용성을 보면, 이데올로기는 사회문제의 해결에 필요한 정책과 정부의 활동 그리고 정책수단의 결정이 바람직하다는 사고를 제공할 수 있다. 따라서 이데올로기는 공적 용도가 있는데, 우리가 선호하는 정책이 옳다는 것과 많은 사람이 나의 인식과 연대하는 사실로부터 특정 정책이나 정치활동에 확신을 제공한다.

한편, ② 개인적 안도감이라 차원에서 보면, 정부의 정책에 관한 의견 교환 및 논의, 설명에서 개인적 이유를 들어서 사회 목적에 부합한다고 주장하는 것은 부자연스럽고 논리적이지 않다. 사회에는 많은 대중이 존재하기에 자기만 추종하는 편협한 이데올로기적 기반이나 근거에 따른 주장은 설득력을 잃는다. 반면, 자신의 정치적 주장과 정책의 추진이 옳은 논거가 많은 구성원이 따르는 이데올로기에 근거한다면 사회적 정당성을 가지고 개인 안도감이 생성된다.

2) 구조와 특성

이스턴(Easton, 1953)은 이데올로기의 구조와 특성은 다음과 같이 설명한다.

첫째, 이데올로기는 사상과 신념을 내포하고 있다. 이데올로기는 구조적으로 인지적이고 정서적이며, 심리적인 요소까지 포함한다.

둘째, 이데올로기는 일정한 체계성과 논리적 구조를 가지고 그 안에 포함된 이념적 요소는 서로 연관성을 갖는다.

셋째, 이데올로기는 경험적인 요인들과 규범적인 요인들이 뒤섞여 있다. 사실과 가치, 진단과 처방 등과 같은 요소가 모두 포함된다. 이데올로기는 사실에 관한 것이 아닐 수 있으며, 앞으로 해야 할 일의 당위성을 나타낸 의지나 가치의 표현이라고도 한다. 따라서 이데올로기는 이념과 행위를 모두 포함한다.

셋째, 이데올로기는 인간을 자극하고 적극적인 행위를 유발하는 동기부여를 제공한다. 이데올로기는 사실의 설명에 그치지 않고 감정과 행위를 불러일으키고 그것을 자극하는 행위적·행태적 요소를 포함한다.

넷째, 이데올로기는 그 자체를 구조상 완전한 것으로 또한 권위적인 것으로 받아들이지는 특성이 있다. 이데올로기 구조의 폐쇄성이 강하면 사회는 변화를 수용하지 않는다. 사회적으로는 그러한 개방성의 부족은 종종 사회 갈등을 증폭시킨다. 따라서 이데올로기적 변화 과정에서는 정치적 리더십의 심한 갈등과 투쟁이 나타난다.

3) 개인적 및 사회적 기능

다음은 크리스텐슨(Reo Millard Christenson)이 설명하는 이데올로기의 개인적 및 사회적 기능이다(Christenson, 1972: 14-18).

첫째, 이데올로기는 이념 체제로서 인지 구조를 제공해 세계를 또는 사회적 문제를 쉽게 이해할 수 있는 추상적인 통로로서 역할을 한다.

둘째, 이데올로기는 어떤 문제나 상황을 해결할 수 있는 처방적 지침을 제공한다. 이데올로기는 개인이나 집단의 행위나 판단이 올바르다고 하는 규칙을 제공하며 목표와 수단을 구체화하는 기능을 한다.

셋째, 이데올로기는 갈등관리와 사회 통합의 수단으로서 기능한다. 개인이 갈등 상황에 직면하면 행동에 관한 결정의 기준으로 이데올로기를 이용한다. 사회구성원이 자신과 같은 이데올로기를 가지고 있다면, 신념의 차이를 최소화하면서 사회적 통합과 단합을 촉진하는 기능이 있다.

넷째, 이데올로기는 개인의 자아의식을 증진한다. 이데올로기를 통해 나의 존재를 확인하며, 내가 사회문제를 해결하는 데 중요한 존재임을 확인하는 것이 바로 이데올로기이다.

다섯째, 이데올로기는 개인이나 집단에 사회적 변화나 사회개혁의 사명감이나 목적을 부여한다. 어떤 사회적 행동을 할 때 이데올로기적 해석에 따라 올바르다는 의식이 생성되면 행동적 사명감이 커진다. 이에 적극적으로 사회문제의 해결과 이데올로기적 목표를 위해 자신을 희생하고 봉사하는데, 이것이 이데올로기의 순기능이다.

2. 자유주의

> 자유주의라는 정치이데올로기는 어떻게 대두됐으며, 누가 이를 신봉하나? 왜 자유주의가 필요하며, 국가의 정책을 어떻게 다르게 만드나?

정치이데올로기는 자유주의가 시초로 이해된다. 자유주의(Liberalism)는 18~19세기에 유럽에서 생겨난 이데올로기이다. 자유주의는 스페인의 'Libre'라는 시민운동으로부터 등장한 이데올로기로 유럽 전역으로 확산했다. 자유주의는 봉건제적 체제가 붕괴하는 데 기반이 된 이데올로기이다. 정치적 의미의 자유주의라는 용어는 반도전쟁(1808~14)으로 알려진 스페인 독립전쟁으로부터 등장한 용어이다(Allsop, 2014).

근대인의 자유는 일반적 자유의 향유와 국가의 간섭 없이 자기 삶을 영위할 수 있는 자유에 기반한다. 초기 자유주의 사상가인 콘스탄트(Benjamin Constant)가 믿는 자유에는 국가의 유일한 역할이 개인 권리의 보호라고 했다(Allsop, 2014). 아테네식 직접 시민참여는 더 이상 적실하지 않기에 유권자는 대표자를 선출한 것이다. 선출된 대표자는 의회에서 시민을 대표해 연설하고, 일상 정치 참여의 필요로부터 시민을 구제하는 것이다. 많은 자유주의 사상가와 마찬가지로 초기 자유주의 사상가는 제한된 군주제의 수립을 도왔다.

과거 영주, 성주, 교황 중심의 세습적 국가관 때문에 많은 사람은 왕과 귀족의 정치적 역할에 길들어 있었다. 봉건적 권력자나 토지소유인의 권력은 항상 세습적이며 영속적이어서 이를 변화시킬 수 없다고 생각하는 엄격한 신앙에 물들어 있었다. 그러던 중에 15~16세기에 근대 대규모 상업과 공업이 발전하면서 도시가 생성되기 시작했다. 그곳에서 종교적 복속과 통제에서 벗어난 집단이 생성되면서 중세사회의 전통적 구조와 다른 새로운 사상이 서서히 등장하였다. 이것이 바로 '자유주의'이다(Shively, 2014).

도시라는 새로운 삶의 영유지가 생겨나고 17~18세기 산업혁명을 거치면서 상업 부문에서의 대규모 노동자를 필요로 하는 사건이 발생하자 성에 살던 많은 사람은 노동력을 제공하고 임금을 받고자 도시로 몰려나왔다. 여기저기에서 온 노예와 봉건사회의 평민들은 시민으로서 시민권(citizenship rights)이라는 권리를 얻게 됐다(Shively, 2014). 시민은 참정권, 즉 선거권과 피선거권 그리고 투표권을 행사할 수 있었다. 이처럼 성에 살던 평민과 노예가 도시에서 시민권을 부여받자, 자신의 정치적 운명은 귀족이나 영주, 왕이 결정할 것이 아니라 스스로 해야한다는 자기 가치를 발견하게 된다.

이에 개인주의(Individualism)가 사회를 이끄는 주도적인 신념으로 자리 잡는다. 산업화로 도시에 모인 사람은 봉건 세습제에 따른 귀족보다 개인이 더 중요하다고 생각하게 됐다. 이러한 인식 전환에 따라 많은 사람은 자신이 사회를 이끄는 중요한 인물이라고 인식하게 되면서 개인주의가 득세하게 된다. 이것이 바로 자유주의가 확산하게 된 계기이다. 개인주의에 대한 의미 발견과 강화에 따라 예술, 과학, 기술 등이 비약적으로 발전하게 된다.

또한, 도시로 나온 평민이나 노예는 과거 신분과 무관하게 시민권을 획득한 이후 상공업 엘리트주의자가 되기도 했다. 이들은 많은 자본을 축적하면서 부르주아(Bourgeorge)라는 신흥 자본주의 계급이 됐다(Arendt, 1951; Farrant, 2011). 시민 간 빈익빈 부익부가 극명해지면서 그들의 일부는 다시 사회의 상위 계층을 이루었다. 이에 개인주의라는 관점에서 개인의 뛰어난 능력은 사회를 발전시킨다고 하는 관점이 확산하게 됐다. 따라서 자유주의는 한 사회의 구성원이 자신의 역량을 최대한 발휘할 수 있도록 보장한다면 그것이 바로 사회선(social good)이라는 이데올로기로 자리 잡게 된다(Shively, 2014).

밀(John Stuart Mill)의 『정부의 대표성에 관해(On Representative Government)』(1861)라는 저서에 따르면, 대의제 정부가 이 시기에 본격적으로 옹호되었다. 그 이유는 모든 대중의 참여에 의한 정치보다 또는 독재자나 귀족에 의한 정치보다 대중을 대신하는 대표자에 의한 신념의 정치와 정책결정이 더 바람직하다는 사상이 널리 퍼졌기 때문이다. 밀은 자유주의적 이데올로기가 민주주의 정부형태에 가장 적합한 이념이라고 한다. 그는 기본적으로 국민은 완전한 종교, 언론, 출판의 자유를 가지면서 지속해서 그런 자유를 누려야 한다고 생각했다.

하지만, 밀은 만인이 참가하는 정치체제보다는 최소한의 정부(Limited Government; Mill, 1861), 즉 작은 정부가 더 유용하다고 생각했다. 시민은 자신의 경제적 생활을 자유롭게 관리하며 권력 남용을 방지할 수 있는 정치체제와 이에 맞는 정부가 구성되기를 바랐다. 따라서 자유주의는 많은 '사람의 의사결정에 입각한 다수의 정치와 그들의 대표자에 의한 정치를 보장하는 시스템을 추구하는 이념이자 이론이 되었다. 이처럼 자유주의가 득세하자 공동체주의가 기존 질서의 파괴에 대한 위기를 느끼고 새롭게 대두된 이데올로기가 보수주의로 출현하게 된다.

대의제 민주주의

선출직 공직자는 우리의 대표자로서 유권자로부터 선거를 통해 정책결정권을 위임받았다. 대의제 민주주의(Representative Democracy)에서 얼마나 많은 권한이나 결정을 대리하는 권한을 위임받았는지에 대해서 이견이 분분하다.

첫째, 선출직 공무원은 유권자가 선택했기에 모든 결정을 광범위하게 할 수 있다. 이런 유형의 위임을 '신탁 모형(Trustee Model)'이라고 한다(Eulau, Wahlke, Buchanan, & Ferguson, 1959). 유권자는 선거를 통해 본질적인 결정 권한을 선출직 공직자에게 넘겼다고 본다. 선출직 공직자는 전문적 학식과 기술, 정치적 역량을 가진 자이다. 그들의 능력과 역량, 판단력은 대중이나 유권자보다 우월하기에 포괄적으로 권한을 위임해 중대 사항도 결정할 수 있다고 한다.

둘째, 유권자는 제한된 범위 내에서 권한을 선출직 공직자에게 이전했다는 의견이 있는데, 이를 '위임 모형(Delegate Model)'이라고 한다(Held, 1992). 유권자는 매번 사소한 정책결정이나 관리를 위해 모일 시간적·비용적 제약이 크다. 이에 유권자가 동의하는 일정 범위 내에서 선출직 공직자는 어떤 결정이라도 가능하다. 하지만, 주요 결정 사항을 선출직 공직자에게 포괄적으로 위임한 적이 없다고 한다. 따라서 위임자인 유권자의 의견을 알 수 없거나 의견 일치가 안 될 때 선출직 공직자가 결정하면 안 되며 유권자에게 물어야 한다는 논리이다.

> 선출직 공직자는 어떤 수준에서 주요 결정을 할 수 있는지 등 자율과 재량에 관한 시각차가 크다. 하지만, 어떤 모형에 입각하든지 무관하게 유권자의 의견에 반하는 결정은 할 수 없다. 유권자의 의중을 살펴 정책을 결정하는 행위야말로 선출직 공직자의 대표성을 살리면서 대의제 민주주의를 발전시키는 방법이다.

3. 보수주의

> 보수주의라는 정치이데올로기는 어떻게 대두했으며, 누가 이를 신봉하는가? 왜 보수주의가 필요하며, 국가의 정책을 어떻게 다르게 만들었나?

보수주의(Conservatism)는 자유주의가 기존 사회체제의 가치 및 신념의 대안적 이데올로기로 역사상 최초로 대두하자 이에 대한 대항 이데올로기로 생성됐다(Shively, 2014). 보수주의는 역사적으로 보면 이미 존재했던 공동체주의로의 회귀를 열망하는 이데올로기이다. 성직자의 세습, 귀족 중심의 이데올로기는 안정성과 전체적인 항상성 및 사회 질서를 그 특징으로 한다.

보수주의에 따르면, 개인은 독립적 존재가 아닌 사회 전체로서의 총합일 때 가장 행복하다고 한다. 개인들의 집합체인 사회는 개인을 초월하는 더 큰 무언가를 달성할 수 있다. 개인들은 분리된 각각의 개인이 아닌 집합체, 또는 사회 전체일 때 가장 바람직하다는 것이다. 개인의 총합인 사회는 개인을 초월하는 더 큰 무언가를 달성할 수 있다. 이런 사상이 보수주의이다(Shively, 2014).

보수주의자는 서로 함께하면 개인주의를 신봉하는 자유주의자가 강조하는 개개인의 단순한 합을 초월함을 역설하는 이데올로기이다. 개별적 노력보다 사회구성원이 함께할 때 더 많은 진보와 행복을 창출할 수 있다고 본다. 따라서 사회 역량의 총합은 개인 역량의 단순 총합보다 더 크다는 것이다.

자유주의 이데올로기 아래에서도 개인은 이기적이기에 모든 사람은 평등하고 동등하게 살 수가 없었는데(Sharma, 1973), 그 이유는 신흥자본가 집단이 새로운 지배계급으로 등장했기 때문이다. 신흥자본가 그룹이 과거 자기들과 같은 신분이었던 시민들을 도시에서 착취했다. 시민은 귀족 중심의 보수주의 아래에서보다 상공업 기업가에 의해 더 열악한 상황에 놓이게 된다. 따라서 일부는 특별히 뛰어나고 잘 사는 사람이나 강한 권력의 시민을 양산하는 자유주의적 이데올로기를 탈피하고자 했다. 사회는 질서와 구조를 가지면서 사람들과 서로 안정적으로 관계하는 실체로서 다 함께 행복한 이데올로기를 만들었는데, 그것이 곧 보수주의이다. 보수주의의 가장 핵심 가치는 질서 있는 과거의 공동체를 유지·계승하는 것이다(Shively, 2014).

자유주의하에서는 개인의 역량과 자본력에 의해서 권력의 차이가 극명하게 발생한다. 반면, 보수주의하에서는 세습 지위를 가진 귀족이나 특정 세력을 제외한다면, 나머지 국민은 동등한 정도의 권력을 가지면서 다 같이 행복하게 살 수 있다. 따라서 자유주의하에서는 권력자가 공동체의 약자에 대한 책임을 지지 않지만, 보수주의하의 권력자는 그들에 대한 책임을 지는 점이 특징이다.

영국에서 대두한 18세기 후반의 최저임금제도, 19세기 중반의 보편적 복지제도, 그리고 독일의 1871년도에 비스마르크(Otto von Bismarck) 재상에 의한 산업재해보상보험 등이 바로 보수주의자가 만든 약자를 돕는 사회보험제도이다(Leichter, 1979). 즉, 약자에 대해 책임지는 보수주의 이데올로기의 정책적 실현이다. 흔히 우리가 아는 복지국가의 제도는 보수주의의 이데올로기 아래에서 생성된 것이다.

보수주의는 이념 형성의 초기에 사회와 공동체 유지를 위한 복지국가(Welfare State)의 건설을 추구했다. 전통적인 도덕적 신념과 윤리성에 부합하면서도 기존 사회구조를 유지하려고 복지국가의 구축에 노력한 것이다. 하지만, 보수주의는 시간이 흐름에 따라 보편적 사회 평등을 중심으로 한 복지국가 건설로부터는 멀어지게 됐다. 예를 들면, 영국에서 보수당이 복지국가의 요소들을 도입하였지만, 오히려 자유주의적 전통을 가진 선별적 복지국가가 됐다(Esping-Andersen, 1990). 하지만, 이와 같은 전통과 설계는 스웨덴, 덴마크, 노르웨이, 핀란드 등 북유럽 사회민주주의 복지국가의 형성에 영향을 미쳤다. 즉, 보수주의적 이념 요소가 자유주의 및 사회민주주의의 이념이 된 것이다.

한편, 보수주의는 자유주의의 사적인 개인 선택이라는 측면을 경제적 자유에 접목하면서 신자유주의(Neo-Liberalism)라는 새로운 이데올로기를 등장시켰다. 시장이나 경제의 장에서 정부에 의해 주도되는 것보다 사적 자유를 강조하고, 사회적 자유보다 경제적 자유를 더 강조한다. 정부 개입의 최소화, 탈규제, 무역장벽 철폐, 국영기업의 민영화, 투자와 구매 등 경제적 결정의 기업 책임을 강화하면서 해당 측면을 보수주의적 이데올로기로 받아들였다. 이런 보수주의의 신자유주의는 신보수주의(Neo-Conservatism)와 동등한 단어로 취급된다.

복지국가의 구분

에스핑앤더슨(Esping-Andersen, 1990)은 탈상품화의 정도(degree of De-commodification), 사회적 계층화의 영향(Impact of social stratification) 및 이동, 복지제도의 시장과 국가의 상대적 비중이라는 3가지 기준을 이용하여 3개 유형의 복지국가를 구분하였다(Ebbinghaus, 2012; 박경돈, 2020).

첫째, 자유주의 복지국가(Liberal Regimes)이다. 이 유형의 국가군에서는 빈곤 계층과 그렇지 않은 계층에 대한 복지를 이분화해 빈자에 대한 복지지원에만 집중하는 국가이다. 기본적으로 복지의 책임은 개인이나 가족이 지며, 이를 초과한 책임만 정부가 관여하는 방식의 최소 복지제도가 설계된다. 엄격한 자산조사(means test)를 통해 복지 서비스를 받을 수 있는 계층에 대한 낙인 효과(stigma; Welfare Queen)가 큰 복지국가의 유형이다. 이들 국가군에는 미국, 영국, 호주, 캐나다와 같은 국가에 이에 해당한다. 국가의 복지지원은 최소한으로 제공되며, 주변적이다.

둘째, 조합주의 또는 보수주의 복지국가(Corporatist Regimes)이다. 사회보험 중심의 '국가주의(Estatism)'라고도 하며, 노동 지위와 고용을 통한 기여금을 중심으로 사회보험을 다양하게 설계하고, 이를 가족 단위에 적용하는 것을 중심으로 한 복지국가이다. 공적 의료보험(우리나라의 건강보험), 고용보험, 실업 보험, 산업재해보상보험, 공적 연금 제도를 잘 구축한 국가군이다. 독일, 프랑스, 벨기에, 일본, 우리나라와 같은 국가가 이들 국가군에 해당한다. 다만, 에스핑엔더슨(Esping-Andersen, 1990)은 한국, 일본과 같은 국가에 대해 조합주의 국가이면서도 특이성을 인정하여 다른 복지국가 유형으로 구분한다.

셋째, 사회민주주의 복지국가(Social Democratic Regimes)이다. 사민주의 복지국가는 복지를 '사회적 시민권(사회권)'으로 인정하기에 단일 복지 계층과 보편적 복지라는 개념이 중심인 체제이다. 영국 노동당이 주장한 '요람에서 무덤까지(From Cradle To Grave)'라는 용어를 중심으로 스웨덴, 덴마크, 핀란드 등 북유럽 국가를 중심으로 실현된 복지국가이다. 이들 국가에서는 국민이나 영주권자 등과 같은 국민으로 인정된다면 당연히 광범위한 복지를 제공받는다.

⟨복지국가 정치체제의 비교⟩

애스핑앤더슨의 유형화		복지체제		
		자유주의 체제	보수적-조합주의적 체제	사회민주주의 체제
지리적 위치		앵글로색슨	유럽대륙	스칸디나비아
역할	가족	주변적	중심적	주변적
	시장	중심적	주변적	주변적
	국가	주변적(최소)	보조적(높음)	중심적(높음)
연대의 근거		시장	가족	국가
탈상품화 정도		매우 낮음.	높음(가구주의 경우).	매우 높음.
목적		빈곤과 실업의 퇴치	노동자들의 수입 보장	소득 보장과 공평한 재분배
운영 원리		선별성	기여성	보편성
배분의 규칙		필요, 빈곤	지위, 고용	시민권, 거주
급부의 성격		소득 조건	비율적	총괄적
재원 조달 방식		조세	사회적 기여금	조세
관리방식		중앙정부	사회 파트너	분권화된 정부
계급/계층		이분화	분화	필요 없음.
수혜자격(entitlements)		엄격한 자격 심의	완화된 자격 심희와 선별주의	보편주의

출처: 박경돈(2020: 35). 복지국가 경제론. 윤성사.

민간위탁과 민영화

1. 민간위탁

민간위탁(Contracting-Out)은 비용의 감소와 서비스의 품질 향상이라는 두 가지 목적이 있다. 민간위탁은 정부가 서비스의 감시 감독 권한은 그대로 유지한 채 서비스 집행의 권한을 민간부문인 사기업에 이전하는 것을 의미한다(Frederickson, Smith, Larimer, & Licari,

2018), 민간위탁(Contracting-Out)의 정부를 대리 정부(Proxy Government; Kettl, 1988); 제3자 정부(Third-party Government; Smith & Lipsky, 1993; Salamon, 1987), 공동정부(Hollow Government), 공동국가(Hollow State; Milward & Provan, 2000), 그림자 정부와 계약 정체(Shadow Government; Contracting Regime; Kettl, 1988)라고 한다.

민간위탁과 계약관리에 대한 논의를 보면, 민간위탁의 성공 조건과 단점이 두드러진다. 프로젝트 관리 방식은 민간위탁을 통한 계약 유형 중 가장 일반적으로 사용되는 접근법이다(Cleary & Henry, 1989). 케틀(Donald F. Kettl, 1993)이 말했듯이 정부는 종종 '현명한 구매자'가 될 수 없다. 현명한 구매자가 될 수 있는 정부 역량은 시장의 질에 달려 있다. 건설회사가 자본 프로젝트에 입찰할 때와 같이 시장의 진정한 경쟁이 있다면 정부는 현명한 구매자가 될 수 있다. 정부가 원하는 것이 명확하고 그러한 재화나 서비스의 품질을 쉽게 판단할 수 있다면, 정부는 현명한 구매자가 될 수 있다. 하지만, 이러한 환경이 실현되지 않을 때, 종종 정부는 소위 '시장의 불완전성(Market Imperfections)'에 직면한다.

정부 계약에 관한 연구 결과를 기반으로 케틀(Kettl, 1993)은 시장 불완전성이 증가할 때 다음과 같은 사건이 발생한다고 가정했다.

- 구매자(정부)와 판매자(계약자) 간 상호의존성이 증가함.
- 공공과 민간의 경계가 모호하면 어떤 기능이나 활동이 정부와 공공기관에 의한 것인지 알기 어려움.
- 정부는 불확실성을 흡수·제거할 수 없음.
- 구매자와 판매자는 더 밀접하게 연결되면 이해관계를 구분할 수 없음.
- 계약자 측의 이익 갈등은 정부에 제공할 정보의 질과 양을 감소시킴.
- 정부조직 내 문화가 시장 유인책보다 더 중요함.
- 정부조직의 학습 능력이 하락하고 불안정성이 높아짐.

2. 민간위탁과 민영화의 비교

민간위탁과 민영화(privatization)는 신공공관리론을 추진하는 정책수단이다(Blair, 2004). 이 두 개념을 구분하면, 민간위탁은 공적 서비스 제공 결정(Provision)의 권한과 감시감독의 관리권은 정부가 유지한 채 민간기관이 공적 서비스인 공공재 제공(Production) 및 집행에만 참여하는 상황이다. 따라서 공공재 제공에서 결정권의 정부 보유와 생산 및 제공 권한의 한시적 민간 이양이 민간위탁의 특징이다(Frederickson & Smith, 2003).

보수주의가 정책수단으로 이용하는 민영화는 민간화라고도 하며, 정부가 제공하는 서비스에 관한 결정(Provision)과 공급(Production)을 민간 영역으로 완전히 이관하는 것을 의미한다. 민영화 또는 민간화는 정부 사업의 집행 및 추진하는 기업을 감시 감독하는 민간위탁과 달리(Frederickson & Smith, 2003) 정부 사업을 민간부문, 즉 민간기업에 완전히 매각하는 것이다. 그 후 정부는 더 이상 민간부문의 서비스 집행에 관여할 수 없다(Blair, 2004).

과거 뉴질랜드의 사례를 보면, 정부가 수행하고 많은 사업을 민간부문에 매각했는데, 특히 국가 기간산업인 철도 항만 통신과 같은 사업을 민간에게 매각했다. 시행 초기에는 서비스 품질이 우수하게 개선됐고 비용 감소라는 효과가 발생했다(박경돈, 2008b). 하지만, 기간이 지남에 따라 비효율적인 노선이나 매출이나 이익이 낮은 버스・철도 노선 등의 사업은 포기 및 철회해 공공성을 상실함으로써 국가의 기간산업 지위를 잃어버리고 서비스 이용자가 여러 가지 불편을 감내해야 하는 부정적 결과가 나타났다. 결과적으로 고객 중심의 정책집행과 행정 서비스가 나타나면서 시민 중심의 서비스나 정책이 사라지는 효율성 추구의 신공공관리론(New Public Management)이 널리 퍼지게 됐다.

신공공관리론

1. 신공공관리론의 의의

신공공관리론(New Public Management: NPM)은 능률성과 고객 중심의 정책집행과 공공서비스인데, 현대적 정책집행은 효과성과 시민 중심의 관점으로 다시 회귀하고 있다. 신공공관리는 1980년대와 1990년대에 민간부문 관행에 근거한 정부 개혁으로 민영화, 규제완화, 기업 관리 기술 및 '시장화'로 구성된 공공부문의 개혁을 의미한다. 흔히 '정부 재창조론(Reinventing Government: RIG; Osborne & Gaebler, 1993)'이라고 알려졌다.

신공공관리론은 1980년대에 촉발된 새로운 사조이며, 정책학과 행정학의 연구의 새로운 이론과 접근법을 제시했다. 신공공관리론은 '신관리주의(New Managerialism)'라고도 하며, 전통적 관리와는 다른 양태를 보인다(Frederickson, Smith, Larimer, & Licari, 2018: 115).

2. 신공공관리와 전통적 관리의 비교

아래는 전통적 관리와 신공공관리는 관리 규모, 서비스 제공 방식, 전문화, 통제, 재량권, 고용, 리더십 그리고 관리 목적을 기준으로 구분할 수 있다(Frederickson & Smith, 2003; 박천오, 2012).

첫째, 관리 규모를 기준으로 보면, 전통적 관리 방식은 대규모 중앙집권화를 중심으로 조직을 관리한다면, 신공공관리는 '소규모와 분권화'를 중심으로 한 관리의 원칙이 핵심이다.
둘째, 서비스의 제공 방식을 기준으로 비교하면 전통적 관리 방식은 정부에 의한 직접적인 서비스 제공과 비용 및 수혜의 고착화가 특징이다. 반면, 신공공관리론에 의한 관리 방식은 '외주에 의한 서비스 제공과 비용·수혜의 선별적 적용'이 특징이다.

셋째, 전문성을 기준으로 전통적 관리와 신공공관리론을 비교하면, 업무의 특성에 의한 전문화와 업무의 절차에 따른 전문화가 전통적 관리 방식이다. 반면, 신공공관리론은 '고객과 지역에 따른 전문화'가 특징이다.

넷째, 통제를 기준으로 비교하면, 전문직업적 운영, 표준 규정, 예산과 인력 등의 투입 조절, 그리고 산출과 과정의 통제를 통한 관리 방식이 전통적 관리의 원리이다. 반면, 신공공관리론에 의한 관리는 '경쟁과 결과에 의한 통제'가 나타난다.

다섯째, 재량권 기준으로 두 관리를 비교하면, 전통적 관리 방식은 법 규정과 전문직업적 직무기술서의 허용 범위 내에서 재량권을 준다. 반면, 신공공관리의 방식은 '규제 제거 및 위험 감소의 광범위한 권한 부여'가 특징이다.

여섯째, 전통적 관리 방식에 따른 고용은 문서와 형식적 자격에 의한 고용이다. 반면, 신공공관리론에 의한 고용은 '개인 실적과 기술적 역량에 따른 고용'이 특징이다.

일곱째, 리더십을 보면 전통적인 관리 방식에서는 중립적인 역량과 직업적 전문성이 리더십의 기초가 된다. 반면, 신공공관리론의 리더십에는 '기업가적인 혁신과 창의적 리더십'이 요구된다.

여덟째 관리 방식을 관리 기준으로 비교하면, 전통적 관리 방식은 법률의 집행 또는 일상적이고 일관성 있는 제도의 유지가 목적이다. 반면, 신공공관리론의 목적은 '변화 촉진과 새로운 공공 가치의 창출'에 있다.

〈표 2-1〉 신공공 관리와 전통적 관리

기준	전통적 관리의 원칙	신공공 관리의 원칙
규모	대규모-집중화	소규모-분산화
서비스 제공	직접 정부 제공	계약
	비용-편익의 강조	비용과 편익의 선택
전문화	업무 특성에 의한	고객의 특성에 의한
	업무 과정과 목적에 의한	지역에 의한
통제	전문직업적 관행 기준에 의한	경쟁에 의한
	투입에 의한	결과에 의한
	성과와 과정에 의한	
	관리에 의한	행정에 의한

재량권	법이나 규제에 의한	탈규제에 의한
	전문직업적 능력	위험 감수에 의한
고용	성과급제, 차별금지, 기술	왼쪽과 동일하나 실적에 의한
리더십	중립적 역량에 의한	기업혁신가적 주창에 의한
	전문직업적 전문성에 의한	
목적	법 집행을 위해	변화 촉진을 위해
	질서정연하고 신뢰성 있는 제도의 관리를 위해	공적 가치의 창출을 위해

출처: Frederickson, Smith, Larimer, & Licari(2018: 115).

4. 사회주의

사회주의라는 정치이데올로기는 어떻게 대두했으며, 누가 이를 신봉하나? 사회주의가 국가의 정책에 어떤 영향을 주었나? 현재 사회주의가 쇠퇴한 이유는 무엇인가?

사회주의(Socialism)는 자유주의로부터 등장하게 된 이데올로기이다(Shively, 2014). 도시로 모여든 사람들은 그곳에서 삶을 영위하고 주도할 시민권을 획득하고 자신의 개인적 자유를 누리고 있었다. 하지만, 소규모 신흥자본가들은 정치적인 능력과 경제 능력을 앞세워 많은 국민과 다른 새로운 계층으로 대두하기 시작했다. 신흥자본가 계급(Bourgeois; Bürger)의 등장 이면에는 경제적 약자가 늘어나면서 과거 귀족 중심의 공동체 사회에서 만연했던 폐해가 다시 나타났다(Arendt, 1951; Farrant, 2011).

여전히 도시에서도 봉건 세력뿐만 아니라 신흥자본가 세력에 의해 착취당하는 시민들은 정부의 개입과 조치를 강력히 기대했다. 하지만, 그들은 계속 정부 지원을 받지 못했고, 최소한의 정부 규제 속에서 아동의 노동력 착취가 지속되는 등 노동 안전과 노동 인권의 사각지대에 방치됐다. 19세기에 사회적으로 또한 경제적으로 약자인 노동자나 빈곤층은 정부의 조력과 규제를 요구하고 동등한 처우와 기회를 보장받기를 바랐지만, 이는 자유주의의 근본적 원리와 일치하지 않는 것이다(Shively, 2014). 하지만, 개인주의를 숭상하고 자유주의를 지지하는 노동조합의 지도자들이 점진적 사회개혁을 내세우면서 등장한 집단주의 중심의 이데올로기(Farrant, 2011)가 '사회주의'이다.

자유주의의 개인은 개별 단위가 아닌 사회가 대중의 자기 계발, 국가로부터의 동등한 대우, 자본가로부터의 안전한 자유를 누리기 위해 사회주의는 노동자 개인의 중시와 그들 계층의 연대를 강조했다. 마르크스(Karl Marx)와 같은 공산주의 이론가에 따르면, 자본가 계층은 노동자계급을 착취하기 위한 도구로 생산수단을 독점하고 있기에 노동자를 착취한다고 본다. 이를 막는 방법은 자본가 계층이 지닌 기업 등의 소유권을 노동자계급에 넘겨 노동자가 정부를 통제하고 정부가 기업가를 통제하는 시스템을 꿈꿨다(Arendt, 1951).

이같이 사고는 관료와 자본가를 축출하거나 통제하는 방식의 사회개혁 논의인데, 두 가지 흐름이 나타났다. 한 흐름은 점진적이고 지속적인 방식으로 사회를 개혁하자고 주창한 집단으로 이들은 '온건적 사회주의' 또는 '민주적 사회주의(Democratic Socialism)'의 신봉자이다. 한편, 급진적인 방법으로 정부를 전복시키고 노동자가 자본가 그룹을 타도하는 전략을 앞세운 흐름이 나타났다. 이를 주창하는 집단은 혁명론자이며, 그들이 내세운 이데올로기는 '급진적 사회주의' 또는 다른 용어로 '공산주의(Communism)'라고 한다(Shively, 2014).

5. 전체주의

전체주의라는 정치이데올로기는 어떻게 대두했으며, 누가 이를 신봉하는가? 전체주의는 국가의 정책을 어떻게 다르게 만들었는가? 현재 전체주의가 쇠퇴한 이유는 무엇인가?

1920년대부터 1930년대 사이에 전체주의(Totalitarianism: 규범)라는 이데올로기가 등장했다(Shively, 2014). 독일 히틀러(Adolf Hitler)의 나치즘(Nazism), 이탈리아 무솔리니(Benito Mussolini)와 스페인 프랑코(Francisco Franco)의 파시즘(Fascism)이 집합주의(Collectivism; 이론)의 일종인 전체주의에 해당한다. 전체주의는 카리스마가 있는 독재자와 함께 민족 재창조의 의식과 결합해 만들어진 이데올로기이다. 극단적 민족주의 또는 민족 우월주의에 근거하기에 특정 인종에 대한 혐오적 이데올로기적 특성을 가진다. 전체주의자들은 무엇보다도 독재적이고 무제한적 권력의 정부에 반대하지 않으며, 스스로 사고하지 않고 행동하는 반지성주의이며, 기회주의적 정치 성향이 있다. 이들은 기본적으로 반사회주의자이며 반자본주의자이기에 이데올로기적 원류는 보수주의의 혁명적 이데올로기라고 할 수 있다.

콩퀘스트(Robert Conques)는 전체주의 정권은 다음과 같은 특징이 있다고 한다(Conques, 2001). 전체주의 정권은 잔인한 정치적 억압과 인권 침해, 민주주의 가치의 절대적 결여, 권력자 중심의 광범위한 개인숭배, 경제에 대한 절대적 정부 통제, 대규모 검열 및 대량 감시 제도, 이동의 자유 제한, 국가 테러의 광범위한 사용이 특징이다. 아울러, 전체주의 정권은 폭력적이며, 인권 침해적 수용소, 비밀경찰, 종교 박해 또는 인종 차별, 신권 통치 또는 절대적 국가주의 강요, 사형 및 공개 재판, 부정 선거, 대량살상 무기의 보유 가능성, 국가 주도의 대량 학살, 타 국가에 대한 전쟁 및 제국주의 참여 가능성이 있는 정권이라고 한다. 콩퀘스트(Conques)는 전체주의 국가의 권위가 공적 또는 사적 모든 생활 영역에서 제한되지 않고 확장 가능한 범위까지 최대한 넓혀졌다고 한다.

이에 부가한 전체주의의 특징은 1인 독재자가 집행 규칙 제정, 단일 집권 정당의 존재, 언론 통제 및 엄격한 검열, 친정부 홍보(PR)의 확산, 전 국민의 군복무 의무화, 인구 이동의 의무적 통제, 종교 또는 정치의 관행 금지, 정부에 대한 공개 비판 금지, 비밀경찰이나 군대의 법률 집행이라고 한다(Aron, 1968; Longley, 2002).

전체주의자들은 기본적으로 이탈리아와 스페인 그리고 독일의 전통적인 엘리트들이다. 이들은 자유주의 이념과 활동의 분파인 공산주의자 또는 사회주의 노동자들로부터 폭력과 위협을 받던 엘리트 부류들이다(Arendt, 1951; Shively, 2014). 공산주의자들은 우선 기성 사회체제의 상층부를 차지하는 사회 엘리트를 공격하고 축출해 노동자 착취를 막는 혁명적 목적을 가진다. 이에 공산주의자의 공격과 위협에 대응하는 전체주의자의 폭력성이 자연스럽게 강화된다. 따라서 공산주의자와 전체주의자는 상호 제거의 대상이며 증오 및 공격의 대상이 된다(예: 제1차 세계대전 히틀러의 러시아 침공).

전체주의는 파시즘과 나치즘과 같은 지도층 중심의 우익적인 이데올로기이다 (Arendt, 1951; Shively, 2014). 전체주의는 사고보다 행동을 우위로 삼으며 인간의 비합리성, 충동성, 직관성 그리고 엘리트주의에 기초한다. 전체주의는 다윈의 적자생존론(Survival of the Fittest; Darwinism)에 크게 영향을 받았다. 투쟁에서 승리하면 지배할 수 있다는 사고가 사회나 정치에도 적용된 이데올로기이다. 사회에 적용한 적자생존론에 따르면, 다른 국가의 침략과 식민지화는 정당하다고 인식된다. 기본적으로 전체주의는 반계급투쟁적이고, 반민주주의적이며, 반지성적이다. 이에 사고보다 행동이 우선시되고, 지도자 중심의 원리나 원칙이 강조된다. 이런 전체주의는 2차 세계대전 이후에 대부분 소멸됐다(Shively, 2014).

마르크스주의에 따르면, 전체주의 이데올로기가 출현한 이유를 네 가지로 설명된다 (Arendt, 1951; Friedrich, 1954).

첫째, 전체주의는 독점적 자본주의(Monopolistic Capitalism) 마지막 단계에서 생성되는 이데올로기라고 한다. 전체주의 국가의 리더는 이 이념을 팽창주의나 식민지화를 위해 전쟁에서 이용하였다고 한다. 자본주의적 모순인 극단적 경제 침체를 벗어나는 방법이 전쟁인데, 이 때 전체주의를 이용하였기에 이 정치이데올로기가 득세했다는 것이다.

둘째, 전체주의는 급격한 근대화 과정에서 도출됐다고 한다. 급속한 도시화 속에서 나타난 중산층과 상업 엘리트 세력이 새로운 사회 세력으로 등장한 농민과 노동자의 불만과 저항을 해결하기 위한 방식이 바로 파시즘과 나치즘의 발현이다.

셋째, 개인 차원에서 보면, 대중 사회로부터 개인이 갖는 소외나 일탈 또는 위협에 대한 반작용이 전체주의이다. 개인은 공동체적인 이데올로기에 편입되려는 열망을 가지며 그러한 원자화된 개인의 심리적 욕구가 대중 사회의 형성에 반발하는 욕구와 결부돼 나타난 정치이데올로기가 전체주의라고 한다.

넷째, 전체주의는 산업사회 관리적 혁명을 반영해 등장한 정치이데올로기라고 한다. 산업사회에서 소수의 관리자에 의한 민주적 관리는 매우 비능률적인 것으로 판단했다. 따라서 전체주의자 정권은 경쟁적이고 효율적인 관리가 필요해 설정한 이데올로기가 전체주의라고 한다(Arendt, 1951; Friedrich, 1954).

6. 이데올로기의 비교

> 이념적 진영이 같은 한 국가의 정치이데올로기는 다른 국가의 정치이데올로기와 동일한가? 정치이데올로기는 장소나 시간에 따라 변질되나?

우리나라에서 최근 좌우 이념에 대한 이데올로기가 첨예하게 대두된다. 이데올로기에 따라 소속 진영의 우월성과 타 진영의 파괴를 주장하는 급진적인 모습까지 보인다. 과거 한국의 좌익 이데올로기는 공산주의이며, 우익 이데올로기는 민주주의이다. 현재 우리나라는 자유민주주의 국가이므로 좌우 이데올로기는 새롭게 변화됐고, 이데올로기 진영의 구분이 과거와 다르다.

지금 좌익 이데올로기는 자유주의 또는 진보주의이며, 우익 이데올로기는 보수주의를 의미한다. 따라서 좌우 이데올로기적 구분은 시대적 산물이며 사회적 산물이다. 특정 이데올로기 신봉자의 집단이나 정당이 출현 또는 득세에 따라 좌우 구분은 다르게 설명된다. 미국은 좌우 정치이데올로기를 논의할 때, 좌익 이데올로기는 민주당(Democratic Party)을 중심으로 한 진보주의이며, 우익 이데올로기는 공화당(Republican Party)을 중심으로 한 보수주의이다.

전통적으로 자기의 정치이데올로기 진영에 있던 주요 요인이 다른 진영의 이데올로기 요소가 되면, 이데올로기의 순수성이 사라진다. 이때 그 이데올로기 진영은 논리적 일관성을 잃어 체계적 비합리성이 강화된다. 이처럼 본래 진영을 떠난 이데올로기적 요인은 많다. 이데올로기의 논리성과 일관성의 정도를 살펴보고자 미국의 이데올로기와 한국의 이데올로기를 아래에서 비교해 본다.

첫째, 전국민의료보험의 경우를 살펴보자. 본래 이데올로기에 따르면, 의료보험은 사회보험의 일종이며 인간의 존엄을 지키는 가장 기본적인 건강보호 장치이다. 자기 건강에 관한 권리의 존중은 정부에 의해 광범위하게 보장돼야 하기에 보수주의적 이데올로기이다. 한국에서는 보수든 진보든 무관하게 건강권에 관한 전국민보험제도를 인정한다.

하지만, 미국에서 사회구성원을 보호하는 전국민보험제도의 본래적 이데올로기 진영은 진보주의이다. 현재 미국에서 실현된 오바마케어라는 전국민의료보험은 진보주의의 정책산출물이다. 클린턴 전 대통령이 아칸소 주지사 시절에 직접 주창한 전국민보험제도가 진보주의 정권 시대인 오바마 전 대통령 시기에 와서 확립된 정책이다. 따라서 한국과 미국의 이데올로기적 좌우 진영이 의료보험 허용의 문제를 바라보는 시각은 서로 다르다.

〈표 2-2〉 한국과 미국의 정치이데올로기 비교

주요 정책 및 사례	본래 이데올로기		현재 이데올로기		비교
	미국	한국	미국	한국	
전국민 의료보험	진보	양 진영	진보	양 진영	국민 개인의 건강권; 한·미 차이
총기 소유	진보	진보	보수	반대	개인 안전
복지제도 및 복지정책	보수 (보편적 복지)	–	진보 (선별복지: 보수)		
작은 정부	양 진영	반대	보수		작은 정부는 원래 자유주의적 요인
기업의 자유	진보	–	보수		개인의 자유; 신자유주의는 신보수주의

둘째, 총기 소유의 문제를 살펴보자. 총기 소유는 개인의 안전 보장을 위한 최소한의 장치이다. 개인이 총기를 소유할 자유와 권리를 폭넓게 보유한다는 의미는 국가 및 행정권에 대한 저항일 수 있으며, 공동체를 지키는 보수주의적 이데올로기가 될 수 없다. 총기 소유를 허용하여 개인의 자위와 안위를 숭상한다면, 기본적인 이데올로기 진영은 진보주의이다. 하지만, 한국에서는 보수주의자이든 진보주의자이든 좌우 진영에 무관하게 총기 소유에 대해 모두 반대한다. 따라서 한국에서 특정 이데올로기가 총기

소유를 지지하지는 않는다.

반면, 미국에서는 전미총기협회(National Rifle Association)를 중심으로 하여 총기 소유를 지지하는데, 이데올로기는 보수주의이다. 공화당 캠프의 사람들은 대체로 미국 수정헌법 2조가 인정한 총기 소유를 당연한 권리로 지지한다. 그들은 총기사건으로 인명 피해가 발생할 때마다 총기 규제의 강화를 논의하지만, 개인의 총기 소유를 직접적으로 반대하지 않는다.

셋째, 복지제도나 복지정책의 요인으로 이데올로기를 비교해 보자. 세계 최초의 보편적 복지정책은 독일의 철혈 재상으로 알려진 비스마르크의 1884년 산업재해보상보험이다(Leichter, 1979). 독일의 많은 노동자가 미국이나 다른 지역으로 이민을 떠나고 작업장에 등장하지 않는 사회 현상을 주목했다. 건강에 위해가 큰 열악한 작업 조건이나 작업장 사고에 따라 노동자는 대규모 결근 사태를 봤다. 또한, 독일의 통일에 대한 목적으로 사람들을 하나로 뭉칠 프로그램이 필요했다.

보수주의자들은 기본적으로 안전하고 산업재해 없는 삶이 모든 사람에게 적용돼야 한다고 생각했다. 독일의 비스마르크는 기업주들의 갹출로 기금을 만들고 산업재해보상보험을 최초로 구축하게 된다. 이것이 사회보험 중심의 복지국가 시작인 독일의 사회보험제도이다. 이에 보편적 복지는 보수주의의 기본적 가치이다. 아이러니하게도 국가통일의 목적에 따라 누구나 안전한 직장에서 일해야 한다는 보수적 가치와 노동자의 결근을 막아 착취적 생산을 늘리고자 하는 사고가 결합해 등장한 제도가 산업재해보상보험이다(Leichter, 1979). 이는 보수주의의 이념 아래에 시작된 보편적 복지 등장의 흑역사라고 할 수 있다.

하지만, 현재 보수주의자는 대체로 선별적 복지제도의 도입과 적용을 지지한다. 선별적 복지제도는 굉장히 취약한 계층을 대상으로 한 최소한의 복지제도로 공동체 유지에 부합하지 않는다. 한편, 진보주의자는 자기 삶의 결정은 본인 스스로 책임져야 한다는 개인주의적 가치를 지지한다. 이에 보편적 복지제도나 복지정책은 진보주의의 가치에 부합하지 않는다. 그런데도 현재 미국이나 한국에서 똑같이 진보주의자가 보편적 복지제도나 정책을 지지한다. 원천적으로 보편적 복지가 보수적 가치에 잘 맞지만, 현재는 진보주의적 핵심 이데올로기로 분류된다.

넷째, 작은 정부라는 기준으로 이데올로기 진영을 구분해 보자. 미국에서는 건국 초기부터 보수주의자이든 진보주의자이든 작은 정부를 지지했다. 시민사회 및 시장 중심의 국가 운영이 우선되는 것이 바람직하다고 여겼다. 사회문제도 당연히 시민이나 시장이 먼저 자체적으로 해결해야 한다는 사고가 지배적이었다. 따라서 1970년 정책학의 태동기 이전에는 제한된 정부의 역할, 즉 작은 정부가 늘 지지받았다.

반면, 한국은 역사적으로 이데올로기적 진영과 무관하게 작은 정부보다 큰 정부를 지향했다. 따라서 작은 정부는 양 진영의 이데올로기로부터 부정됐다. 하지만, 현재 작은 정부는 한국이든 미국이든 보수주의자들에 의해서 지지받는 유력한 정부의 형태이다.

다섯째, 기업의 자유라는 측면에서 보수주의와 자유주의의 지지 상황을 보자. 시장의 자유는 기본적으로 개인의 자유라는 틀 안에서 논의될 수 있어 진보주의적 가치이다. 하지만, 진보주의가 득세한 도시에서 개인 자유가 강해지고, 부르주아 계급이 출현하며, 시민권을 획득한 노동자가 과거보다 더 착취당해 경제적 불평등이 확대됐다. 따라서 급진적 진보주의인 공산주의가 발달했으며, 점진적 사회주의인 사회민주주의가 발달했다. 이에 진보주의자는 기업의 자유에 제한을 가하지 않는 이데올로기적 원류를 점점 포기하게 됐다.

한편, 현재 기업의 자유를 보장해야 한다는 이데올로기는 한국이든 미국이든 모두 보수주의자의 이데올로기적 진영에 포함된 주요 요소이다. 보수주의자는 기업 활동의 자유를 매우 중시하는데, 이를 신자유주의(New Liberalism)라고 한다. 더 나아가 정치적인 요인과 결부시키면 기본적으로 신자유주의는 신보수주의와 동의어이다.

결론적으로 정치이데올로기 차원에서 한국과 미국의 주요 정책과 사례를 비교하면, 시대 변화에 따라 이데올로기적 순수성과 일관성이 쇠퇴했음을 알 수 있다. 어떤 이데올로기적 요소는 과거 특정 이념의 진영을 벗어나 현재 다른 진영의 이데올로기적 요소로 바뀔 수 있다. 이에 어떤 이데올로기이든 초기 주장의 논리성과 체계성이 사라졌다. 따라서 특정 진영에서 주장하는 이데올로기는 시기와 장소에 따라 다른 이데올로기 진영을 넘나든다는 사실이다. 그렇다면 특정 이데올로기의 순수성이 계속 유지되기는 어렵다.

7. 종교와 이데올로기

> 특정 종교에 대해 개인과 사회가 믿는 정도가 강하다면, 종교는 일종의 정치이데올로기가 아닌가? 이데올로기와 종교의 차이는 무엇이며, 왜 서로 다른가?

종교가 교리 등에 근거해 정교하게 구축됐다면, 종교는 당연히 신념 체계이며 일종의 이데올로기라고 할 수 있다. 이슬람 국가의 경우, 신정 체제를 유지하면서 종교는 정치적인 기능까지 수행한다. 종교와 정치이데올로기 모두 정치적 기능이 있다. 이런 관점에서 보면, 종교와 이데올로기는 매우 유사하다. 더 나아가 종교나 이데올로기 모두 자기 정체성과 정체성 집단에 근거한 활동을 수행하는 점에서 공통점이 있다.

하지만, 종교는 그 자체가 신성성을 가지고 있어서 이데올로기라고 부를 수 없다. 다시 말하면, 종교는 이데올로기와 달리 종교의 근본적인 교리나 진리, 핵심 원리나 교리를 변경할 수 없는 절대성이 있다(Shively, 2014). 반면, 이데올로기는 항상 변함없이 그대로 존재하는 것 같지만, 앞서 본 것처럼 시대나 장소에 따라 다른 이데올로기와 결합하거나 해당 이데올로기의 수정과 변형이 나타난다.

이데올로기는 외형적으로 일관적인 체제를 가지는 것 같지만 계속 변한다. 때로는 자기 이데올로기의 주요 원리 일부를 포기하거나 대항 이데올로기의 원리까지 자기 이데올로기로 받아들이기도 한다. 따라서 핵심 원리의 수정 가능성이라는 측면에서 보면, 이데올로기는 유연성을 지니지만, 종교는 수정의 유연성이 없어 서로 구분된다.

8. 이데올로기와 사회 정의

이데올로기와 사회 정의는 어떤 관련이 있나? 정치이데올로기에 따라 사회정의와 정책도 다른가?

관련 단어 정리

- Fairness: 공평성(동등; 예: 1인 1표; equality와 유사)
- Equality: 평등(동등 조치와 교정에 초점; 균등한 대우; 사회 영역에서 자신의 이익을 자유롭게 추구할 동등한 기회를 조성한 사회적 관계; Rosenberg, 2007)
- Justice: 정의(공정성; 과정과 결과에서의 공정인 법적 용어; 판사의 공식 용어)
- Equity: 형평성

    한 국가나 정권에서 어떤 이데올로기가 지배적인지에 따라 사회정의관과 관련된 정책은 달라질 수 있다. 이에 정부가 구축하는 복지 수준과 경제적 기회 등에서 차별적인 정책이 도출된다. 정의관은 공리주의, 평등주의, 자유주의의 세 가지로 구분된다.

    첫째, 평등주의(Egalitarianism)는 나의 효용과 다른 사람의 효용이 동등해야 한다는 시각의 정의관이다. 하지만, 형평적 교정의 결과로 사회구성원이 서로 평등한 수혜와 혜택을 누리면서 동등한 효용성을 갖도록 하는 방법을 찾을 수 없다. 따라서 개인의 효용과 수혜가 동등할 수 있다고 믿고 이를 추구하는 학자들은 더 이상 존재하지 않는다.

    둘째, 다른 정의관으로 공리주의(Utilitarianism)가 있다(Driver, 2009; Stanford Encyclopedia of Philosophy, 2014). 공리주의에서 자주 대두되는 이론은 벤담(Jeremy Bentham)의 공리주의와 롤스(John Rawls)의 공리주의이다. 우선 벤담은 최대 다수의 최대 행복(Great Happiness Principle)을 추구하는 공리주의를 주장했다(Bentham, max[$U_a + U_b$]). 자기의 효용과 타인의 효용을 합친다면 이것이 사회의 효용 함수가 되고 그것들이 가장 극대화할 방법을 사회적으로 추구하는 행위가 바로 정의라고 한다. 사회적 효용을 극대화하려면 '최대 다수'의 계층, 즉 중산층의 효용이 커져야 한다.

벤담의 공리주의에서는 중산층의 수혜를 높이고 그들의 정의감 충족이 최우선적인 순위를 가지는 일로 취급된다. 이와 같은 시각을 따른다면 빈자나 약자를 위한 정의감의 충족은 후 순위로 밀린다. 외형적으로는 많은 사람이 행복감을 증진할 수 있지만, 사회계약설의 측면에서 보면 사회의 통합과 형성에 방해가 된다.

공리주의의 두 번째 접근법은 롤스적 정의관이다. 롤스(Rawls, 1971)의 정의관을 고찰하면, 너와 나의 효용을 비교했을 때 사회적 후생이 가장 낮은 자의 효용을 충족하거나 극대화하는 것이 가장 우선해야 할 일이며, 이것을 사회 정의라고 생각한다. 사회계약설의 시각에서 보면, 사회적으로 후생이 가장 낮은 자의 효용 증대는 중요한데, 그 이유는 함께 사는 사회를 구성하는 기본 방식이자 사회의 존재 이유이기 때문이다.

롤스적 정의관에는 제1의 원리와 제2의 원리가 있다(Nussbaum, 2001). 첫 번째로 롤스가 말한 제1의 원리는 '자유의 원리(Principle of Liberty)'이다. 롤스는 이 원리에서 누구나 자기 입장에 대한 의사 표명을 할 수 있는 정치적 자유가 최우선돼야 한다고 주장한다. 정치적 의사 표명을 통한 자유가 있어 사회적으로 가장 열악한 사람 또는 빈자나 취약계층을 확인할 수 있다면, 그다음 단계는 이를 교정하는 작업이 수행될 수 있다. 따라서 제1의 원리가 충족되면 제2의 원리로 진행할 수 있다.

두 번째로 롤스(Rawls, 1971)가 말한 제2의 원리는 '부의 이전의 원리(Principle of Wealth)'이다. 롤스는 '무지의 장막(Veil of Ignorance)' 상태에서 모든 사회적 상황을 판단할 수 있어야 한다고 주장한다. 무지의 장막 상태에 있다면 신분 지휘, 자산, 권력 등에 대한 사고 없이 스스로 공평하게 약자층과 강자층을 판단할 수 있는 상태이다. 이러한 상태는 원초적 지위(Original Position)에 놓인 상태를 일컫는데, 그 누구도 이와 같은 지위에 있을 수 없다. 하지만, 이와 같은 무지의 장막이라는 상태에서 과연 누가 최극빈층이며 이들을 돕는 방법이 무엇인가를 찾아내고 실행하는 것이 바로 사회적 정의라고 한다($\max[\min(U_a, U_b)]$).

셋째, 자유주의적 정의관(Liberalism)이 있다. 노직(Robert Nozick)은 재화나 자산이 정부와 같은 중앙의 분배 기관에 의해 할당될 총계로 수집될 수 없다고 주장한다(Nozick, 1974; 2013). 분배 정의라는 용어는 중립적인 용어가 아니라는 것이다. 노직에 따르면, 정의에는 다음과 같은 세 가지 방식이 중요하다고 한다. 첫째로 이전에 다른 사람이 소유하지 않았던 물건을 획득하는 방법, 둘째로 점유권을 가진 자로부터 다른 사람에게 양도하는 방법, 셋째로 위 첫째와 둘째의 문제를 위반해 발생하는 불의를 바로잡기 위한 것이라고 한다.

하지만, 노직(Nozick, 1974; 2013)은 개인의 의지로 형성된 개인 간 차이가 반드시 정의롭게 교정되어야 하는지에 관해 의문을 제기한다. 노직(Nozick)은 어떤 사람이 늘 해 왔던 모든 행위가 당연하더라도 그와 관련된 무언가를 무조건 받을 자격은 없다고 한다. 그는 형평성에 대한 가정이 없어야 하며, 역량이 재산 등 출생의 자원을 가진 것이 정의에 반하는 것은 아니라고 한다.

이에 다른 사람에게 균등한 기회를 제공하기 위해 특정 사람의 소유 자격이 있는 자산을 압류하면 안 된다고 한다. 정의의 이름으로 행한 개인 재산권의 침해에 기본적으로 반대하며, 개인 기부에 의한 사회적 보상만이 정의 교정에서 가능할 뿐이다. 개인의 존재와 독립성을 인정한다면, 다른 사람에게 이익을 주기 위해 다른 사람의 자산을 이용하는 것은 불가침을 침해한다고 본다.

그는 중앙 분배자는 당연히 없어야 하고, 모든 자원을 통제하고 자원 분배 방법을 공동으로 결정할 권한을 부여받은 개인이나 그룹은 존재하지 않는다고 한다. 최소국가의 원칙(Minimal State Principles)을 내세우며 사회의 정의를 만들려는 무차별적인 정부의 개입을 반대한다. 따라서 정부 정책이나 세금을 통한 개인의 자산과 기회에 대한 침해는 오히려 더 정의롭지 않다는 것이다.

제2부

국가와 정부

국가, 정부, 정책의 이해
Understanding of State, Government, and Public Policy

제3장
국가 형성과 정부 운영

1. 근대국가의 형성

> 근대국가는 무엇이며, 아주 오래전에 만들어진 것이 아닌가? 근대 사회 이전에 소속 국가가 잘 구분됐나? 국가와 정부가 필요한 이유는 무엇인가?

1) 국가의 의의와 개념

어떤 사람이든 특정 국가의 구성원이며, 그 국가에 소속되거나 지배를 받지 않은 사람은 없다. 자기가 속한 국가가 더 강대국이기는 바라며 경제적·정치적으로 더 발전되고 안정되기를 바란다. 만약 개인이 소속한 국가가 없다면, 개인의 복지 수준은 현저히 낮아진다.

액스트만(Roland Axtmann)에 따르면, 근대국가의 실체를 거론하면서 다음과 같은 특징을 지닌다고 한다(Axtmann, 2004). 특히 액스트만은 다른 유형의 정치적 실체와 근대국가를 구분하면서, 국가만의 차별적 요소가 있다고 한다. 그의 네 가지 주요 특징은 영토의 소유권 주장(a claim over territory), 외부 및 내부 주권(external and internal sovereignty), 정통성의 주장(claim to legitimacy), 관료제(bureaucracy)이다. 관료제와 정통성은 다시 물리적 권력 사용의 독점적 정당성과 국민에 대한 지배관계를 형성하는 기초가 된다.

베버(Max Weber)는 국가를 다음과 같이 정의했다(Hermann, 1983). 근대국가의 주요한 형식적 특성은 다음과 같다. 행정관료의 활동은 규제되며 관료제를 조직화한 법률에 따라 변경될 수 있는 행정적·법적 질서가 있다. 이 질서 체제는 국가 구성원, 즉 출생으로 구성원 자격을 취득한 시민에 대해서도 권위를 부여하며, 관할지역 내 모든 행위에 대한 광범위한 권위를 부여한다. 따라서 국가는 영토에 기반한 강제 조직이다. 더욱이 오늘날 무력 사용이 정당한 이유는 국가가 허용·규정한 경우에는 합법적인 것으로 간주하기 때문이다. 따라서 베버는 '권력의 정통성과 정당한 강제력 사용'을 국가란 개념의 기본 요소로 파악했다(Beetham, 1991).

2) 근대국가의 태동과 발달 원인

국가라는 개념이 만들어진 것은 우리 예상과 달리 역사가 그리 오래되지 않았다. 특히 근대국가는 우리의 사고와는 달리 비교적 최근에 생성됐다. 15세기나 16세기에는 유럽 사람 대부분은 어떤 국가의 소속 구성원이라고 생각하지 않았다(Shively, 2014). 유럽의 경우, 영국인이 프랑스의 왕이 되거나 독일인 왕이 영국을 통치한 경우가 있었다. 이처럼 흔히 유럽 사람 대부분은 유럽 공동체라는 세계에 소속돼 있다고 생각했다.

우리가 알고 있는 영토, 국경선 그리고 국가 간 차이는 19세기 이후에 만들어진 산물이다. 특히 유럽 근대국가의 발전을 보면, 1800년대부터 1815년 사이의 나폴레옹에 의해 완성됐다고 할 수 있다. 산업과 상업이 발달함에 따라 중앙집권적인 단일 기구의 존재를 필요로 하였다. 넓은 영토에서 국가가 가진 규범을 강제할 수 있는 단일 기구인 정부가 필요하였다(Shively, 2014).

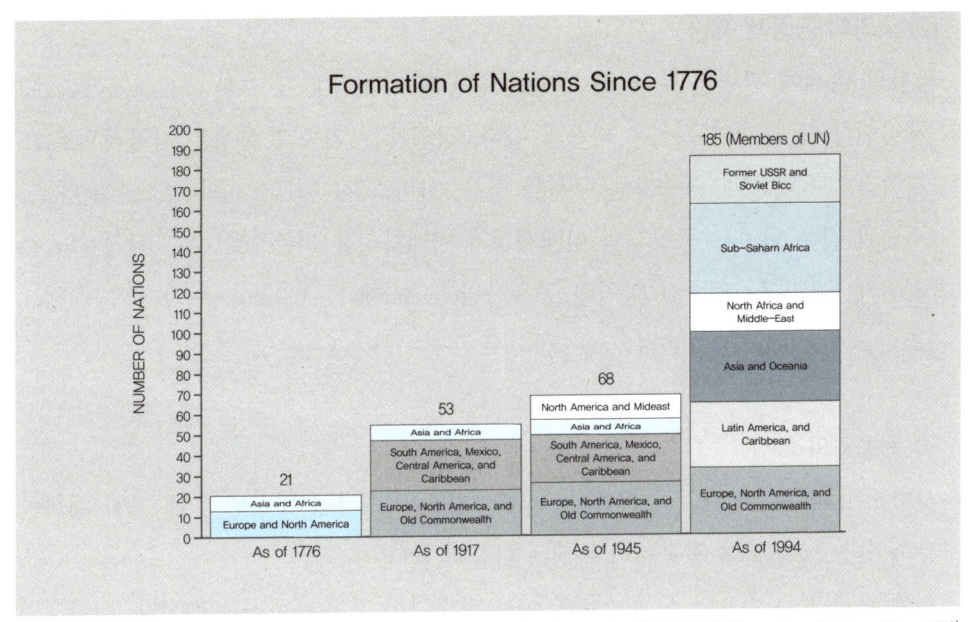

출처: UN(2024). 1776년 이후 국가 형성(Formation of Nations Since 1776)

[그림 3-1] 국가의 수

(1) 상업 발전의 재화 운송과 조세 재정의 필요성

근대국가가 발전하게 된 이유는 다음과 같다(Shively, 2014).

첫째, 국가 영토 내에 경제 행위가 다양화되고 발전함에 따라 정부가 필요했다. 특히 대규모 상업과 산업의 발달은 거대 시장의 출현과 확산을 유도했다. 이에 많은 생산품을 특정 지역에서 다른 지역으로 이동하는 것이 중요한 문제가 됐다. 즉, 국가 간 물품의 이동인 무역이나 국가 내에서의 물품 운송은 특별한 세금이나 추가 수수료를 내지 않고도 자유롭게 이송할 수 있는 정치체제를 요구했다. 이에 근대국가의 발전이 가속화됐다.

산업과 상업의 관점에서 보면, 국가는 재화나 상품의 운송을 위한 수단 및 통로를 확보해 주는 역할을 하면서 무역과 시장을 확대하는 수단이다. 국가의 관점에서 보면, 산업과 상업은 정부에 세금 납부 등으로 재정을 증진하는 주요 재원의 공급처이기에 정부의 권력을 확대될 수 있는 재정적 기반이었다. 따라서 자본주의(Capitalist Economy; Capitalism)와 정부는 상호의존적이었다(Sassoon, 2019).

(2) 국가의 공공재 제공

국가의 존재에 관련된 두 번째 원인은 공공재(Public Goods 또는 Collective Goods)의 제공이다. 공공재의 특성은 다음과 같다. 공공재는 기능과 유형은 시기적으로 또는 지역적으로 다르다. 공공재를 구분할 경우, 사바스(Savas, 2000)와 오스트롬(Elinor Ostrom)과 같은 학자는 공공재의 비배제성과 비배타성을 기준으로 순수 사적재와 순수 공공재, 그리고 그 중간 영역인 공유자원(Common Pool Resource)과 클럽재(Club Goods 또는 Toll goods, Natural Monopolies)로 구분한다(Ostrom, 2007).

① 공공재의 특징

사바스(Theodore P. Savas, 2000)는 집합재를 공공재로 설명하면서 네 가지 재화를 구분하였다. 그가 말한 공공재의 특징은 다음과 같다.

첫째, 공공재는 수요와 실제 소비와 아무런 관련이 없는 재화라는 점이다. 집합재의 본질적 속성을 보면, 재화 소비에 관한 개인 선택의 여지가 거의 없다. 일반적으로 공공재의 소비자는 이용할 수 있는 양과 질을 받아들여야 한다는 의미이다.

둘째, 공공재는 단기간에 변화하지 않는다: 소비자가 받는 집합재는 거의 변하지 않는다. 시민은 자기 집 앞에 경찰을 배치하고, 매일 거리 청소를 요구하며, 동네 공원을 왕실 정원처럼 보이게 하라고 요구한다. 하지만, 시민의 요구는 묵살되고 더 나아가 세금이 오르더라도 제공되는 공공재의 수준과 양은 거의 변화 없이 동일하다.

셋째, 공공재의 주요 특성은 집합재의 사용에 대해 직접적으로 요금을 부과할 수 없다. 이에 공공재의 이용료는 수요나 소비와 관련이 없다.

넷째, 공공재의 수요는 계속 증가한다. 집합재 제공의 가장 큰 문제는 최근 수십 년 동안 공공재의 수가 지속해서 급증했다는 점이다.

다섯째, 공공재 중 장점재(Worthy Goods)의 특성이 있는 재화가 존재한다는 점이다. 장점재는 사기업보다는 정부가 공급하는 것이 더 바람직한 재화이다. 음식, 교육, 대중교통, 보건 등과 같은 재화나 서비스의 제공은 장점재에 해당한다. 장점재는 정부로부터 보조금을 받는 기관이나 정부가 직접 생산함으로써 광범위한 인구 및 계층에 공급되는 재화이다.

② 공공재의 유형 분류

사바스(Savas, 2002)는 개인 소비(Individual Consumption) vs. 공동 소비(Joint Consumption)와 배제성(Exclusion)을 기준으로 네 가지 유형의 재화로 구분했다. 개인 소비와 배제가능성이 있는 재화는 사적재(individual goods), 공동 소비와 배제가능성이 없는 재화는 공공재(집합재, Collective Goods)로 구분했다. 개인 소비와 배제가능성이 없는 재화는 공유재(Common Pool Goods), 공동 소비와 배제가능성이 있는 재화는 톨 재화(Toll Goods)로 구분했다.

사바스에 따르면, 시장에서 구매할 수 있는 물품과 재화는 사적재이다. 국방, TV 서비스는 순수공공재 및 집합재로 구분했다. 호수의 물고기, 해양의 미네랄 등은 공유재로 구분했다. 국립공원 서비스, 일기예보, 인공위성 TV 서비스 등은 톨 재화로 구분된다.

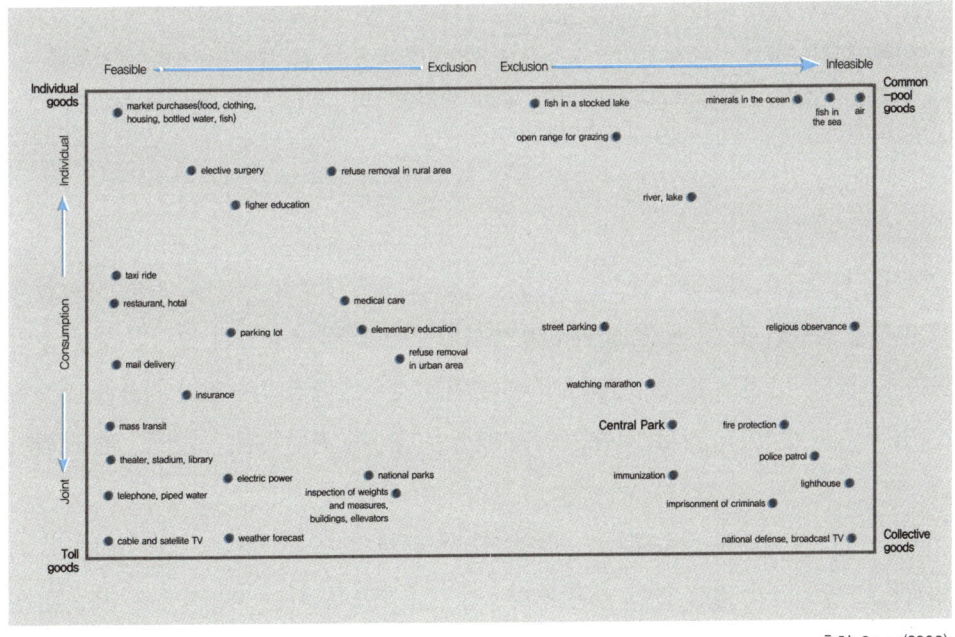

출처: Savas(2000).

[그림 3-2] 다양한 재화와 서비스의 배제성과 소비 특성

한편, 오스트롬(Ostrom, 2007)에 의한 재화의 구분은 다음과 같다. 경합성(또는 경쟁

성, 고갈의 문제)과 배제성(또는 접근 불가능성, 입장 불가의 문제)이라는 두 가지 기준으로 재화를 네 가지 유형으로 구분했다. '경합성(Rivaliness)'의 기준을 보면, 기업이 어떤 재화를 제공하고 민간인이 그 재화를 항상 구매할 수 있다면 경쟁 상태에 있지 않다. 반면, 만약 해당 재화가 고갈될 수 있다면 경합성이 있다고 한다. 사적재는 우선 구매자 때문에 고갈될 수 있고, 바다의 물고기는 고갈될 수 있다. 따라서 공유자원과 사적재는 경합성의 문제가 있다.

집합재와 공공재의 비교

오스트롬(Ostrom, 2007)의 공공재 분류에서 고갈의 문제가 없는 상황은 사바스(Savas, 2000)의 집합재 분류에서 공동 소비(Joint Consumption)라는 용어와 동일하다. 자연독점, 클럽재, 톨 재화는 이용에서 고갈되지 않는다. 다만, 입장이 불가할 뿐이다. 공유자원인 바다 물고기의 경우, 바다에 먼저 들어온 사람이 개인 소비를 통해 물고기를 완전 고갈시키는 경쟁 문제(경합성이 있음)가 크다.
이에 정부는 물고기 포획에 어업 이용료를 지불하도록 하는 장치를 마련했다. 이용료를 부과는 적정한 입장을 유도해(입장 배제 유인), 경합성으로 인한 완전한 고갈을 사전적으로 막는(고갈 해소 유인) 제도적 장치이다.

둘째, '배제성(Excludability)'의 기준을 보면, 접근 불가능성 또는 입장 불가의 문제로 재화를 분류할 수 있다. 특정 재화를 이용하는 데 고갈의 문제가 없다면 누구나 이용할 수 있다. 반면, 수용할 만한 정도나 범위를 넘어선다면 민간인의 이용을 배제할 수 있는 재화가 있다. 해당 재화는 사적재에 부가하여 자연독점, 클럽재, 톨 재화이다.

이들 재화는 대체로 상품보다는 서비스에 해당하는 것으로 케이블 TV 서비스는 지역적으로 방송업자 경쟁 없이 기존 서비스를 이용하도록 하는 자연독점의 지위를 부여했다. 서비스 제공 업자 간 경쟁은 없지만, 일정 서비스 수준과 낮은 요금 부과를 조건으로 전국적인 케이블 서비스를 제공하도록 독점 지위를 인정한 것이다(요금재). 하지만, 해당 서비스의 제공 용량이나 가입자 수를 초과한 서비스 제공은 가능하지 않으므로 배제성이 있다.

〈표 3-1〉 공공재의 구분: 비배제성과 비경합성

구분		배제성(Excludability; 입장·접근 불가)	
		있음	없음
경합성 (Rivaliness; 고갈)	있음	〈사적재〉 아이스크림 옷	〈공유자원〉 바다의 물고기 환경
	없음	〈자연독점, 클럽재, 톨 재화, 요금재〉 소방 서비스 케이블TV 공동소비(Joint Consumption)	〈공공재(집합재)〉 태풍경보 국방

출처: Mankiw(2020).

이에 네 가지 재화의 특성을 요약하면 다음과 같다. 결국 고갈의 문제인 경합성이 있고, 입장의 문제인 배제성이 있는 재화는 사적재(Private Goods), 고갈이나 입장의 문제가 없는 비경합성과 비배제성의 재화는 공공재(Public Goods)이다. 그 중간인 재화를 비순수 공공재 또는 비순수 사적재라고 하는데, 두 가지 유형이 존재한다. 고갈이라는 경합성은 있지만, 입장 불가라는 배제성이 없는 재화는 공유자원(Common Pool Resources; Common Resources)이다. 그 반대로 고갈이라는 경합성은 없지만, 입장 불가라는 배제성이 있는 재화는 자연독점(Natural Monopolies), 클럽재(Club Goods), 톨 재화(Toll Goods)이다.

③ 공공재 분류의 의의

이와 같은 공공재의 제공과 재화 구분에서 다음과 같은 함의를 얻을 수 있다. 첫째, 재화의 특성이 변화해 다른 유형의 재화가 될 수 있다는 점이다. 과거에는 공공재이던 것이 사적재가 되고 있으며, 그 반대의 현상도 목도된다. 과거 군사적 및 지리적 목적 그리고 선박 운항의 목적에서 만든 등대는 민간인이 근접할 수 없는 주요 공공시설이었다. 등대는 지나는 선박을 향해 빛을 내면서 안전한 운항을 도모한다. 동시에 등대는 국가 및 지역의 육지 경계 또는 군대 주둔지 등을 표시하기에 기능적으로 공공재였다.

현재는 선박 GPS 장치의 개발로 선박이 다른 국가의 영토나 지역으로 들어갈 가능성은 거의 없다. 거의 모든 등대는 레저용 및 관광용(사진의 피사체로 이용)으로 이용되는 사적재이다. 이처럼 등대의 기능은 장기간에 걸쳐 공공재에서 사적재로 변화됐다.

단기적으로 재화의 유형이 변화된 또 다른 예는 코로나 백신이다. 코로나 창궐기에는 백신은 정부가 무상으로 공급하는 공공재였다. 하지만, 이제는 코로나가 감기와 같은 감염병의 지위를 가지면서 민간기관인 병·의원에서 일정 요금을 지급한 사람에게만 백신을 제공하는 사적재가 되었다.

둘째, 첫째와 연결되는 것으로 공공재가 사적재로 변화되거나 사적재가 공공재로 변화되면 소비자가 이익을 얻을 수 있다는 점이다. 사적재와 공공재 간 전환 및 유형 변화가 가능한 순수공공재는 많지 않지만, 사적재로 변화될 수 있다. 공공재를 사적재로 인수하는 민간인은 큰 수익을 거둘 수 있다(예: 그린벨트 지역의 용도 해제).

그 반대로 사적재를 공공재로 정부에 판매하는 경우 민간인은 고수익을 거둘 가능성이 크다. 때로는 사적 재산권 침해 등의 문제로 민간인의 저항이 발생할 수 있어 민간인 간 승자와 패자가 발생할 수 있다. 따라서 공공재와 사적재 간 전환에서 정부 당

공유지의 비극

하딘(Garret Hardin)의 공유지 비극(Tragedy of the Commons)은 목초지에서 가축들이 무차별적으로 풀을 뜯도록 한다면, 조만간에 잡초가 사라져 매년 지속 가능한 방목을 할 수 없는 상황을 일컫는 말이다. 목초지에서 잡초의 재생 기간을 고려하지 않고 동물들이 공짜인 잡초를 마구잡이로 먹게 방치한다면, 잡초는 고갈되고 잡초지는 황폐화되어 먹을 풀이 없는 방목 동물은 결국 사라질 것이다. 스위스 같은 곳에서는 이와 같은 공유지 비극 상황을 막고자 특정 목초지의 토지에는 가축을 방목하지 않도록 상호 협치(Governance)를 하고 있다.

이처럼 사익 추구 행위는 단기적으로는 개인 이익을 발생시켜 바람직할 수 있지만, 장기적으로는 사회적 손실이 더 커진다. 즉, 단기간의 사적 이익 추구는 장기간의 공동 이익에 반하는 것이다. 개인의 단기적 효용 추구는 경제적 측면에서 장려해야겠지만, 사회적 차원의 장기적 효용 극대화를 달성할 수 없다. 이에 정부가 공공재의 사용에서 개인 간 이용을 조절하거나 규제하는 것이 사회의 장기적 이익을 도모하는 길이다. 하지만, 우리는 장기적 사회 이익을 고민하거나 고려할 유인이 없으므로 단기적으로 개인의 사적 이익을 확보하는 데 매몰되게 행동한다. 이 목초지를 국유지에 비유한다면, 관리되지 않는 국공유지의 무단 이용은 장기적으로 사회적 효용을 해하는 결과를 초래할 것이다(출처: 서울신문, 2010. 05. 20).

국자는 매우 신중해야 하며, 재화 전환의 정당성을 반드시 확보해야 한다.

정부가 제공하는 재화 서비스는 공공재이다. 물론 정부가 사적재를 제공해 이윤 추구를 하는 예도 있지만, 정부가 제공하는 재화나 서비스 대부분은 공공재이다. 대가를 지불하지 않은 사람들이 공공재를 사용하는 문제점이 발생한다. 공공재는 정부가 제공하지 않는다면 과소 공급(under-supply)되는 문제가 있다. 예를 들면, 코로나 시기에 사적재인 고가의 마스크를 판매하려는 기업이나 판매자의 마스크 공급은 늘었지만, 공공재인 무료 백신을 제공하고자 하는 기업이나 판매자는 거의 없다.

그 반대로 코로나 백신과 같은 독점적인 필수재 또는 사적재를 민간기업이 제공한다고 가정하자. 대체재가 부재한 상황에서 재화의 가격을 매우 높여 독점이나 과점처럼 이윤을 극대화하거나 소비자를 착취하려고 할 것이다. 정부나 공적 기관이 개입해 필수재를 대신 공급하는 방법은 백신의 적정 판매가와 적정 이윤 및 공급 및 구매의 안정성을 모두 담보하는 방법이다. 실제로 코로나 시기에는 정부는 무료로 백신을 국민에게 제공했다.

한편, 공공재가 한번 제공되고 나면 많은 대중이 무료로 사용할 수 있기에 과대 이용되는 문제(over-consumption)가 있다. 공공재 제공에서 문제점은 공공재의 창출과 이용에 대가를 지급했든 또는 하지 않았든 누구나 다 그 공공재를 사용할 수 있다는 점이다. 따라서 공공재의 무임승차(Free Riding)의 문제가 발생한다. 그 이유는 합리적 참여자는 최소한 어떤 결과가 도출되더라도 이러한 공동의 결과를 전혀 예상하지 않았기 때문이다. 하지만, 관련자들이 자기에게 최적인 내쉬 균형(Nash Equlibrium)의 전략을 고수하지 않고 협력적 전략을 선택해 상호 조력하면 더 나은 최적의 사회적 결과를 얻을 수 있다.

④ 공공재와 집단 규모

올슨(Mancur Olson)은 공공재의 제공에서 딜레마 상황을 집단의 크기와 연계해 설명했다(Olson, 1965). 그의 저서인 『집단행동의 논리(The Logic of Collective Action)』(1965)에서 집단 크기가 증가함에 따라 그 집단이 공공재 제공에서 성공할 확률이 감소하고, 최적 집단으로 기능하기 어렵다고 주장한다. 올슨은 이 가설에 대해 두 가지 이유를 제시했다.

첫째, 집단 규모가 커지면 공공재 제공을 위한 개인 투입을 잘 목격할 수 없다. 집단 규모의 증가에 따라 개인 투입의 공헌도가 주목받지 못한다면, 개인은 자기의 무임승차가 눈에 띄지 않을 것이라고 인식한다. 동시에 공공재의 제공에서 개인의 영향력이 없다고 생각하기 쉽다. 따라서 대규모 집단의 개인은 공공재의 제공이나 쟁취를 위한 자기 기여를 줄인다.

둘째, 대규모 집단은 내부 합의 도달에 수반되는 '거래비용(Transaction Coss)'이 소규모 집단보다 훨씬 크다. 큰 집단일수록 공공재 쟁취에 의견이 분분할 가능성이 크다. 공동 전략의 조정에는 집단적 합의가 필수적이기에 회의, 협상, 정보 공유, 논의, 결정방식 채택, 규제 등의 과정에서 비용이 매우 크게 소요된다. 따라서 참여자 수가 커지면 어떤 형태의 집단행동에 도달할 확률이 감소한다. 또한, 큰 규모의 집단에 의해 달성된 공동 이익의 크기는 감소한다.

반면, 일부 이론가들은 올슨(Olson, 1965)의 연구 결과와 다른 정반대의 예측을 했다. 대부분의 아프리카에서 연령 집단별 조직화 현상이 공공재(특히 국방)를 제공하는 수단으로 자주 이용되는 점을 이해하려고 세 시기 세대 중첩의 공공재 게임을 개발했다(Bates & Shepsle, 1995; Dickson & Shepsle, 2001). 이 모형의 결과는 공공재의 제공이 집단 크기와 양의 상관관계가 있는데, 그 이유는 특정 연령대의 개인이 많을수록 특정 수준의 공공재를 생산하기 쉽기 때문이다. 아그라왈과 고얄(Agrawal & Goyal, 1997)은 집단의 규모와 집단행동 사이의 곡선 관계를 가정했다(Agrawal, 2000).

집단 크기의 영향은 상당한 이론적 논쟁의 대상이었다. 체임벌린(John Chamberlin)은 집단 규모의 차이는 개인의 고정 기여분에 대한 한계적 영향과 주요 변수에도 상당한 영향을 미친다(Chamberlin, 1974)고 주장했다(Frohlich & Oppenheimer, 1970; Pecorino, 1999). 따라서 조직의 구조 변수는 집단 행태에 영향을 미치는데, 어떤 규모의 집단이 이들 변수에 의해 어떤 영향을 받는지에 따라 구성원의 협력 가능성은 달라진다.

올슨(Olson, 1965)의 주장과 달리 대규모 집단이 공공재 제공에서 성공적일 것이라는 주장이 있다. 집단 내 공익적 환경이 조성되고 참여자 수가 증가하면, 누군가는 공동으로 누릴 혜택을 확대하기 위해 추가 자원(투자금, 정보 등)을 집단 내로 가져올 수 있다. 마웰과 올리버(Marwell & Oliver, 1993: 45)는 재화가 순수하게 공급과 연계되면 집단 규모는 그 재화의 공급 확률에 정(+)의 영향을 미친다. 그 이유는 구성원에 의해 외부에서 들여오는 추가 자원 때문이다. 또한, 소규모 집단이 공공재 제공에서 실패할 수 있다. 올슨(Olson, 1965)도 공공재 제공에 매우 강한 관심을 가진 작은 집단의 개인 또는 소수가 그들 간 차이가 큰 개인 보상에 직면한 경우, 그 집단이 공공재를 제공할 확률은 낮다고 했다.

2. 민족국가와 국가 건설

> 국가는 무엇으로 구성됐으며, 언제부터 국가가 건설됐다고 할 수 있나? 국가의 구성요소는 무엇인가?

1) 국가와 민족

국가(State)와 국민(Nation[1]; 민족)은 서로 다른 용어이다. 하지만, 때때로 민족주의를 내세우면서 국가의 일체감을 강조하고 있다. 그렇다면 국가 건설(State-Building)에서 민족과 국가 간의 연계 고리는 무엇인가?

라몬트(Michèle Lamont)에 따르면, 민족은 문화적 정체성과 상호의 유사성을 인정하고 있는 사람들의 집단이다(Lamont, 2001). 문화 중에서 언어가 가장 중심이 되는 민족성의 기반이자 기준이 된다. 문화는 사람 간의 상호 작용된 패턴이 존재함을 인정하는 속에서 생성되는 것이다(Anderson, 1998). 유형 문화도 있고 무형 문화도 있으나 타인과 상호 교류하며 계속된 반복 작용이 문화의 정의이자 특징이다.

---

[1] 라틴어 'natio'는 출생 인종 중심의 공동체를 일컫는 말이다. 출처: 라틴어사전. https://dict.naver.com/

앤더슨(Benedict Anderson)은 민족주의는 이데올로기라기보다는 국가를 중심으로 하는 종교적 신념에 가깝다고 한다(Anderson, 1998). 이와 달리 국가는 주권을 가진 정치적 단위이다. 따라서 주권이라는 측면에서 바라보면 국가는 자기가 한 일에 대한 궁극적인 책임을 지는 정치적 단위이다.

하지만, 다민족 국가도 있고, 단일민족 다국가도 존재한다. 쉬블리에 따르면, 현대 국가의 특정 지역에서는 민족적 정체감 또는 국가적 일체감에서 편차가 크다(Shively, 2014). 한편, 근대국가에서는 국민을 국가와 동일시하고 일체감을 가지며 민족이라는 이름으로 국가건설을 추구했다. 이처럼 민족주의와 국가가 결부된 단어가 바로 민족주의(Nationalism)이며 더 심화한 다른 용어는 애국주의(Patriotism)라고 한다. 민족적 정서에 기반해 근대국가가 형성되고 민족과 민족주의가 국가와 연결된 용어는 민족국가(Nation State)이다. 현재에도 전 세계를 보면 많은 국가가 민족국가이다.

2) 실패한 국가와 성공한 국가

유럽에서 근대국가가 건설된 후 제2차 세계대전 종료와 함께 세계 여러 지역에서 새로운 근대국가가 건설됐다. 이때 신생 독립국이나 식민국가는 국가 재건에서의 다양한 문제에 부딪혔다. 그들 국가 중 일부는 국가건설에 실패했다. 국가라는 기구가 만들어졌음에도 불구하고 전 지역을 관할하는 국가의 중앙정부 기구는 부재하고 군인과 군벌 세력이 국가나 특정 지역을 장악하는 그런 형태가 나타났다. 하지만, 이런 경우에도 우리는 국가가 형성됐다고 하며, 그러한 상태의 국가를 '실패한 국가(Failed State)'라고 한다(Brooks, 2005).

1900년대 초반의 아프가니스탄과 소말리아, 제2차 세계대전 이후 독립한 국가 등은 완전한 형태의 독립적 중앙정부의 지배력이 효과적이지 못한 상태에 놓여 있었다. 우리나라도 1919년 상하이(上海) 임시정부가 중앙정부 기구를 갖추고 있지만 한반도 전 지역을 실효적으로 지배·통치하지 못했기 때문에 이러한 경우의 국가는 실패한 국가이다(Brooks, 2005: 1168). 하지만, 이와 같은 실패한 국가는 국가의 건설 과정에 있었으므로 상하이 임시정부는 우리나라의 초대 정부이다.

20세기 초 식민국가가 독립하면서 촉발된 실패한 국가의 정의는 다양하다. 학자 대부분은 규범적으로 성공한 국가(Successful States)의 반대 개념이 실패한 국가라고 한다. 성공한 국가는 정의된 영토와 인구를 통제하고, 다른 국가와 외교 관계를 유지하고, 영토 내에서 정당한 폭력을 독점하고, 국민에게 충분한 사회적 재화와 서비스의 제공에 성공적인 국가이다(Brooks, 2005). 반면, 실패한 국가는 폭력 수단에 대한 통제력을 상실하고, 인구를 위한 평화나 안정을 달성할 수 없거나 영토를 통제할 수 없다. 실패한 국가는 경제 성장이나 사회적 재화의 합리적인 배분을 보장할 수 없다.

이에 성공한 국가건설에서 가장 핵심적인 기구는 정부이다. 정부 또는 정부의 관료는 정책 및 정치 과정의 피동적이고 수동적인 참여자가 아니다. 중앙정부의 관료는 능동적이고 정책과정에 참여하며 적극적으로 정책집행과 행정에 개입할 수 있는 역량이 존재한다. 이처럼 집권화된 기구와 관료가 있는 국가를 우리는 '자율국가(Autonomous State)'라고 부른다(Shively, 2014).

3. 정부실패와 시장실패

> 국가의 주요 문제의 해결과 발전을 위해 정부가 나서야 하나 또는 시장이 나서야 하나? 정부나 시장은 어떤 문제를 해결하고, 어떤 문제를 만들었나?

국가의 정책결정과 관련해 세 가지의 영역으로 나누면, 정부, 시민사회 그리고 시장으로 구분할 수 있다. 영미권 국가에서는 시민의 사적 자치권을 최우선으로 바라고 정부는 이를 인정한다. 사적인 문제의 해결은 시장적 개입에 따른 사적 자치에 의한 해결이 바람직하다고 본다.

하지만, 1970년대 정책학의 태동처럼 성차별, 인종 차별, 교육 차별 등의 다양한 사회문제가 나타났다. 시장 영역의 참여자는 개인 간 문제 및 개인적 문제가 확대된 사회문제의 효과적 해결자가 아니었다. 이와 같은 현상을 우리는 '시장실패(Market

Failure)'라고 부른다. 시장실패에 대응하기 위해 정부가 다양한 사적 영역에 개입하여 사회문제를 해결하려고 했다. 시장의 실패는 독과점 기업 등장, 부정적 외부성(Negative Externalities)의 발현, 부의 공정 배분 실패, 공공재 공급의 과소문제 등과 같은 것이다(Mankiw, 2020; Ostrom, 2007).

더욱 세분해 보면, 첫째 시장의 실패는 공급자 독점(Monopoly)과 소비자 독점(Monopsony; 생산요소 시장 중 노동시장의 소비자인 지역 고용의 독점 기업)과 같은 막강한 시장지배력(market power)의 존재 때문이다. 둘째, 적절한 시장의 부재 또는 기능 미비 때문이다. 역선택(Reverse Selection)과 도덕적 해이 문제의 원인이 되는 정보 비대칭(Information Asymmetry)으로 시장 기능이 저해된다. 또한, (부정적) 외부 효과(Externality)는 시장에 참여하지 않은 경제 주체의 후생에 영향을 주는 행위, 즉 시장과 무관한 제3자에게 손실을 입혀 시장기능의 실패이다. 마지막으로 공공재(Public Good) 시장은 부재하다. 소비에서 비경합성과 비배제성이라는 재화의 특성 때문에 시장이 적절하게 구축되지 않아 시장실패가 나타난다.

이에 정부의 개입은 이와 같은 문제를 해결하리라고 기대했다. 하지만, 정부도 시장처럼 새로운 문제를 만들어 내게 됐는데, 관료적 타성과 비협조, 부처이기주의, 부패 규제 강압적 권력 사용의 폐해 등이다. 이것을 우리는 '정부실패(Government Failure)'라고 부른다. 정부실패에 대한 유명한 문구가 있다.

> 정부는 더 이상 문제 해결자가 아니라 오히려 정부 그 자체가 문제라고 한다(Government is not the solution to our problem, government is the problem; Ronald Reagan Presidential Foundation, 1981)

현재는 시민사회가 정부실패와 시장실패를 교정할 대안이 될 수 있을지에 대한 논의가 분분하다. 시민사회단체(Civil Social Organization: CSO)로 대변되는 시민사회는 민간의 특성과 정부의 특성을 가진 회색 지대의 참여자이다. 따라서 시민사회를 포함한 시장이 사회문제 해결에 실패한다면 이는 '비정부실패(Non-governmental Failure)'이며, 시민사회를 포함한 정부까지 사회문제의 해결에 실패한다면 이런 '비시장실패(Non-market Failure)'에 해당한다. 한국의 경우 시민사회가 활성화되지 않아 정부로부터의 보조금을 받지 않고는 시민단체가 활동할 수 없는 곳이 많다. 따라서 시민단체의 영향력도 강화돼야겠지만 시민단체에 대한 기부와 자원봉사 그리고 지원은 정부와 시장의 실패를 교정할 대안적 기구로 기능할 수 있을지 궁금하다.

4. 정부의 운영

> 정부에 막대한 영향을 주면서 국가를 이끌어가는 집단과 사람은 누구인가? 소수의 학식 있고 재력 있는 사람이 이끌어 가는 정부가 바람직한가?

1) 엘리트주의

린드(Robert S. Lynd)와 린드(Helen M. Lynd)는 공동체를 위한 의사결정에서 구체적인 개인, 즉 엘리트의 중요성에 대해 역설했다(Lynd & Lynd, 1937). 그들은 지역의 사업을 운영하는 엘리트가 그 지역의 공동체의 정책결정에 심대한 영향을 줌을 확인했다. 이처럼 기존 연구는 경제적 엘리트뿐만 아니라 권력 엘리트(Power Elite) 집단의 존재를 무수히 검증하였다(Hunter, 1953; Mill, 1956). 밀(Mill, 1956)은 권력 엘리트는 거의 모든 영역에서 그들이 필요한 대로 수요를 창출하고 다른 사람이 그들의 수요에 부응하도록 하는 결과를 낳았다고 한다.

엘리트 집단과 엘리트이론(Elitism; Elite Theory)은 미국에서 심각한 지역 간 격차나 불균형을 설명하는 중요한 요인이라고 한다. 특히 미국 역사에서 복지, 부, 공공서비스의 지역 간 격차를 설명하는 가장 강력한 이론은 엘리트이론이다(Lasswell, 2018). 권력 엘리트는 심리적으로 동질적이며, 문화나 종교, 교육과 경제 수준 등의 사회적 배경이 유사하다(Mills, 1956). 그들은 자기 이익 증진의 이기심과 행태로 인해서 사회적 불평등과 지역 격차가 끊임없이 확대해 왔다고 한다. 권력 엘리트 이기심과 그들의 영향력으로 인해 다양한 영역에서 사회적인 불평등과 지역 간 격차가 끊임없이 확대됐다는 증거도 많다(Hunter, 1953).

엘리트이론의 비판가는 엘리트가 끊임없이 사회적 약자 또는 저소득층이 필요한 부, 공공서비스, 주택의 재분배정책을 반대해 왔다고 한다. 사회기반시설, 기업 보조금, 도로 등의 자본 집약적이면서 엘리트에게 도움이 되는 경제 발전의 정책은 끊임없이 지지해 왔다는 사실이 무수히 증명됐다(Peterson, 1981). 따라서 도시의 상업 세력과 기업가를 위한 조세정책(예: 법인세 감세) 및 재정지출 정책이 엘리트에 의해 옹호됐다고 한다(예: 도시성장기구; Urban Growth Machine).

엘리트이론은 다음과 같은 논리로 엘리트가 중요하지 않다고 비판받는다(Polsby, 1964).

첫째, 엘리트 계층에서도 출신이나 배경에서 심대한 차이가 존재한다는 점이다(Shively, 2014). 엘리트는 기본적으로 결속력이 약하고 의견 수렴이 어려워 그들이 주장하는 정책이 최종적인 정책으로 도출될 수 없다고 한다.

둘째, 엘리트 그룹뿐만 아니라 기성 사회로부터 배제되거나 소외됐었던 많은 집단, 즉 시민과 대중 집단이 정책에 적극적으로 참여하면서(예: 의회 위원회의 시민위원 참여) 엘리트가 주창하는 정책의 달성 가능성이 매우 낮다고 한다(Walker, 1966).

이에 엘리트이론의 성립 불가능성에 대한 재비판도 있다(Stone, 1989). 기본적으로 엘리트 집단은 동질적인 상류층의 집단들로 구성되었기에 상호 결속력이 강하다고 한다. 또한 단기적으로 보면 대중 집단이 참여해 정책을 변화시키는 것 같지만, 장기적으로 보면 엘리트 집단은 그들이 원하는 방향대로 정책을 끌고 간다고 다시 반박한다.

2) 다원주의

> 조용한 다수가 정부에 막대한 영향을 주고 정부와 정책을 이끌어 간다고 할 수 있는가?
> 다수의 집단이나 구성원이 이끌어 가는 국가는 항상 바람직한가?

다원주의(Pluralism)는 엘리트이론의 부족한 설명에 대한 비판이론으로 등장했다.

많은 학자는 동질적인 소규모 집단의 행태보다는 의사결정에서의 더 많은 이해 세력의 등장에 관심을 보였다. 이익집단론에 따르면, 어떤 지역의 정책결정은 다양하고 거대한 공동체나 집단에 의해서 달성된다고 한다. 달(Dahl, 1961)은 누가 민주주의의 권력을 지배하는지에 대해 답변하면서 우선 부와 정치권력, 정치자원, 그리고 정부 서비스의 불균등한 배분에 대해서 인정했다.

하지만, 달(Robert A. Dahl)은 공동체에서 정치자원의 배분과 정치적 영향력의 배분 간 긍정적 관계는 없다고 한다. 정치자원이 불균등하게 배분됐더라도 다양한 집단과 개인이 다양한 정책영역의 유형에 영향을 미치는 정치자원을 통제할 수 있다고 한다. 엘리트가 존재하고 그들이 막대한 정치자원을 가지고 있더라도 모든 영역에서 영향력을 발휘하기보다는 개별 영역에서는 특정 사회적·경제적 이익집단이 엘리트를 대신한다고 봤다.

달은 엘리트가 특정 정책영역에서 영향력을 크게 발휘하더라도 다른 이익집단의 영향력 발휘를 방해할 수 없다고 한다(Dahl, 1961). 광범위한 정책영역에서 정책의사결정권이 광범위한 집단에 배분됐다고 보는 것이 더 바람직하다는 것이다. 또한, 정책결정은 동질적 집단에 의한 의사결정이라기보다는 이질적 집단으로부터 생성된다는 것이다. 동시에 아무리 힘 쎈 권력자라고 하더라도 권력자의 선호는 대중의 정책선호는 반영할 수밖에 없다고 주장한다. 하지만, 다원주의의 비판자들은 왜 지역의 다수를 차지하는 다양한 집단이 있을 때 이들 집단이나 대중이 원하는 정책이 도출되지 않는지에 대한 해답을 다원주의가 내놓지 못한다고 재반박 한다.

3) 조합주의

국가 조합주의(State Corporatism)는 국가 회의에서 조합들이 형성되고 조합주의 내로 편입되는 관계를 의미한다. 국가 조합주의에 참여한 집단들은 국가에 비해 위계가 낮고, 국가에 의존적이며, 그들의 산업계 대표성은 낮은 점이 특징이다. 국가 조합주의는 영토적으로 중앙정부에 종속성이 큰 정치체제에서 많이 나타나고 있으며, 반자유주의적 또는 권위주의 국가에서 흔히 발생한다.

구조합주의인 국가 조합주의에서는 노동자들이 과도한 임금 인상 요구를 자제하도록 강제하며 자본가들의 이익을 위협하는 행위를 방지한다. 동시에 자본가들에게는 기업의 안정적 고용과 가격 인상의 억제 그리고 장기적 관점에서 노동자의 물질적 이득을 향상하는 제도적 제휴를 강제한다. 이와 같은 강제는 흔히 국가가 이들의 제휴가 가능하도록 물리적으로 개입하는 경우로부터 달성되며, 정부 주도의 억압적 단체협약이 종종 등장한다(Wiarda, 2016).

반면, 사회 조합주의(Social Corporatism) 또는 신조합주의(Neo-corporatism)는 사회적 기능 단위인 정부도 하나의 조합주의를 구성하는 협상 주체로 참여하며 단일적이고 비계층적인 조합들이 각 조합의 대표성을 가지고 자발적으로 참여하는 조합주의를 의미한다(Wiarda, 2016). 사회 조합주의는 자본주의가 고도로 발달한 북유럽 등의 복지국가에서 흔히 나타나고 있다. 협약에 입각한 민주주의와 사회발전을 도모한다.

제4장
정부와 민주주의

1. 민주주의의 의의와 유형

> 민주주의는 무엇이며, 민주주의의 세부 유형은 어떤 것이 있나? 민주주의에 대한 적극적 시민참여는 항상 바람직한가?

1) 민주주의의 의의

민주주의(Democracy)란 사람에 의한 지배 또는 사람의 정부이다(Oxford University Press, 2021). 민주주의는 국가 권력이 한 국민이나 일반인에게 부여되는 정부 시스템이다. 구체적으로 복수의 후보자 중에서 국가의 정책 수립을 담당할 수 있는 권력자를 선택하는 선거를 시민들이 정기적으로 참여하는 정치체제이다(Shively, 2014). 과거부터 시민들의 참여가 민주주의의 발전에 긍정적인지 부정적인지 관련 논의가 구체적으로 많이 진행됐다. 정기적으로 국민에 의해서 지도자가 선택된다면, 국민의 참여 정도는 달라도 우선 민주주의 국가로 분류할 수 있다.

2) 민주주의의 유형

민주주의는 시민들의 직접 정치 참여 및 상호 작용을 기반한 정치 이념이다. 민주주의는 다수 시민의 대화, 설득, 참여, 협상, 타협 등의 방법으로 발전한다(박경돈, 2023). 대화나 담론, 토론, 과정, 논쟁을 거쳐 더욱 바람직한 이념과 제도를 구축하는 정치 방식과 체제가 민주주의의 바람직한 발전 방식이다(Donno, 2013). 반면, 민주주의가 없거나 낮은 민주주의 체제를 가진 국가를 '권위주의적 체제 또는 전제 정치체제(Authoritative State or Regime)'라고 한다.

아래는 박경돈(2023)이 설명한 민주주의의 유형을 구분해 본다. 민주주의는 선거민주주의(Electoral Democracy), 자유민주주의(Liberal Democracy), 참여민주주의(Participatory Democracy), 숙의민주주의(Deliberative Democracy), 평등민주주의(Egalitarian Democracy)의 5개 세부 유형으로 구분할 수 있다.[1]

첫째, 선거민주주의(Electoral Democracy)는 정부는 대표자인 '사람들의 정부'라는 개념에서 시작된다. 시민들이 권력에 관한 자유로운 접근을 강조하면서, '정치 대표자를 선출하는 민주주의'를 의미한다. 공정하고 자유로운 선거에 따라 시민의 대표자를 선출할 수 있는 민주주의이다(Donno, 2013).

이 민주주의에서는 정기적 시기에 맞춰 실시한 선거에서 정치적 대표자를 선출할 수 있는 제도가 보장된다. 따라서 대표자의 선출과 당선인의 포괄적 권력을 인정하는 민주주의이다. 선거 민주주의의 성공을 위해서는 선거제도에 기반해 대중의 집회나 결사의 자유 보장이 전제돼야 한다. 이에 시민은 정부 구성에 참여할 의향을 지닌 후보자 중 선거를 통해 대표자를 결정하는 제도를 갖춘 민주주의이다(Singh et al., 2012; Skaaning et al., 2015). 그런데도 선거민주주의는 선거만을 위한 도구화한 민주주의이기에 종종 자유민주주의를 훼손한다고 비판받는다(Claassen, 2020).

둘째, 자유민주주의(Liberal Democracy)는 다수자의 민주주의(Pluralist Democracy)이다(Dahl, 1983). 정부는 다수자인 '사람들에 의한 정부'라는 개념에서 시작된다. 시민

---

[1] 5개의 민주주의 유형은 '박경돈(2023). 민주주의 발전의 영향요인과 정치체제의 비교. 「인문사회과학연구」, 24(4): 439–470'의 내용 일부를 발췌·수록했음.

간의 '상호 접촉과 조직화를 통해 시민의 요구를 증대시키는 민주주의'이다. 1960년대에 생성된 민주주의의 유형인 자유민주주의는 권력 분립에 관한 헌법에 따라 시민권리가 보장된다. 헌법과 법률의 규정이 인권, 참여 등 민주적 시민 권리를 직접 집행·규율하는 제도가 존재해 정치체제와 정치 자유가 보장되는 민주주의이다(Bollen, 1993; Knutsen, 2010). 반면, '반자유적 민주주의(Illiberal Democracy)'는 – 학자 간 통일된 정의는 없지만 – 선출된 대표자가 헌법적 권한에 따라 원하는 통치를 할 권한이 약하거나 그 권한의 제약이 없는 민주주의이며(Mounk, 2018), 비민주적 관행이 존재하는 민주주의가 반자유주의이다.

자유민주주의는 대표자의 대표성과 권력보다는 시민 상호 관계에 입각한 시민적 자유와 권리가 더 중시된다. 정치에 관여한 시민에 의해 선거 주기에 권력자와 정당을 감시할 수 있는 제도가 보장된 민주주의이다. 하지만, 시민 권리가 제한되지 않은 자유를 강조하고, 선거의 정당성까지 무시할 수 있는 자유 중심의 민주주의라고 비판받기도 한다(Mukand & Rodrik, 2020). 만약 불리한 선거 결과를 거부하면서 그 결과를 지도자 승리의 확인 과정으로 인식한다면 민주적 융합과 협력이 파괴된다.

셋째, 참여민주주의(Participatory Democracy)는 정보를 지닌 시민은 선거에 참여할 권리가 보장된 민주주의이다. 정부는 다수자인 '사람들을 위한 정부'라는 개념에서 시작된다. 사회 조직을 구성하거나 민주적 결정에 참여하거나 입후보하는 등의 직접적인 의사결정 및 통치에 관여하는 방법이 보장된 민주주의이다(Carman, 2010). 시민은 스스로 시민단체를 조직화하거나 시민 모임에 참가하는 등의 방법으로 직접 정치 대표자가 될 방법이 보장된 민주주의이다(Hamilton, 2014). 정치 영역에 참여한 시민은 정치철학에 대해 논쟁하고, 자기 삶에 영향을 미치는 의사결정에 참여하는 방법과 기회가 제도화돼 있다. 참여민주주의 사례는 주민참여예산 제도이다. 대표자 선출보다 정치 영역에서 대중 참여를 중심으로 만들어진 민주주의이다(Polletta, 2013). 이에 시민의 정치 참여에 관한 집행의 기제나 시스템이 잘 구축된 민주주의이다(Ríos et al, 2017).

넷째, 평등민주주의(Egalitarian Democracy)는 권력이 시민 사이에서 균등·형평하게 배분된 민주주의이다. 사회인 누구나 정치에 대한 공정한 기회 보장과 참여 및 장려가 평등민주주의의 핵심 요소이다. '평균주의적 민주주의'라고도 하며, 시민의 정치

참여 기회가 동등하므로 누구나 권력을 행사할 기회의 형평성이 특징이다(Sigman & Lindberg, 2019). 사회경제학적 조건인 문화, 자원, 종교, 문화 등에 의해서 배제되지 않는 권리가 가장 강조되는 민주주의 유형이다. 사회구성원 개인은 각자의 목소리를 내며 자기의 가치와 정의를 고양하는 민주주의이다. 따라서 평등민주주의에서는 모든 시민에 대한 형평적 대우와 참여, 그리고 공정 가치의 실현을 위한 제도가 강조된다.

다섯째, 숙의민주주의(Deliberative Democracy)는 정책적 결정을 시민들과 정부가 함께 하는 것을 목적으로 한 민주주의 유형이다(Zhang, 2015). 참여민주주의가 더 구체화 된 민주주의이다. 사회적으로 난해한 공공정책의 결정에서 사용되는 민주주의이다. 다양한 계층의 시민들이 비례적·형식적 대표성을 유지하고 담론에 참여한다. 숙의민주주의의 시민은 자신이 속한 지역, 직능, 계층, 직업군 등의 대표자이며 담론을 주도한다(Kuyper, 2018).

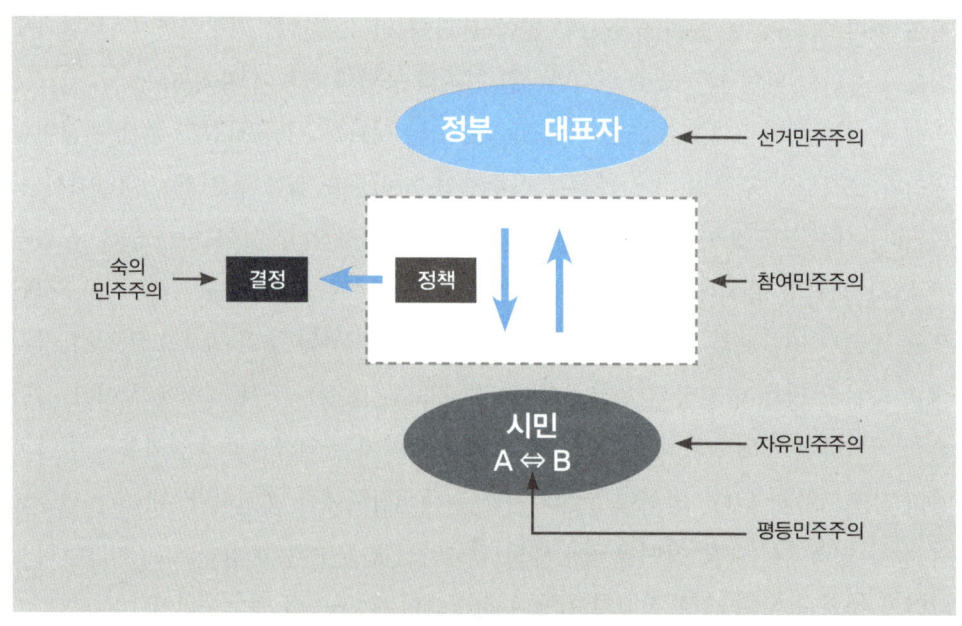

[그림 4-1] 민주주의의 유형

숙의민주주의와 달리 담론적 민주주의는 다양한 사고들이 특별한 목적 없이 그리고 여과 장치가 없는 논의와 토론이 특징이지만(Talukder & Pilet, 2021), 숙의민주주의는 담론 시간을 편중하지 않고, 개인의 의견 개진의 시간이 보장된다(Håland, 2021). 숙의민주주의 토론에는 참여 구성원은 정책의 최종결정에 대한 책임이 강조된다(Dryzek 1990; Gherghina et al., 2023). 따라서 특별한 사정이 없으면 숙의민주주의적 의사결정으로 도출된 결과는 정부의 공공정책으로 수용함으로써 숙의민주주의가 완성된다(Dryzek, 1990).

3) 민주주의와 시민참여

참여민주주의는 일반시민에 의한 정책의 결정과 집행의 관여가 특징이다. 민주주의 정치체제가 성공하려면 시민의 성숙과 자질이 갖춰져야 한다(Strong Democracy; Barber, 1984). 민주주의에 관한 시민참여에 관한 찬반론은 다양하게 존재한다.

(1) 시민참여의 긍정론

첫째, 민주주의의 시민참여에 대한 긍정론이 존재한다. 시민이 정치 및 정책에 참여하는 방법은 직접적인 방식과 간접적인 방식, 즉 대의제를 통한 방식이 있다. 루소(Jean-Jacques usseau)와 밀(John S. Mill)은 좋은 정부는 시민참여를 유도·활성화하는 제도적 장치를 마련해야 한다고 본다(Carter, 2007). 밀에 따르면, 좋은 행정을 하는 정부는 시민참여로 시민의 물질적 풍요와 정신적 자질을 높이는 데 크게 기여한다고 주장한다.

밀(Mill, 1861)은 시민이 직접 정책결정에 참여하거나 대의제에서 선출직 대표자로 참여하는 것이 모두 중시된다. 민주주의에서 타인을 대신한 의사 표명이나 대표적 활동은 민주주의 형태로 바람직하다고 본다. 고전적 민주주의자는 시민참여 그 자체가 시민의 권리이자 목적이라고 한다. 밀은 시민의 직접 참여는 지방자치를 학습하는 장으로 장려할 필요가 있다고 한다. 대의제 민주주의와 달리 대중의 참여는 개인의 민주적 학습을 증진한다고 본다.

시민참여를 통한 학습과 협조는 사익뿐 아니라 사인과 공익 간 연계 방법을 습득한다. 개인의 직접적 결정은 공적 결정과 사적 결정의 차이를 바로잡는 좋은 수단으로 강조된다. 또한, 공익 창출에 참여함으로써 공동체적 이득을 증진한다. 개별 시민이 정부와 정책결정에 직접 참여한다면, 개인의 존중감, 공동체 의식 및 소속감, 정치·사회적 행태의 계발을 상승시키는 행위라고 한다. 이처럼 시민은 참여를 통해 사회적 신뢰, 규범, 유대감을 통한 사회발전의 관계적 협력 기반인 '사회적 자본(Social Capital)'을 높인다(Putnam, 1995). 퍼트남(Robert D. Putnam)에 따르면, 사회적 자본은 사회구성원 간의 연계성 즉, 사회적 연계망으로부터 발생하는 상호 호혜성과 신뢰의 규범을 의미한다. 따라서 시민참여는 사회적 자본을 증진하고 사회와 민주주의를 발전시킨다.

반면, 시민은 대의제를 반대하지만 정책에 무지하거나 이기적인 시민의 참여보다 대의제가 오히려 바람직한 민주정치 제도라고 한다. 워커(Walker, 1966)는 엘리트가 대표가 된다면 비대표성, 무책임한 소수 지배와 결정, 시민적 판단의 개선 가능성 차단, 시민적 무관심, 시민참여 미비와 같은 일상적 문제를 대의제에서 해소할 수 있다고 한다.

하지만, 콜(Cole, 2006)은 지방자치의 개념을 중시하면서 지역 정치의 시민참여는 자기표현이며 장려돼야 한다고 본다. 콜(Matt Cole)은 대표성이란 개념에 의문을 제시하며 직접적인 시민참여가 대의제보다 더 바람직하다고 한다. 왜냐하면 대표성과 대의성은 집단과 관계된 개념이지 집단의 소속 없는 시민을 실질적으로 대표하지 않기 때문이라고 한다.

또한, 바버(Benjamin R. Barber)는 현대 정부가 지향하는 대의제 민주주의는 수단적 민주주의이자 과소 민주 체제로 고통받기에 '약한 민주주의(Weak Democracy)'라고 한다(Barber, 1984). 이는 프롬(Erich Fromm)이 말한 수동적인 '방관자 민주주의(Spectator Democracy)'이다(Fromm, 2013: 148). 반면, 참여민주주의가 되면 대의제적 소수자 결정에 의한 오류가 다수자 결정과 협력으로 교정되기에 '강한 민주주의(Strong Democracy)'라고 한다(Barber, 1984).

> **선출직 공직자와 대표관료제**
>
> 선출직 공직자는 유권자의 대리인으로 유권자로부터 선택받은 자들이다. 선거에서 당선된 선출직 공직자인 대통령, 국회의원, 시장, 군수, 교육감 등은 우리를 대표하는 자이다.

선출직 공직자는 우리를 대표하는 자들인지에 대한 논의가 있다. 이는 대표관료제(Representative Bureaucracy)로부터 저대표적 계층이 혜택을 받는지에 관한 논의이다(Andrews & Miller, 2013).

첫째, '형식적 대표성(Passive Representation)'이자 '정체성의 대표성(Identity Representation)'이 있다(Capers & Smith, 2021). 선출직 공직자는 유권자의 인구사회학적 비율 구성과 유사한 비율과 특성이 있는 자로 구성돼야 한다. 만약 농민 인구가 전 국민의 90%를 넘는데도 농민 출신의 관료나 국회의원 한 명도 없다면 형식적 대표성을 미충족하고 있다. 이런 상황에서 농민의 의견이 정책화될 의문이 크다.

둘째, '실질적 대표성(Active Representation)'이자 '행태의 대표성(Behavior Representation)'이 있다(Capers & Smith, 2021). 이 대표성에 따르면, 선출직 공직자의 구성이 인구사회학적 특성을 갖추기보다 더 중요한 점은 특정 집단이나 계층, 대표성이 낮은 집단을 위한 의안이나 결정을 대표하는 것이다. 선출직 공직자가 형식적 대표자이지만 실제로 소속 사회집단을 위해 노력하지 않는다면, 형식적 대표성은 불필요하다는 것이다. 실질적 대표성은 선출직 공직자의 정책결정과 지원 등 의사결정에서의 대표성이다.

학자들은 형식적 대표성보다 실질적 대표성이 더 중요하다고 한다(Andrews & Miller, 2013). 그런데 다양한 관료 및 선출직 공직자에 의한 형식적 대표성이 어느 정도 수준으로 충족되지 않으면 실질적 대표성이 잘 보장되지 않는다고 한다. 형식적 대표성이 어떤 임계점을 넘어서면 실질적 대표성이 증진된다고 하여(Dahlerup, 1988; Kanter, 1977) 형식적 대표성도 중요함을 역설했다. 따라서 형식적 대표성보다 실질적 대표성 간 연계(Capers & Smith, 2021)가 더욱 중요하다.

*선출직 공직자의 대표성 관련 '6장 정부 유형'의 ' 5. 여성의원의 정치적 대표성'의 부분을 참조할 것

(2) 시민참여의 회의론

둘째, 시민참여의 직접 민주주의에 대한 회의론이 존재한다. 직접 민주주의에 대한 비판은 대체로 시민의 자질론과 역량 부족에 근거한다. 기본적으로 시민은 정치에 무관심하고 정보가 부족하며 참여 의지가 부족하며 간헐적으로 선거나 투표 참여하기의 문제라고 한다. 비합리적·정의적 차원에서 참여한 다수 결정은 합리적 소수자의 결정보다 더 나쁘다는 것이다.

특히 시민 역량과 자질 부족은 민주주의의 파괴적 요소로까지 기능할 수 있다고 한다. 다수에 의한 공익 훼손과 민주적 질서 파괴를 막기 위해 시민참여는 제한적으로

허용돼야 한다고 본다. 일상적 결정에서는 시민참여가 허용되기보다는 중요 사항의 경우에만 허용되는 편이 바람직하다는 것이다. 다수 대중의 헌신보다는 소수 엘리트의 헌신을 기대하는 것이 더 현실적이라고 한다.

슘페터(Joseph A. Schumpeter)는 민주주의가 정치적 결정을 위한 제도적 장치이기에 반드시 시민참여를 그 요소로 포함할 필요가 없다고 한다(Elliott, 1994). 더 나아가 슘페터는 시민들이 정치적 과정 중 투표에서 매우 제한된 역할만 해야 한다고 강조했다(Michels, 2006). 립셋(Seymour M. Lipset)은 종종 적극적인 시민참여가 극단적·대결적 시민운동으로 귀결된다고 한다(Lipset, 1959). 사토리(Giovanni Sartori)는 '수직적 민주주의(Vertical Democracy)'가 정부 시스템의 민주주의지만, 무차별적 시민참여에 의한 '수평적 민주주의(Horizontal Democracy)'는 무정부적 정치를 낳는다고 한다(Sartori, 1978: 63).

이에 사토리는 엘리트 간 경쟁이 반드시 부정적인 것이 아니라 오히려 소수에 의한 책임정치의 구현, 민주적 지배와 결정, 시민제안에 부응하는 정책 도출의 바람직한 민주주의 방식이라고 한다. 흔히 일반시민은 사회 전체적 이익이나 공익에 둔감하고, 결정에 경솔하며, 정보나 지식이 부족하고, 정치적 불안정을 높이는 역할을 한다고 봤다. 특히 시민참여의 본질적인 문제는 관료제가 시민의 요구나 수요에 대해 과도하고 근시안적으로 반응해 이익집단의 대표성과 정당성의 문제를 일으키면서 사회적 비용의 급증이란 문제를 발생시킨다고 한다(Cupps, 1977). 따라서 현재 수정 민주주의자의 지지자는 대의제 민주주의의 지지자이다. 시민참여의 목적성을 부인하고 참여의 특성보다 참여의 수단과 방식을 더 중시한다. 모든 대중이 아닌 대표자에 의한 민주적 지배가 바람직하다고 본다.

(3) 시민참여와 공익

시민참여는 공익(Public Interest)의 증진 및 달성과 관계된다. 여기서 중요한 논의는 과연 공익이 사익과 분리돼 존재할 수 있는지에 대한 의문이다. 이에 공익에 관한 관점이나 이론은 두 집단으로 구분된다.

① 공익의 과정설

공익의 과정설이란 견해를 대변하는 자는 대중 민주주의자들이다. 그들은 개인적 이익에 집합, 즉 사익에 근거하지 않은 공익은 존재할 수 없다고 한다. 개인적 이익의 총합이 공익이란 입장이다.

코크란(C. E. Cochran)은 공익을 자율적이고 소외된 개인과 그들의 이익이라는 측면에서 정치를 이해할 수 있다고 한다(Cochran, 1974). 개인과 개별 집단이 자기 이익이나 선호를 증진하기 위해 참여하는 행위가 정치이며, 이를 통해 이익을 증진하게 시키기에 '이익의 정치(the Politics of Interest)'라고 한다(Cochran, 1974: 328). 이해관계와 정치적 과정에 의해 상호 이익을 충족시키는 이익 균형의 산출물, 정책 또는 결과를 도출된다고 한다(Sorauf, 1962).

이익집단 간 갈등의 결과가 공익(Sorauf, 1962)이며, 이익집단 간 이익의 필수적인 합의 과정을 통해 도출된 것이 공익이라고 한다(Schubert, 1960). 트루먼(Truman, 1951)에 따르면, 정부 결정은 다양한 이해관계가 의사결정에 부합하도록 근접한 결과이며, 전체 사회의 선은 근본적으로 반영될 수 없다. 따라서 이해관계라는 욕구를 가진 것일 뿐이며, 정부의 절차를 통해 많은 관련자가 만족하는 이익이 가장 강력 공익이라고 한다. 따라서 트루먼은 사회 전반적인 이익은 없다면서 공익을 부정했다.

② 공익의 실체설

반면, 공익의 존재를 인정하는 자는 사익에 근거하지 않은 실체설에 입각한 자들이다. 대체로 대의제 민주주의의 신봉자들이다. 이들은 공익은 사익의 절충 및 조정 이익이 아니라고 주장한다. 개인들이 구축한 특수 이익 집단의 집합 외에는 공공이나 공동체를 위한 선택이 없다면 공익이 존재하지 않는다고 한다(Cochran, 1974). 공동체 전체를 만족시키는 좋은 것은 없기에 공동선도 없다면, 단지 개인이나 집단이 추구하는 재화나 이익만 있을 뿐이기에 과정적 공익은 진정한 공익이 아니라고 한다. 공익은 반드시 전체의 선으로 나타나야 한다고 본다(Cochran, 1974).

개별 이익의 절충이 아닌 공익은 첫째, '공동 보유 가치로서의 이익'이며 공동 이익이라고 한다. 도덕심, 효율성, 정의, 전통 등 인간의 가장 고상한 열망과 깊은 헌신, 또는 국민 전체의 복지와 생존을 위한 노력은 공익이다(Appleby, 1952).

둘째, 공익은 탁월한 혜안 또는 대중의 바람직함을 인정받는 이익, 많은 이익 중 시기나 조건에 따라 '특별한 우선순위를 갖는 사회적 이익'이라고 한다. 천연자원 보존, 빈민가의 주거 대책 및 지원, 학교 신축 등이다(Sorauf, 1957).

③ **공익과 사익의 조화**

공익의 실체설에 대한 논쟁 여부와 관련 없이 사익은 공익에 의해 제한될 수 있는 개인 이익이라는 점이다. 또한, 사익의 형성 과정에 참여하면서도 공익을 배제하고 공익에 관한 형성을 방해하는 행위는 반민주적이다. 반면, 사익을 절대적인 악으로 치부하면서 공익만을 내세우는 행위는 시민참여의 의의를 반감시킨다. 또한, 공익을 위한 개인의 참여와 책임감만 강조한다면 개인의 자유와 권리에 대한 침해 문제가 발생한다. 따라서 시민참여의 의의는 공익과 사익 간 관계의 적절한 조화와 공익 증진을 위한 사회구성원의 역할이 중시된다.

2. 민주주의의 전제 조건

> 민주주의를 유지하는 기본 조건이나 가정은 무엇인가? 민주주의는 권력이 다수에게 이양된다면 어떤 제도가 작동되나? 민주주의가 유지되기 위해 최소한 원칙은 무엇인가?

민주주의와 권위주의를 구분하는 중요한 요소는 민주적 거래(Democratic Bargain)이다(Shively, 2014). 아래는 민주주의의 전제 조건에 대한 쉬블리(Shively, 2014)의 논의를 중심으로 민주적 거래를 설명한다.

민주적 거래는 선거와 정책결정의 결과에서 나타난 민주주의의 가장 기본적인 합의 정신이자 기반이 되는 불문법적인 사회 협약이다. 사회 집단 간의 민주적 거래가 활성화되고, 정책과 선거에서 이 거래가 지켜지는 한 민주주의는 지속되며 붕괴하지 않고 유지 가능성은 크다.

첫째, 민주적 거래란 다양한 집단 간 선거나 정책결정 과정에서 패배하는 경우 이를 수용하겠다는 암묵적인 동의를 의미한다. 정책결정은 다양한 집단 간 상호 작용과 합의가 요구된다. 개별 집단은 정부가 다양한 정책과정을 통해 합리적·합의적으로 도출한 정부의 최종결정을 존중하는 것이다. 즉, 자기 소속 집단의 의사와 배치되더라도 합의를 결과로 받아들이는 자세가 바로 민주주의의 정신이다. 민주적 정책결정의 타협적 결과를 반대하지 않고, 이를 적극 수용하는 행위는 민주주의 저변에 존재하는 대전제이자 조건이며 민주적 거래라고 한다.

둘째, 민주적 거래는 정치체제를 존속이라는 차원에서 선거 결과의 인정과 연계해 설명된다. 선거는 사회 집단이 최종적인 선거 결과에 승복하고 다음 선거에서 패배한 결과를 뒤집기 위한 민주적 참여와 과정이다. 권력자 측면에서 보면, 이번 선거에서 승리해 정권을 보유했지만, 패배자도 미래에 정권을 잡을 기회를 정당하게 제공함을 의미한다. 패배자에 대한 압력이나 제재 없이 안전한 그들의 삶을 보장하는 것이 민주적 거래이다.

한편, 패배자 측면에서 보면, 다음 선거에 나가기 위해 지난 패배를 결과론적으로 수용하고 안전한 상태에서 정부의 지속성과 국가 운영에 동의하는 태도가 민주적 거래이다. 따라서 선거 결과를 부정할 만한 아주 명백하고 특별한 불법이 있지 않는 한 정책결정과 선거의 최종 결과에 대해 승리자와 패배자가 모두 수용하는 일이 필수적이다. 사회 속에서 같이 협력하면서 민주주의 시스템에서 도출된 집단적 결과를 적극 수용하는 자세가 바로 민주적 거래인 것이다.

3. 민주주의의 역사적 이행

민주주의는 어떻게 단계적으로 변화해 왔나? 민주주의 국가가 늘어난 이유는 무엇인가? 공산주의 국가 등 다른 정치체제의 국가는 왜 줄어들었나?

1) 전 세계의 민주화

민주주의의 역사는 1900년대부터 현재까지 민주화 시기를 의미하며 대체로 세 번의 대변화 또는 물결이 발생했다. 전 세계의 민주화는 헌팅턴(Samuel P. Huntington)의 설명을 준용해 아래와 같이 요약했다(Huntington, 1991; 2012).

첫 번째 민주화의 물결은 제1차 세계대전이 종전된 1918년 직후에 발생했다. 1918년 독일과 동유럽이 민주주의 체제로 변화했으며, 남미의 식민국가들이 민주 정치체제를 수립하게 됐다.

두 번째 민주주의의 물결은 제1차 세계대전 이후 민주화처럼 같이 1945년 제2차 세계대전 이후에 등장했다. 민주주의로부터 이탈했던 독일과 이탈리아의 전체주의가 민주주의로 회귀했으며, 제3세계 아프리카 국가들이 민주주의로 변화됐다.

세 번째 민주주의 제3의 물결은 1970년대 말 스페인과 포르투갈이 민주주의 국가로 변환되면서 시작돼 1991년의 소련의 붕괴 동독 그리고 동유럽 국가가 민주주의 체제로 전환된 시기까지의 기간을 말한다. 그 이후는 아직 제4차 민주화의 물결이 나타나지 않았다고 한다. 그 이유는 전 세계 국가 중 약 65% 정도의 국가가 민주국가이며, 제3차 민주화의 물결 이후 그 비율은 변하지 않고 있기 때문이다. 하지만, 제3차 민주화의 물결 이후에는 민주국가에서 민주주의의 질적 수준이 향상되고 있다.

2) 역사적 이행의 의의

민주주의의 역사적 이행은 민주화의 물결로 설명할 수 있다. 민주화의 물결은 세 차례의 큰 물결로 설명된다. 민주주의의 세 물결의 등장은 다양한 관점에서 해석된다. 이에 대한 쉬블리(Shively, 2014)의 설명을 아래에 요약했다.

첫째, 민주 세력과 구세력 간 협약의 중요성이다(Shively, 2014). 세 차례에 걸친 민주주의 물결에서 다양한 사례가 나타나는데 민주 세력은 민주주의 체제로 이행하려 적극 노력하였다. 특히 민주 세력은 과거의 권력자를 쫓아내면서 그들과 협약을 맺었다. 이와 같은 협약에는 독재정권 하에서의 범죄에 대한 기소 철회와 안전 보장, 군주제 유지, 군대 운영 재원의 보장 등과 같은 점을 구권력 세력과 협정을 맺어 민주주의

체제로의 이행을 순조롭게 진행했다는 점이다.

둘째, 민주주의로의 이행은 갑작스러운 변화 때문에 발생한다고 설명된다(Shively, 2014). 민주주의가 한 사회에 도입되기 전에는 민주화 세력은 사회로부터 다양한 억압을 받았으나 민주주의의 성취로부터 수혜는 적었다. 실제로 민주화에 이르기까지 많은 사람이 엄청난 위험을 감수해야 한다. 이와 같은 위험도와 민주화의 성공 가능성 간 관계는 매우 불투명하므로 민주화는 갑작스럽게 발생이 된 점이 특징이다. 따라서 체계적으로 민주화의 발생 원인과 민주주의로의 이행에 대한 설명은 논리적으로 전개되지 않는다.

셋째, 민주주의는 경제적 위기에 따른 대응으로 즉각적으로 발생한다고 한다(Shively, 2014). 경제 위기 속에 민주화로서의 이행이 그 특징이다. 1980년대 말과 1990년대 초에 동유럽과 남미에서 발생한 민주주의 이행은 대부분 경제 위기 속에 급격히 진행됐다. 또한, 급격한 경제 위기 속에 나타난 민주화는 위기가 없는 상태에서 민주화 이행보다 더 넓게 자유가 보장되는 특징이 있다.

한편, 높은 수준의 민주주의는 경제적 발전과 상관관계가 높다. 민주화가 진행되어 계속 공고화하면 경제 발전은 계속 높은 수준으로 유지된다. 국가의 경제적 수준이 낮은 국가보다 높은 국가가 민주주의를 계속 유지할 가능성은 크다.

반면, 경제 수준이 높다고 반드시 민주주의 정치체제로 이행되지 않고 높은 수준의 민주주의를 보장하진 않는다(Shively, 2014). 경제 발전의 수준이 높아도 – 민주주의 정치체제가 아닌 – 다른 정치체제, 즉 권위주의적 정치체제를 유지하는 국가도 종종 존재하기 때문이다. 결국 민주화는 높은 경제 성장의 원인변수이지만, 고성장이 민주주의의 원인변수는 아니라는 것이다.

3) 민주주의 발전의 영향요인과 결과[2]

(1) 영향요인

민주주의 발전의 영향요인은 다양하다. 박경돈(2023)은 이와 같은 요인 한 국가의

---

2) 민주주의 발전의 영향요인은 '박경돈(2023. 민주주의 발전의 영향요인과 정치체제의 비교. 「인문사회과학연구」, 24(4): 439–470'의 내용 일부를 발췌·수록했음.

민주주의 발전은 정부·사회 요인, 시민정치 요인, 의회정치 요인의 세 가지로 크게 나눠 아래와 같이 설명했다.

첫째, 정부·사회 요인 중 각국의 행정부의 역량에 따라 민주주의 발전의 편차가 발생한다. 정부에 선출된 공무원의 자율, 대통령 권한에 대한 자율성은 민주주의를 발전시키는 정부 역량이라고 한다. 중앙정부 이외에 지역정부의 역량, 즉 정책결정·집행 등의 자율성(Kim, McDonald III, & Lee, 2018)과 재량권(Wolman et al., 2010)이다.

정부·사회 요인 중 선거나 투표와 관련된 제도와 행태인 선거 변인은 민주주의 발전의 영향요인이다(Donno 2013; Vráblíková 2014; 박경돈, 2023). 선거의 투명한 기부 제도, 선거 관리기구의 자율성, 대통령 선거 기간, 국민투표와 선거의 제도적 완결성이 영향요인이다(Donno, 2013). 민주주의화 과정에서 선거 과정과 제도의 복잡성에 맞춰 정교화된다면 권위주의 정치체제의 출현 가능성은 작다고 한다(Lipset, 1981). 대행정부 독립적 결선투표제(안용흔, 2013), 선거제도와 정당의 독립성은 민주주의 발전의 영향요인이다(Kotzian, 2011; 김형철, 2007).

정부·사회 요인 중 민주주의 발전의 영향요인으로 사회정의 변인이 있다(Iversen & Soskice, 2015). 시민사회의 평등은 누구나 정치자원에 대해 접근할 수 있다면 경제 불평등이 감소하고 민주주의는 발전한다(Diamond, 1999). 민주사회에서 권력자가 가진 자원이 널리 분배되면 정치 행위의 규칙성이 나타나고 정치는 권위주의보다 민주주의를 고양하는 방향으로 진화한다는 것이다(Vanhanen, 1997). 여성의 자유로운 노동 참여 및 형평성, 집회 및 의사 표현의 자유, 이주의 자유, 권력 접근의 형평성(소수자의 권한 형평성, 민주적 정책 참여), 평등 보호 조치의 수준, 건강형평성, 자원 접근의 형평성 등은 민주주의 발전에 기여한다.

정부·사회 요인 중 국가의 특성은 민주주의 발전의 영향요인이다. 국가의 통제 요인은 지역, GDP, 출산율 및 인구, 쿠데타, 의료지출액, 교육(Barajas-Sandoval et al., 2022) 등은 영향 변인이다(Kotzian, 2011; Shively, 2014). 민주화의 지리적 확산(Bell & Staeheli, 2001)과 지역적 유사성의 차원에 보면, 소속 지역의 민주화와 경제 발전(Boix & Stokes 2003; Gift & Krcmaric 2017; Lewis-Beck, 1994; Przeworski et al., 2000; 2007; Vanhanen, 2004), 민족 및 인종과 종교(Woodberry & Shah, 2004)도 주요 영향요인이다.

둘째, 시민정치 요인에 따라 민주주의 발전의 편차가 있다. 시민사회의 직접 정치활동(Boix et al., 2013; Vráblíková, 2014), 의회와 국민 간 정치적 견해 일치(이혜정, 2020), 주민참여예산제와 같은 주민의 정치 참여 제도(강신구, 2012), 주민 수혜 정책(안성민 · 최윤주, 2009), 민주주의와 합의제 중심 정치 활동(강신구, 2012)은 민주주의 발전에 차이를 낳는다.

셋째, 의회정치 요인 중 의회제도, 의회 활동, 정당 행태에 따라 민주주의 발전의 편차가 발생한다. 우선 의회정치 요인 중 의회제도 변인(Sartori, 1994)은 의회의 법령 승인권, 위원회 구축, 국회의원의 각료 겸직 허용, 의원보좌진제 규모, 여성의원의 비율과 대표성(Norris & Inglehart, 2001), 입법부의 제출 법률 규모, 양하원제의 구축, 비례대표제(Johannsen, 2000) 등이다. 순수 의회민주주의 제도(Stepan & Skach, 1993)에서는 군사쿠데타가 발생하는 경향이 낮아 민주주의가 존속 기간이 길다고 한다. 의회제와 대통령제가 혼합된 정치체제보다 순수의회제(Vanhanen, 1997; 2004)에서 민주주의가 오래 지속된다고 한다.

의회정치 요인 중 의회 활동 변인은 의회의 과정과 절차로(Blais & Massicotte, 1996) 의회의 대행정부에 대한 조사권 및 특별감찰권, 소수자 대표성(음선필, 2013), 행정부 대표 승인권이다.

의회정치 요인 중 정당행태 변인(Singh et al., 2012)은 정당의 설립 자유, 대여당 정치 자유, 중앙기구 및 지방기구의 영속성, 독립성, 후보 선정의 집권화, 투표 자율권, 정당 경쟁, 단점 정부의 정책 통제 등이다(박경돈, 2023). 정당 활동이 왕성할수록 민주주의가 발전한다(임성호, 2003). 정당 중심의 책임정치는 민주주의 발전의 주요 변인이다(음선필, 2013). 따라서 의회제도라는 제도 그 자체보다 정당 등을 통한 의회제도의 운영이 민주주의 발전에 실질적 의미가 있다고 한다(Huntington, 1991).

(2) 발전의 결과

OECD 선진국의 민주화 진척에 관한 분석은 시기 구분과 대통령제와 의원내각제라는 정부형태의 구분과 비교가 중요하다. 헌팅턴(Huntington, 1991)은 1990년대까지 제3의 민주화 물결이라고 했기에 민주화 기간의 질적 차이를 고려하였다. 민주화의 역사적 시기인 2 · 3차 민주화 물결과 그 이후 시기를 분리하여 검증했다. 계량 분석에서는 3개 시기인 1961~2019년의 전체 기간, 1961~1990년의 기간, 그리고 1991~2019년의 기간으로 나눠 분석했다. 이 연구의 데이터는 '민주주의 다양성' 연구소와 OECD 홈페이지로부터 수집한(Coppedge, Gerring, & Knutsen et al., 2022) 국가 민주주의의 자료이며, 분석 기간은 1961년에서 2019년까지 총 59년이다. 분석 단위이자 대상은 우리나라를 포함한 총 30개 OECD 회원국이다.

민주주의 발전에 대한 복합지표의 추이를 총기간과 2대 기간으로 제시한 결과는 다음과 같다(박경돈, 2023). 첫째, 최근일수록 민주주의 전체 수준은 급격히 개선되는 가운데, 2000년대 중반에 점수가 다소 하락했다. 민주주의 발전의 평균 점수는 총기간인 1961~2019년에 73.73점, 1961~90년에 63.40점, 총기간인 1991~2019년에 84.41점이다.

〈표 4-1〉 민주주의 점수의 기간별 비교

(단위: %, 점)

구분	비교 단위	대통령제(b)	의원내각제(a)	평균	차이(a-b)
평균 점수	최대값	82.11	89.79	100	7.67
	최소값	36.84	68.10	0	31.26
기간 평균	(1961-2019)	62.08	80.51	73.73	18.48
	(1961-1990)	46.25	73.33	63.40	27.08
	(1991-2019)	78.35	87.93	84.41	9.58

출처: 박경돈(2023).

둘째, 대통령제와 의원내각제의 민주주의 발전의 평균 점수는 비교적 유사하지만, 대통령제 국가는 1961~2019년에는 62.08점으로 낮으며, 1961~90년에는 46.25점으로 더 낮았고, 1991~2019년에는 78.35점으로 그 전 시기보다 32.10점이나 더 급격히 상승했다.

한편, 의원내각제 국가의 민주주의 발전의 평균 점수는 총기간 80.51점으로 매우 높으며, 1961~90년에도 73.33점으로 높은 편이다. 1991~2019년에는 87.93점으로 나타나 제일 높은 수준이다. 1991년 이후 대통령제의 민주주의 평균도 상승해 의원내각제 국가와의 격차가 9.58점으로 감소했다. 요약하면, 분석 시작 연도인 1961년부터 대통령제와 의원내각제 간 민주주의 발전의 평균 점수 차가 컸으며, 1991년 동유럽의 민주화 이전에는 그 차이가 서서히 좁혀지다가 그 이후 급격히 줄어들었다.

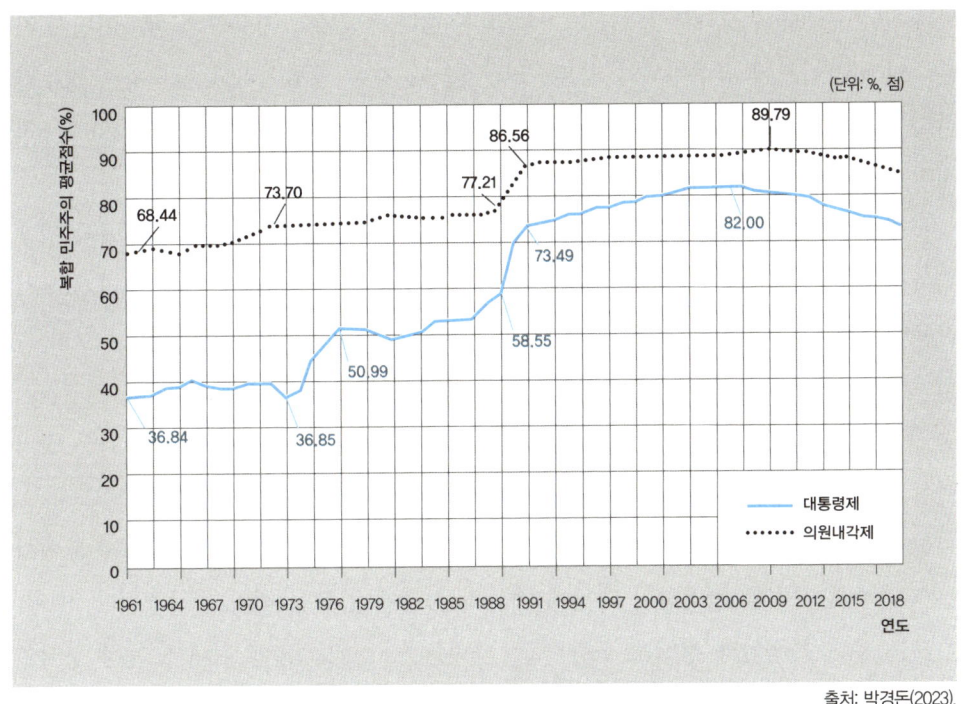

[그림 4-2] 민주주의 복합점수의 변화: 대통령제와 의원내각제

4. 민주주의와 자본주의

민주주의 국가는 자본주의 국가인가? 민주주의는 자본주의와 잘 결합하는가? 아니면 향후 균열이 발생할 수 있는가? 우리는 민주주의와 자본주의가 함께 하는 사회에서 사는데, 이 둘을 어떻게 구분하는가?

1) 공통점과 차이점

 대부분의 현대 국가는 민주 자본주의 국가이다. 공산주의 국가인 러시아도, 극명히 반대했던 중국도 수정자본주의를 받아들였다. 대다수 국가가 자유주의 국가이면서 자본주의 국가이기에 민주주의와 자본주의는 둘 다 같은 개념이라고 착각하는 경우가 많다. 민주주의는 정치적 원리이며, 자본주의는 경제적 원리이다(Mankiw, 2020). 하지만, 이들 간에는 공통점이 있다.
 첫째, '경쟁의 원리'가 민주주의와 자본주의 간 공통점이다. 민주적 선거에서 경쟁의 원리가 작동하며, 시장의 재화나 서비스의 소비와 생산에서도 경쟁의 원리가 우선 작용한다(Mankiw, 2020). 정치 영역에서 유권자나 시대적 소명을 좇는 정치 후보자 간의 경쟁은 치열하며, 경제 영역에서 소비자의 재화 구매 및 생산자의 노동, 자본, 기술 등 생산요소 획득을 위한 경쟁 역시 치열하다. 경쟁의 원리에 따른 좀 더 나은 정치 현상과 경제 현상을 추구한다는 점에서 민주주의와 자본주의는 동일하다.
 둘째, 민주주의와 자본주의는 모두 '개인의 자유와 책임'이 강조된다. 민주주의에서는 자유주의 가치를 반영하기 때문에 개인의 자유에 입각한 책임이 강조된다. 선거, 투표를 통해 특정인과 정책을 도출하고, 사회운동(movement)에 참여해 특정 정책을 추진 및 반대하는 행위 모두 개인 책임에 따른 행동이다. 특정 행위는 사회적 윤리적 책임뿐만 아니라 법적 책임까지 부과된다(Ostrom, 2007).
 한편, 자본주의에도 이처럼 재화나 서비스의 구매, 노동 투자 등 시장 참여의 상황에서 개인 책임이 강조된다(Olson, 1965). 시장 메커니즘은 개인의 이기심(individual interest)에 따른 효용 증진의 결과가 사회적으로 보면 바람직한 결과를 도출한다는 전제에서 작동된다. 시장 메커니즘은 시장가격에 따른 소유자와 공급자 간의 균형으로 나타나는데, 스미스(Adam Smith)의 '보이지 않는 손(invisible hand)'으로 요약된다(Mankiw, 2020). 조금이라도 이윤을 더 남기고자 하는 공급자와 조금이라도 더 싼 가격에 물건을 사고자 하는 소비자는 시장가격에 따라 수요량 또는 공급량을 늘리고 줄여서 어떤 지점의 균형에 도달하게 된다.
 하지만, 이와 같은 개인의 이기심에 따른 행동은 사회 전체적으로 보면 가장 효율적이고 최적으로 자원을 배분하는 기제가 된다. 따라서 시장에서는 개인 책임하에 의사결정이 강조된다. 이는 정치에서 민주주의의 개인 책임이란 특징과 동일하다.

자본주의 경제의 소비자 잉여와 생산자 잉여

자본주의와 개인의 선택을 설명하는 최적의 학문은 경제학이다. 경제적 행위는 어떤 것은 포기하고 제일 좋은 것을 선택한 행위이다. 선택에는 대가가 따르며 기회비용이 희생된다. 재화나 서비스를 선택한 개인이 좋은 것은 각자마다 다르다. 개인 효용(utility)은 재화 구매의 이유이다. 이 효용은 희로애락을 다 포함하고 개인적 이유를 모두 포함한다. 아래는 맨큐(Mankiw, 2020)가 설명하는 소비자와 생산자의 잉여를 요약했다.

개인인 소비자가 재화를 구매할 때 그들은 만족한다. 그 이유는 소비자는 자신이 계획한 구매 가격보다 낮은 가격으로 재화를 구입할 수 있기 때문이다. 자신이 지불하려는 금액보다 낮은 가격에서 재화를 산 상황에서는 소비자는 남는 만족감이 크다.

이를 식으로 써보면, '지불용의 금액 – 실제 지불금액'인 시장가격이다. 이 둘 간의 수직적 차이, 즉 Y축의 수요곡선에서 수평인 시장가격 간의 수직선의 합인 삼각형은 소비자 잉여(Consumer's Surplus)가 된다.

한편, 소비자가 물건을 구입하면 생산자도 즐겁다. 생산자는 우상향하는 생산곡선이 있다. 재화 가격이 높을수록 더 많은 재화를 시장에 내놓을 것이다. 생산자 자신이 판매하려는 금액보다 높은 가격에서 재화를 판 상황에서 생산자는 남는 장사를 한 셈이다. 생산자의 공급곡선은 최소 비용곡선이다. 생산자는 이 곡선보다 물건값을 더 받는다면 시장에서 판매할 의향이 있다.

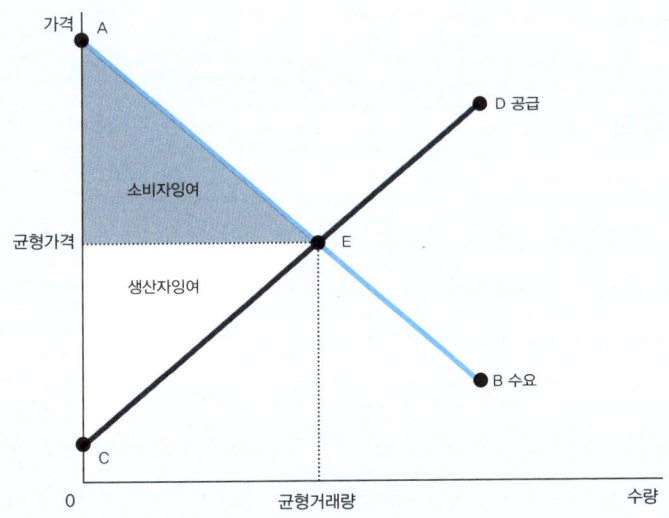

> 이를 식으로 써보면, '실제 판매금액인 시장 가격 – 생산가능 금액'이다. 이 둘 간의 수직적 차이, 즉 Y축의 수평인 시장 가격에서 생산곡선 간 수직선의 합인 삼각형은 생산자 잉여(Producer's Surplus)가 된다.
> 그런데 위 두 개의 식을 보면, 소비자 공식의 실제 지불금액은 생산자 공식의 실제 판매 금액과 동일하며, 곧 시장 가격을 의미하는 것이다. 이를 표현하면, '소비자의 실제 지불 금액 = 생산자 공식의 실제 판매 금액 = 시장 가격'이다.
> 또한, 소비자 잉여와 생산자 잉여를 합치면 사회적 잉여 또는 총 잉여(Total Surplus)가 된다. 만약 총잉여가 크다면 사회구성원인 소비자와 생산자 모두가 즐겁다. 따라서 총잉여의 크기를 크게 하는 노력은 사회구성원의 복지에 크게 이바지하는 일이다.

[그림 4-3] 소비자 잉여와 생산자 잉여

반면, '민주주의의 개인 책임'은 개인에게만 선호되는 대표자나 정책안의 선택보다 사회구성원이나 사회에 좋은 대안과 함의를 선택하는 책임이 강조된다(Shively, 2014). 이와 달리 '시장의 개인 책임'은 철저하게 개인의 효용 극대화를 위한 선택, 즉 사회적 대안이나 함의를 고려하지 않는 결정이 결과론적으로 시장의 자원 배분에서 효율성을 높인다는 점이다. 따라서 무언가를 선택할 때 민주주의는 사회적 바람직함을 고려한 개인 책임이 강조되지만, 자본주의는 개인적 바람직함을 고려한 개인 책임이 강조된다. 이것이 선택과 개인 책임에 대한 민주주의와 자본주의 간 차이이다.

2) 갈등과 통합

자본주의와 민주주의는 상호 모순적인 관계에 놓여 있을 때가 있다. 자본주의가 발달하면 소수의 자본가 세력이 사회의 주도 세력으로 성장한다. 반면, 민주주의는 본질적으로 다수의 지배가 이뤄야 하는 차이가 있다. 따라서 소수에 의한 지배에 근간한 자본주의와 다수에 근간한 민주주의는 서로 상충적 요소를 지니고 있다(신정현, 2001).

이런 상황에서 (사회적) 조합주의는 민주주의 갈등을 완화하는 사회 동반자 의식을 생성하고 사회적 협약을 낳을 수 있다(제3장의 조합주의 부분 참조). 사회 여러 세력이 사회적 협력 의식을 갖고 협약을 체결해 상호 타협적인 제휴를 이뤄나가는 것은 민주주의와 자본주의를 동시에 발전시키는 방법이다. 따라서 자본주의가 협약해 상생하는 상태의 민주주의를 '제휴적 민주주의(Concertative Democracy)'라고 한다(Buchanan, 1996). 민주주의 역사가 오래된 국가에서는 사회적 조합주의가 형성되지 않아도 다양한 이익집단과 대중에 사회문제의 다원주의적 해결이 가능하다. 하지만, 민주주의 역사가 짧은 국가에서는 이와 같은 사회적 조합주의를 통한 협약이 나타날 때 자본주의와 민주주의의 상호 작용이 한 단계 더 진보한 형태로 변화될 수 있다.

현대 자본주의는 과거 자본주의와 다르다고 한다(Sassoon, 2019). 마르크스주의자의 주장에 따르면, 과거 부자는 생산수단을 소유하고 직접 눈에 보이는 가시적인 노동자를 착취했다. 하지만, 사순(Sassoon, 2019)에 의하면, 현대의 생산수단을 소유하고 있는 부자들은 이처럼 가시적인 노동자를 착취하는 것이 아니고 비가시적인 노동자를 착취한다고 한다. 즉, 눈에 보이진 않지만, 열악한 지위에 있는 제3세계 국가 및 후진국의 노동자 임금을 우회적으로 착취하여 선진국의 부자들은 성장한다고 한다. 사순은 이와 같은 과정을 자본주의 사회에서 승자와 패자를 만드는 경제시스템이라고 한다.

하지만, 경제시스템의 일종인 자본주의는 경제적 승자와 패자를 만드는 것이 본연적인 모습은 아니라고 한다. 자본주의는 승자 독식보다 '사회적 관계'를 만드는 시스템으로 진화해 나갈 때, 자본주의와 민주주의는 공존해 나갈 수 있다는 것이다(Sassoon, 2019). 이 같은 사회적 관계 형성의 중요성은 19세기 자본주의 세력이 정부 개입을 요구하며 공존했던 상황과 일치한다고 주장한다(Sassoon, 2019).

5. 전제정치 체제

민주주의가 아닌 정치체제는 어떤 체제가 있는가? 비민주적 정치체제가 더 오래 존속하나?

1) 특징

민주주의가 붕괴할 가능성보다 권위주의적 정치체제 중 전제정치(Autocracy)가 더 쉽게 붕괴할 가능성이 크다. 전제정치는 관료적 지배, 독재자 일인의 지배, 민주정부와 군사정부 간 중간 형태 등 다양한 지배 형태로 나타나고 있다. 전제정치는 국민이 아니라 개인이나 특정 집단이 압도적인 정치권력을 가지고 국가 내에 피지배자를 권력적으로 다루는 정치체제라는 점이 특징이다.

2) 군사정부

현대사회에서도 군사정부(military government)의 출현은 자주 목격된다. 톰슨(William R. Thompson)의 정의에 따르면, 군사정부는 정규군인이 무력을 사용하거나 사용함을 위협해 국가 최고 행정부의 지위를 제거하거나 제거를 시도해 설립된 정부이다. 이 정부는 주로 군사쿠데타(military coup)의 결과로 출현한다. 민주주의 사회적 실패, 정통성 있는 정부의 부재 상황, 파편화된 정치 시스템 등의 이유로 군사쿠데타가 발생한다(Thompson, 1975).

한 국가에서 민간 정부가 성립된 후 국방과 치안의 필요성, 군사집단을 이용한 국가의 통치 용이성 등의 사유로 인해 민간 정부는 군대집단과 연대할 경우도 있지만, 이들을 견제할 제도적 장치가 부재하다. 이에 군사 집단은 무력으로 쿠데타와 같은 방식으로 권력을 손쉽게 장악하고 군사정부가 들어선다(Li & Thompson, 1975).

군사쿠데타를 통해 권력을 장악한 후 정부나 국민의 광범위한 지지를 얻지 못하거나, 쿠데타를 일으킨 군사 집단이 여러 개의 다른 파벌로 나뉠 수 있다. 또는 후속 군사쿠데타에서 해당 쿠데타가 진압되면 다양한 형식의 또 다른 군사정부가 생성된다.

한 지역에서 군사쿠데타가 발생이 되면 다른 지역으로 군사쿠데타가 확산하는 현상이 나타난다(Li & Thompson, 1975). 군사정권이 수립되면 정부 정통성의 문제가 발생한다. 과거 군사쿠데타로 집권한 튀르키예 군부의 경우, 정치 개입에 대한 국민적 지지를 얻어 민주정치가 부활한 적도 있다. 하지만, 본질적으로 이념이나 이데올로기와 무관한 군사 장교에 의한 군사정부의 수립은 항상 정치체제를 취약하게 만든다.

군사쿠데타가 자주 발생해 군사정부가 형성되지만, 우리의 예측보다 실제로 현존하는 군사정부의 수는 많지 않다. 적은 수의 군사정부가 단명하는 이유에 대해 쉬블리(Shively, 2014)는 다음과 같이 설명한다.

첫째, 군사정부는 장교들의 강력한 파벌이 정권 창출 연합의 내부에 존재한다는 점이다. 공동으로 힘을 합쳐 정권을 창출했지만, 파벌 군인 개개인은 항상 다시 쿠데타를 일으켜 자신이 정권을 획득하려고 시도한다. 군벌들은 새로운 쟁점이나 문제가 발생하면 서로 쟁점에 대한 사고나 가치관이 다르기에 쉽게 균열이 발생한다. 이에 군사정권에서 그들의 연합은 쉽게 해체되고 파괴된다.

둘째, 군사정부 내 군사 파벌의 역량이 낮아 군사정부는 쉽게 분열된다. 군사 파벌은 군사작전에 관련된 전문가이지만, 정책에 관련된 전문가는 부재하다. 따라서 이들은 무력으로 정권을 찬탈한 후 계속 정치를 해나가지만, 일상적인 국민의 요구와 열망을 정치적으로 담아내고 정책화할 역량이 부족하다. 따라서 군사정부는 단명한다.

셋째, 군사정부는 정권 승계에 취약하다. 민주주의 국가로부터 정권을 쟁취할 수 있지만 무제한 이를 유지할 수 없다. 군사정부가 창출되면 정권 말기에 다른 군사 장교에게 최고 권력을 이양해야 한다. 이때 아무리 명령과 규율이 엄격한 군인이라 할지라도 권력 승계에 관한 견해가 다르다. 일반적으로 민주정부는 정권 획득이라는 결과를 도출한 선거과정에 의한 정통성을 기반으로 권력을 승계한다. 하지만, 군사정부는 이러한 권력 승계에 관련된 제도나 규정이 명확하지 않기에 국민의 지지를 받지 못한다. 따라서 정권 승계의 비제도화, 승계의 정통성 부재, 군벌의 권력에 대한 욕망 때문에 군사정부는 단명한다.

3) 군주제

군주제(Monarchy)는 가족 내 왕위 이 세습을 통해 정치권력을 물려받는 체제이다. 중동과 아시아 지역에서는 흔히 군주제가 주요한 전제정치 체제로 존재한다. 군주제가 정치체제로 계속 존재하는 이유는 왕실 내부의 아주 막대한 자원 때문이다. 군주제 국가는 흔히 광물 자원 등 천연자원이 풍부하며, 특히 중동의 사우디, 카타르 등은 석유 자원이 매우 풍부하다. 석유 자원을 내세운 왕실의 경제력을 이용해 많은 국민에게 막대한 혜택을 제공하면서 군주제를 유지하고 있다. 최근 군주제의 쇠락은 전제정치(Autocracy)의 쇠락과 관련된다(Gerring, Wig, Veenendaal et al., 2021).

이처럼 일반적인 군주제와 달리 민주주의 국가에서도 세습 군주를 인정하는 입헌군주제(Constitutional Monarchy)가 존재한다. 입헌군주제하에서 왕은 국가의 상징적·의전적 역할(ceremonial role)만 수행하므로 실질적인 통치 권력을 행사하는 군주제와는 다르다(Tridimas, 2021).

벌머(Bulmer, 2017)에 따르면, 입헌군주(Constitutional Monarch)는 국가의 적법한 헌법적 권위를 대표하며, 현 정부보다 국가 전체의 정체성과 권위를 강조하는 의례적·공식적 기능을 수행한다. 예를 들어, 입헌군주는 일반적으로 대사를 신임 및 영접하고, 국무총리를 지정하거나 임명할 수 있다. 입헌군주는 특정 고위 관리를 공식적으로 임명할 수도 있으며, 거의 항상 공식적으로 법률을 공포한다.

특히 민주주의 국가의 입헌군주제를 채택한 영국, 덴마크, 네덜란드에서 국가원수는 입헌군주인 왕이다. '국가 원수는 의전적 또는 상징적 지도자인데 이들의 역할은 국가가 중대한 위기에 처하거나 의원내각제 국가에서 다수당의 대표에게 내각을 구성하도록 명령한다(Shively, 2014). 전쟁과 국가 위기 시에 비상 대권을 가지고 국가를 총지휘하는 역할을 하기도 하며 망명 정부를 구성하는 예도 있다.

4) 신권 정치체제

신권 정치체제(Theocratic Regime)는 종교의 지도자들에 의해 통치되는 국가의 정치체제를 의미한다. 종교 지도자들은 종교적 지위에 기반해 신권 정치(Theocracy)를 하며 국가 내에서 최고의 정치권력을 가진다. 이란의 경우, 이슬람교의 종교적 최고 지위를 가진 자가 통치한다. 바티칸의 경우, 천주교에서 최고의 지위를 가진 교황이 통치한다. 신권정치 방식은 국가별로 너무나 차이가 크지만, 전세계적으로 이를 채택한 국가는 드물다.

신권 정치체제의 공통적인 특징(Shively, 2014)은 특정 종교의 제일 높은 지위를 차지한 한 명의 종교 지도자가 존재하는 점이 일반적인 특징이다. 이란의 최고 권력자는 종교 지도자들의 비공식적 선거로 선출되며 임기는 종신제이다(Alexandros, 2005). 이란의 최고지도자³⁾는 모든 군사를 지휘하는 지휘관이며, 대통령과 의회의 행위까지 무효로 할 수 있는 막강한 권력을 행사한다(Shively, 2014).

6. 정부의 정통성

> 어떤 정부가 국가에서 정당한 정부라고 할 수 있나? 정부의 정통성은 어떻게 만들어지고, 그 위기는 언제 오는가?

정치체제의 정통성은 정의는 아래와 같다. 정치학에서 정치체제의 정통성(legitimacy)은 전통적으로 정부 및 통치 체제의 권위를 대중이 수용하고 인정하는 것이다(Weber, 1998). 이에 체제의 권위가 발생하기에 강제가 아닌 동의와 상호 이해를 통해 정치권력을 가진다는 의미이다.

정치권력은 본질적으로 강제력, 영향력, 위협 등을 가할 수 있으므로 그에 대한 복종이 수반돼야 한다. 비대상자인 피지배자들이 자발적·내면적으로 동의하고 복종하는 행태가 나타날 때 정통성이 생성됐다고 할 수 있다. 정치권력을 가진 자가 지배층을 형성하면서 폭력이나 강제력과 같은 물리력 이외의 힘을 발휘해 자발적인 복종의 근거를 확보하겠다면 정치권력은 정통성을 가진 것으로 간주한다.

정통성은 학자 간 다양하게 정의된다. 베버(Max Weber)에 따르면, 정통성은 정치제도들이 빠르게 가치화되고 적합한 것으로 간주되는 정도라고 한다. 따라서 베버는 정당성은 전통적 합리성과 합리적 합법성과 같은 공유 가치에 기초한다고 주장한다(Weber, 1998).

---

3) 이란의 최고지도자 호메이니(Ayatollah Ruhollah Khomeini)의 세계관은 권력, 이데올로기, 신성주의(spiritualism)이다(Alexandros, 2005).

립셋(Martin Lipset)은 정치체제의 정통성을 다음과 같이 설명한다(Lipset, 1959, 1981). 정통성은 기존 정치제도가 사회에 가장 적합하다는 신념을 만들고 이를 유지하는 정치체제의 역량이라고 한다. 이에 특정 정치체제가 정당성이 있다면, 기존의 정치제도가 사회에 가장 적합하거나 정당한 것이라는 대중적 믿음을 생성하고 그 제도를 잘 유지하도록 만드는 현 정치 시스템의 능력과 관련된다고 주장한다.

쉬블리(W. Phillips Shively)는 정치체제와 정권의 정통성 원천을 네 가지로 설명했다(Shively, 2014: 15-17). 첫째, 정부가 국민들 요구에 상응하는 결과를 창출하고 제공하는 능력을 '결과에 의한 정통성(legitimacy by results)'이라고 한다. 정치적 안정, 경제적 성공, 실업 감소 등과 같은 결과를 창출하는 정권의 능력에 대한 정통성의 부여이다.

둘째, '일상 관행에 의한 정통성(legitimacy by habit)'이다. 정부가 특정 기간 존속하며 그들이 집행한 정책, 만든 법률 등 정치 및 행정 활동에 대한 이해도가 높아지고, 국민적 수용과 순응이 발생하면서 정권의 정통성을 인정하는 경우가 많다고 한다.

셋째, '역사적·민족적·종교적 정체성에 의한 정통성(legitimacy by historical, religious, or ethnic identity)'이다. 민족주의나 특정 종교의 지도자에 대한 정통성이 나타나 이를 배경으로 설립된 정부가 세계 곳곳에 나타나고 있다.

넷째, '과정에 의한 정통성(legitimacy by procedures)'이다. 정부나 정권의 설립 과정에서 특정한 절차를 준수하면 정부에 대한 국민의 신뢰가 발생한다. 이런 과정을 거쳐 창출된 정치체제나 정권은 정통성을 가지는데, '민주적 선거에 의한 정권의 정통성 확보'가 주요 사례이다. 쿠데타에 의한 군사정부는 과정에 의한 정통성이 결여돼 정치체제가 불안정하다.

한편, 하버마스(Jürgen Habermas)는 아래와 같이 자본주의 국가가 발전하면서 겪는 위기를 설명하면서 정치체제의 정통성 위기(Crisis of Legitimacy)를 구분해 설명했다(Habermas, 1975). 자본주의 국가의 성장에 따른 위기 징후가 여러 가지이며, 다양한 지점에서 발생할 수 있는데, 특히 정치체제의 위기는 정통성의 위기라고 한다.

하버마스는 정치체제에 대중의 복종(mass loyalty)이라는 지지와 투입이 꼭 필요하며, 행정부에 의한 정책결정의 집행이 필요하다고 한다. 이때 '투입 위기(Input Crisis)'는 대중의 복종과 충성심에 대한 필수적 요구 수준을 이행하지 않는 행정부가 겪는 위기를 정통성의 위기라고 한다.

〈표 4-2〉 정치체제의 정통성 위기

영역 구분	발생 지점 (Point of Origin)	체제 위기 (System Crisis)	정체성 위기 (Identity Crisis)
경제	경제체제 (Economic System)	경제 위기 (Economic Crisis)	–
정치	정치체제 (Political System)	합리성 위기 (Rationality Crisis) ➡ 산출 위기 (Output Crisis)	정통성 위기 (Legitimation Crisis) ➡ 투입 위기 (Input Crisis)
사회-문화	사회-문화 체제 (Socio-cultural System)	–	동기부여 위기 (Motivation Crisis)

출처: Habermas(1975: 45).

한편, '산출 위기(Output Crisis)'는 합리성 위기의 유형으로 경제체제로부터 받아들인 필수 사항을 조율하고 집행하는 데에 실패한 행정부를 의미한다. 따라서 쉬블리(Shively, 2014)가 주장한 정통성의 위기 유형 중에서 '과정에 의한 정통성의 위기'는 하버마스의 '투입 위기'와 유사하다. 한편, 쉬블리의 '결과에 의한 정통성의 위기'는 하버마스의 '산출 위기'와 유사하다고 분석된다.

제5장
정부와 권력배분

1. 헌법의 설계 원칙

> 헌법이 국가나 정부, 그리고 정책의 결정에 매우 중요하다면, 어떻게 설계해야 하는가?
> 헌법 설계의 공통적인 기준은 있나?

모든 기관, 집단 그리고 조직에 가장 최상위의 규정을 우리는 정관 또는 헌법이라고 한다. 'Constitution'이란 단어에서 영어 'c'를 소문자로 쓰면 법인, 기업, 공식 모임의 대표적인 설립 문서인 정관(constitution)이다. 이와 달리 첫글자를 대문자로 쓰면 국가의 최상위 법률인 헌법(Constitution)이 된다. 헌법은 그 자체가 불문법이든 성문법이든 한 국가에서 가장 실효성 있는 규범이다. 이와 같은 헌법을 만드는 규칙이나 원리는 무엇인가? 쉬블리(Shively, 2014)는 헌법 설계의 원칙을 다음과 같이 설명한다.

첫째, 헌법에 규정은 비교적 단순하며 복잡하지 않고 자세히 기술해서는 안 된다. 또한, 헌법은 굉장히 간략하고 모호할 필요성이 있다. 이처럼 헌법 설계에 적용된 '모호함의 미학(virtue of vagueness)'은 많은 장점이 있다(Shively, 2014: 207).

우리는 집권자의 권력 독점에 의한 인위적 규정 변경을 두려워해 헌법 조문을 매우 세세한 조문으로 작성한다면, 새로운 사회적 사건이나 쟁점이 발생할 때마다 헌법을 계속 변경해야 하기에 사회적 불안에 빠진다. 때로는 사회를 위해 바람직한 정치제도나 선거제도를 법률로 변경할 수 있음에도 불구하고 헌법 조문 때문에 변경할 수 없다. 헌법 조문이 아주 세밀하게 규정된다면 규정의 구속력으로 인해 사회적으로 헌법 변경이 꼭 필요한데도 변경할 수 없는 자기모순이나 딜레마에 빠진다.

너무 많은 조문이 헌법에 수록된다면, 민주주의 원칙에 따라 대중의 결정에 남겨진 사항이 없어 선거인의 의지에 따른 결정을 방해한다. 이와 반대로 만약 헌법에 국가의 근본적인 사항이 규정되지 않으면 모든 사항이 대다수 대중에 의해 결정돼 보존될 조문은 아무것도 없다. 이런 극단적인 상황을 초헌법성(Hyper-constitutionalisation) 또는 탈헌법성(De-constitutionalisation)이라고 한다(Lindseth, 2016).

둘째, 헌법 설계의 두 번째 원칙은 '사회적 규범이 계속 지켜지는 규정'을 만들어야 한다는 것이다. 헌법의 작성은 단순히 헌법 조문 그 자체의 문제가 아니라 헌법에 따라 만들어진 정치제도가 사회구성원으로부터 적극적으로 지지받도록 헌법 조문을 만들어야 한다는 것이다. 헌법이 전통적인 관습과 관행, 그리고 사회적으로 지켜야 할 윤리 및 전통과 부합하지 않는다면, 사람들은 헌법을 지키는 것이 매우 힘들 것이다. 따라서 헌법 조문이 우리가 추구해야 할 현실과 크나큰 단절 상태를 보인다면, 헌법을 지켜야 할 의무가 사라지고 헌법은 우리 사회에서 공고화될 수 없다.

셋째, 헌법 설계의 세 번째 원칙은 '개정 용이성 및 개정 가능성(amendability)'이 커야 한다는 점이다. 헌법은 변화하는 사회의 요구와 국민의 기대에 부응해 조정할 필요가 있을 때 적시에 개정할 수 있어야 한다. 흔히 우리는 헌법을 더 엄격하게 만들어야 한다는 유혹에 빠진다. 하지만, 이런 인식보다 더 중요한 것은 사회와 시대의 변화에 부응하도록 헌법에 융통성을 부여하는 것이 더 중요하다.

넷째, 헌법을 준수하면서 권력자와 정부 관료는 헌법을 지키는 것이 자신들에게 유리하거나 공직자의 이익에 도움이 된다는 사실이 이해되도록 헌법 조문을 구성해야 한다. 이것을 우리는 헌법의 '인센티브 양립 가능성(Incentive Compatibility)'이라고 한다(Shively, 2014: 209).

헌법 준수에 앞장서는 정부 기관 종사자는 개인 이익과 사회 이익이 동시에 충족된다는 믿음을 가질 수 있도록 헌법이 설계돼야 한다. 만약 헌법을 지킬 때 정부 관료에게 불이익이 발생하거나 관료 개인의 이익과 국가 이익이 서로 충돌할 가능성이 클 수 있다. 이때 권력자나 정부 관료는 당연히 자신의 이익에 유리하도록 법률을 해석하고 정책을 집행하려는 유인이 발생한다. 개인인 정부 관료가 헌법을 준수할 아무런 동기가 형성되지 않는다면, 헌법을 무시할 가능성이 크고 정치체제의 수호를 위한 권력기관은 무너질 수 있다. 따라서 헌법의 준수가 정부 관료 개인에게도 유리하며 국가 및 사회에도 반드시 이익이 된다는 믿음이 생성되도록 헌법 조문을 설계해야 한다.

법률과 공공행정의 관계

법률과 공공행정의 관계에 관한 샤프리츠(Jay M. Shafritz), 러셀(Edward W. Russell)과 보릭(Christopher P. Borick)의 견해를 다음과 같이 요약했다. 법적 차원에서 보면, 정부는 법률의 실제적 집행으로 '정부가 시민과 기업에 무엇을 하거나 하지 말아야 하는지를 제시하는 규제 시스템'이라고 한다(Shafritz, Russell, & Borick, 1997: 14). 법률의 기능과 본질은 법적 권리와 의무가 공동체의 정치적 관행을 가장 잘 정당화하는 원칙 체계에 의해 결정된다고 한다.

이에 공공정책 관료는 법적·논리적 추론이나 인과관계를 자주 이용한다. 하지만, 이와 같은 정책관료의 논리 추론을 이용해도 그 기저에 깔린 가치의 우선순위를 결정하는 데 여전히 문제가 있다. 한편, 이와 대조적으로 다른 부류의 공공정책 관료는 정책에 대한 철저한 법적·논리적 추론 없이 정책을 집단적 이해관계와 정치적 권력에 따라 분석·집행하는 경향이 있다.

과거의 예를 들면, 정부는 차별 철폐 조치 프로그램(Affirmative Action Program)을 정책으로 추진함으로써 사람들을 불평등하지 않고 평등하게 대우하는 방향으로 선회했다. 하지만, 2003년 두 건의 미시간 사건을 통해 법원은 소수 대표자에게 150점 입학 척도에서 20점 입학의 보너스 점수를 부여하는 것이 불법이라고 판결했다. 인종을 입학 허가기준으로 하는 것은 합헌적이라고 한다. 과거 법원은 소수자에 대한 입학 할당량을 허용했지만, 지금은 미국에서 역차별(reverse discrimination)에 관한 논의가 만연하다. 따라서 차별 철폐를 위한 조치와 과도함, 그리고 역차별 방지라는 차원으로 정책의 중심이 이동하고 있다.

이렇게 혼란스러운 법적 판결의 변화 속에서 정부는 정책을 추진해야 하지만, 대중은 안정적인 정책을 예측할 수 없다. 역사적으로 보면, 좋은 법률 그 자체가 공공부문에서 양질의 성과가 도출하는 데 만족스러운 조건이나 환경을 제공하지 못한다. 법률은 필요하지만, 성과가 좋은 공공서비스를 창출하기 위한 충분조건은 아니다. 따라서 헌법과 법률 체계는 건전한 행정 수행의 기반을 마련할 수 있어도 행정이나 정책집행의 효과성이나 효율성을 낳을 수 없다.

2. 헌법의 구성요소와 개정

> 헌법의 구체적인 구성 방법은 무엇이며, 어떻게 변화시킬 수 있나? 또 어떤 것을 변화시켜서는 안 되나?

1) 헌법의 구성

헌법 초안의 작성에서 고려하는 헌법의 기본 측면을 정리했다. 통상적으로 헌법이 규율하는 핵심 요소는 영토, 행정, 입법 및 사법권 등의 권한, 그리고 정부 구조 등의 요인을 헌법에 수록해야 한다.

헌법은 국가 내 정부의 가장 기본 틀을 제공하는 기능이 있다. 헌법은 다양한 유형의 정부(의회제, 대통령제, 준대통령제 등) 유형과 입법부와 행정부 사이의 관계에 대한 규제의 다양한 제도적 장치를 기술한다. 흔히 헌법의 전문에 국가, 역사 및 헌법의 채택 이유를 설명한다. 헌법의 권리 순서는 헌법 제정자가 국가적으로 가장 중요하다고 생각하는 순서로 작성된다.

헌법은 자체 조문에 '수정 기제'를 항상 내포하고 있다. 통상 헌법 작성자는 미래의 도전 과제와 헌법 조문 적용의 불확실성을 인정하기에 수정 가능성을 인식하면서 제헌 헌법을 만든다. 이런 불확실성에 대한 대응을 갖춘 잘 설계된 헌법은 스스로 '안정화 기능'이 있다.

특히 헌법에 따라 구축된 정부 시스템은 사회적 혼란이 발생해도 그대로 보존돼야 한다. 입법부와 행정부의 선택 및 설계 조문은 헌법적 안정성을 촉진하는데, 헌법적 민주주의의 보호 제도가 기술돼 있다. 일반적으로 헌법에 포함되지 않는 문제는 하위 법률의 입법에 맡긴다.

한편, 상당수의 헌법은 수정이 전혀 불가능한 조문을 명시하고 있다. 그러한 조문을 '영속 조항'이라고 하며 보호된다(OECD, 2022; 독일 헌법 79조 (3)항). 영속 조항은 헌법의 기본 구조 및 일반 원칙을 수정으로부터 보호한다는 것이다. 이러한 조항은 헌법 제도의 운용 및 국가 정체성에 관한 기본 조항으로, 정부의 정치체제(민주주의, 군주제 또는 공화국 등), 법치 및 사법 독립, 기본권, 인권, 존엄성 및 영토 보전, 기본 구조의 내용 등을 포함한다(Böckenförde, Hedling, & Wahiu, 2011).

2) 국가적 정체성

헌법은 전통적으로 국가정치의 정체성을 정의한다. 대부분의 현대 헌법에는 국가 형성을 설명하는 서문이 포함된다. 헌법 서문은 길이, 어조 및 내용은 매우 다양하며 국가마다 다르다. 서문은 헌법의 목적(미래에 국가가 해야 할 과업 포함), 헌법 채택의 역사, 국가적 정체성의 판단을 반영하는 조항이 있다. 서문 조항에는 국가 영토의 정의, 국기 및 기타 국가 상징, 공식 언어, 공식 종교, 특정 제도 등을 포함한다(OECD, 2022).

대한민국 헌법의 전문

[제정 역사]
유구한 역사와 전통에 빛나는 우리 대한민국은
3·1 운동으로 건립된 대한민국임시정부의 법통과
불의에 항거한 4·19 민주 이념을 계승하고,

[국가 과업]
조국의 민주개혁과 평화적 통일의 사명에 입각하여
정의·인도와 동포애로써 민족의 단결을 공고히 하고,
모든 사회적 폐습과 불의를 타파하며,
자율과 조화를 바탕으로 자유민주적 기본질서를 더욱 확고히 하여
정치·경제·사회·문화의 모든 영역에 있어서 각인의 기회를 균등히 하고,
능력을 최고도로 발휘하게 하며,
자유와 권리에 따르는 책임과 의무를 완수하게 하여,

[결과 임무]
안으로는 국민생활의 균등한 향상을 기하고

> 밖으로는 항구적인 세계 평화와 인류 공영에 이바지함으로써
> 우리들과 우리들의 자손의 안전과 자유와 행복을 영원히 확보할 것을 다짐하면서
>
> [개정일]
> 1948년 7월 12일에 제정되고 8차에 걸쳐 개정된 헌법을
> 이제 국회의 의결을 거쳐 국민투표에 의하여 개정한다.
>
> 1987년 10월 29일
> 출처: 법제처(2024). 대한민국 헌법. 국가법령정보센터.

3) 헌법개정

각 국가와 그 사회, 경제 및 문화가 발전함에 따라 과거 헌법이 더 이상 현대 사회에 적절하지 않을 수 있다. 이러한 이유로 헌법에는 자체 수정 조항이 포함돼 있고 국가마다 수정 방법은 다양하다. 헌법 수정안이 단순 과반수 이상인 의원의 지지를 받거나(프랑스 헌법 89조) 적어도 지지를 2번 이상 받도록 요구하는 경우(네덜란드 헌법 137조)가 있다. 아래는 국회입법조사처에서 조사한 헌법개정 관련 개정 가능성과 제한에 관한 논의이다(김선화, 2023). 헌법개정의 용이성과 신중성을 동시에 고려하려면, 권력자의 헌법 수정에서의 권한 남용 및 특별한 상황에서 헌법개정의 제한 등이 필요하다. 각국 헌법의 개정 과정에 대해 김선화(2023)의 설명을 중심으로 아래에서 분석적으로 요약·기술한다.

(1) 헌법개정의 발의와 인준

헌법개정안의 발의 기관이나 주체, 최종 인준 방법에서 국가별로 차이가 있다. 우리나라의 경우, 중앙정부 차원의 입법부와 행정부가 발의하며 사법부는 제외돼 있고, 최종적으로 국민이 인준한다. 과거 우리나라의 6차 헌법개정 이전 상황과 외국의 발의자를 보면, 지방정부, 국민 등이 발의자가 될 수 있다. 최종 승인 주체는 국민을 포함해 입법부, 각 주의 입법부나 주민 등이 될 수 있다. 동시에 발의를 위한 입법부 의원의 의원 정족수 규모에 관해 규정을 달리하고 있다.

첫째, 발의자는 Ⓐ 국회의원, Ⓑ 대통령, Ⓒ 지방정부, Ⓓ 국민으로 구분해서 살펴보자. 헌법개정 발의 정족수 비율을 보면, Ⓐ 입법부의 국회의원이 단독으로 발의하는 때도 있지만, 최소한 1/6 비율 이상의 의원이 동의해야 한다. 미국과 일본의 경우, 헌법개정의 개정 의원정족수 비율이 높아 2/3 이상이 기준이다. 동시에 Ⓑ 대통령이 단독으로 헌법개정을 발의할 수 있는 국가도 많다. 대체로 대통령제 국가이거나 의원내각제 국가에서도 대통령의 권력이 강한 국가에서는 대통령 단독의 개정 발의를 허용한다. 우리나라는 Ⓐ 국회 재적의원 과반수 또는 Ⓑ 대통령의 발의로 헌법개정이 제안된다(헌법 제128조 ①항).

〈표 5-1〉 헌법의 개정 발의 정족수 비율

발의권 구분	개정 발의 정족수 비율	국가
재적의원	개별 의원	벨기에, 사이프러스, 프랑스, 아이슬란드, 룩셈부르크, 네덜란드, 노르웨이, 포르투갈, 스위스
	6분의 1	그리스
	5분의 1	알바니아, 크로아티아, 에스토니아, 폴란드, 러시아
	4분의 1	불가리아, 리투아니아, 루마니아
	3분의 1	안도라, 몰도바, 세르비아, 우크라이나, 튀르키예
	2분의 1(과반수)	한국, 아르메니아, 아제르바이젠, 조지아
	3분의 2	일본, 미국(양원)
대통령	단독	벨기에, 크로아티아, 사이프러스, 카자흐스탄, 리히텐슈타인, 몰도바, 몬테네그로, 네덜란드, 세르비아, 슬로베니아, 러시아, 스위스

Ⓒ 지방정부가 헌법개정을 발의하는 경우이다. 리히텐슈타인의 경우 법률안 발의는 3개 이상의 지방정부가, 헌법은 4개 이상의 지방정부가 공동으로 발의하도록 한다. Ⓓ 마지막으로 국민에게 직접적으로 발의 권한을 부여한 국가도 있다(José, 2021). 헌법개정 발의에 필요한 최소한의 국민 발의자 수는 국가마다 차이가 크다. 국민 발의자 수는 최소 1.5만 명에서 최대 50만 명 정도를 요구한다.

〈표 5-2〉 국민의 개정 발의 정족수

국민 발의자 수(단위: 만 명)	국가
0.15	리히텐슈타인
3	슬로베니아
10	스위스, 폴란드
15	세르비아
20	조지아
30	키르기스스탄, 리투아니아
50	루마니아, 한국(제2차 개정헌법(~6차), 민의원의 선거 유권자)
유권자 10분의 1 이상	라트비아, 프랑스

(2) 헌법개정의 가결과 최종 승인

둘째, 의회 가결을 위한 헌법개정안의 의원 정족수를 살펴보자. 국회가 하나인 단원제 국가 중 입법부의 재적의원 정족수를 보면, 5분의 3(60%) 규정을 갖춘 국가는 에스토니아, 그리스, 슬로바키아, 튀르키예 등이다.

입법부의 재적의원 정족수 2/3(66.7%) 이상의 규정을 가진 국가는 한국을 포함하여 알바니아, 안도라, 오스트리아, 크로아티아, 핀란드, 조지아, 헝가리, 라트비아, 리투아니아, 룩셈부르크, 몰타, 몰도바, 몬테네그로, 노르웨이, 포르투갈, 산마리노, 세르비아, 우크라이나 등이다. 4분의 3(75%)의 재적의원 정족수를 가진 국가는 불가리아, 리히텐슈타인, 스웨덴 등이다.

셋째, 헌법개정안의 최종 승인 주체는 입법부, 각 주의 입법부, 국민의 순으로 살펴보자. 입법부에 의해 최종 인준이 끝나는 경우가 아닐 때, 국민투표(referendum)의 가결 정족수 비율은 - 한국을 포함하여 - 전 세계 40% 정도의 국가에서 최소한 과반수 국민의 동의를 요구한다.

넷째, 통상적으로 국회, 국민, 대통령에 의한 개정 제안과 국회 의결의 과정을 거쳐 국민투표로 확정하는 과정에서 국회 의결 전에 특정 국가에서는 헌법재판소의 심의를 거친다. 헌법재판소가 헌법개정에 관여한다면 개정안에 대한 사전 위헌심사가 포함됨을 의미한다. 몰도바, 우크라이나, 아제르바이젠 등이 이에 해당하지만, 우리나라를 포함해 거의 모든 국가에서는 헌법재판소가 헌법의 개정에 관여하지 않는다.

4) 헌법개정의 제약

헌법은 국가의 가장 근간이 되는 법으로 그 핵심적인 사항이 변경될 수 없다. 만약 어떤 국가에서 기존 헌법의 가장 본질적인 사항인 영속조항 등이 변경된다면, 이는 개정이라기보다는 새로운 헌법의 제정이라고 할 수 있다. 또한, 헌법은 법률처럼 계속 변경할 수 없다. 그 이유는 헌법의 빈번한 개정은 하위의 수많은 법률이 같이 개정돼야 할 필요를 초래하기 때문이다. 이와 같은 헌법 변경의 제한은 내용적 제약과 시기적 제약으로 나뉜다.

첫째, 내용적 제약을 보면, 국가별로 변경 제한은 같지 않으며, 개별 국가 각각은 통일, 종교, 복수 정당제, 공화국의 국가 체제, 대통령 임기, 국민의 인권, 영토 보존 등에 대한 변경은 명시적으로 금지된다.

둘째, 시기적 제약을 보면, 비상시기의 헌법 제한과 특정한 기간이 지나지 않으면 제·개정 이후 단기간에 헌법을 추가로 개정하지 못하도록 한다(최소 2개월 이상 ~ 5개월 또는 1년). 포르투갈은 헌법의 제·개정 후 5년 이내에는 헌법을 개정하지 못한다. 한편, 우리나라는 헌법 조문(제10장 128~130조)에는 헌법개정의 시기적 제약이 기술되지 않았다.

우리나라 헌법의 개정 조문

제10장 헌법개정*
- 제128조 (개정 발의) ① 국회 재적의원 과반수 또는 대통령; ② 대통령의 임기 연장 또는 중임 변경을 위한 헌법개정은 당시의 대통령에 대해 무효
- 제129조 (제안된 헌법개정안 공고) 대통령이 20일 이상 공고
- 제130조 (헌법개정안 의결) ①국회는 공고된 날로부터 60일 이내 의결 ~ 재적의원 3분의 2 이상의 찬성 필요

- ② 국회 의결 후 30일 이내 국민투표 ~ 국회의원 선거권자 과반수의 투표 및 투표자 과반수의 찬성 필요
- ③ 헌법개정은 확정되며 대통령에 즉시 공포 의무 부여

출처: 법제처(2024). 대한민국 헌법. 국가법령정보센터.

3. 헌법과 시민참여

> 헌법에서 규정한 제도적 시민참여는 어떤 것이 있나? 어떤 유형의 시민참여를 헌법이 보장하나?

 헌법의 시민참여 규정과 시민의 실제 참여는 민주주의의 핵심 요소이다. 현대 민주주의 사회에서 피지배자의 참여는 민주적 기본 가치이다. 자유롭고 공정한 선거, 집회, 정치 중립적 행정 등과 같은 대의 민주주의가 대중 참여를 완전히 대체할 수 없다. 따라서 헌법은 정부 시스템의 일부로서 의사결정에 관한 시민참여 조문을 포함한다(José, 2021).

 정책의 여러 단계에서 다양한 메커니즘을 통해 정부의 활동과 결정에 영향을 미칠 수 있다. 시민참여와 요구에 따라 더 나은 정책성과를 얻을 수 있고, 합법성을 개선하고, 정부 기관에 대한 대중의 신뢰를 강화한다. 시민참여의 영향력과 방식은 광범위하다. 헌법에 포함되는 시민참여의 다양한 메커니즘 목록은 시민의 청원 및 입법 발의, 시민 주도 국민투표, 국민소환 등이 있다. 시민의 의제 설정 과정과 제도적 장치는 정부 시스템의 일부로서 정치적 의사결정과 정책결정에 대한 대중 참여가 기술된다.

 첫째, 시민의 입법 발의(Popular Initiative) 또는 이니셔티브(Legislation Initiative)는 대중에게 새 법안을 제안할 권리를 부여하는 제도이다. 필요 인원수의 서명이 있다면

유권자의 특정 문제에 관한 법률안을 정부 또는 입법기관의 의제로 올릴 수 있도록 한다. 뉴질랜드, 라트비아, 멕시코, 브라질, 스페인, 이탈리아, 콜롬비아, 폴란드, 프랑스, 핀란드 등의 국가와 EU가 이 제도를 헌법에 규정하고 있다(OECD, 2022). 브라질은 유권자 1%가, 핀란드는 6개월 이내에 5만 명의 청원자가, 프랑스는 유권자 10%가, 폴란드는 유권자 10만 명이, EU는 총 27개 회원국의 1백만 명이 시민입법의 필요 정족수이다.

둘째, 국민투표(Citizen-initiated Referendum)는 시민에게 특정 주제나 제안된 법안의 찬성 또는 반대의 투표 권리를 부여하는 것으로 직접 민주주의 일부분이다(Qvortrup, 2021). 우리나라처럼 헌법 채택에 국민투표가 필수적으로 요구될 수 있다. 다만, 시민 주도의 법령 거부나 입안에 관한 제도는 존재하지 않는다. 입법부가 제정한 모든 법률에 대해 거부권을 행사할 수 있는 직접 민주주의의 한 형태가 시행될 수 있다. 프랑스, 스페인, 멕시코, 콜롬비아와 같은 많은 국가가 이 제도를 헌법에 규정하고 있다.

셋째, 국민소환(Recall)은 유권자가 차기에 예정된 공직 선거 이전에 선출직 공직자(행정부 수장, 선출직 판사, 주의 검찰총장 등 포함)의 임기를 종료하는 기제이다(Serdült & Welp, 2017). 소환 메커니즘의 작동을 위해 일정한 수 이상의 서명이 요구된다. 스위스처럼 직접 민주주의가 우세한 국가는 국가적 차원의 소환 메커니즘이 없지만, 베네수엘라는 국가의 선출된 국가원수에게도 소환 메커니즘이 적용된다(다양한 국민투표의 유형은 제7장 선거제도 참조).

위에서 언급한 많은 시민참여의 방식은 선출 및 임명된 공무원의 결정을 보완하면서 대의 민주주의와 양립하고 있다. 오늘날 시민참여의 메커니즘은 독립적으로 작동하지 않지만, 주요 대의 민주제를 포함하는 정치 시스템의 전체 구조와 밀접히 연결된다(Schiller, 2020).

4. 한국의 법령 체계

> 우리나라 헌법의 특징과 구성, 조문은 무엇인가? 역사적으로 몇 차례나 개정됐으며, 하위 법령의 체계와 개정은 어떠한가? 우리나라 법령에서 차지 비중이 높은 법령은 법률인가, 조례인가?

1) 헌법 조문의 특징과 구성

대한민국의 헌법 체계는 크게 다섯 부분으로 나뉜다. 헌법의 이념, 기본권, 통치기구, 경제, 개정에 관한 규정의 순으로 체계가 구성돼 있다. 헌법의 이념은 전문과 총강(제1장), 기본권은 국민의 권리와 의무(제2장), 통치기구는 3~7장의 5개 장에서 국회(제3장), 정부(제4장), 법원(제5장), 헌법재판소(제6장), 선거관리(제7장), 지방자치(제8장)로 구성돼 있다. 경제(9장)과 개정(제10장)의 두 부분으로 나뉜다(법제처, 2024).

헌법에서 개별 조문의 비율은 내용보다 형식적인 요인이지만, 헌법적 수준에서 어떤 대상이나 영역이 중요하게 취급되는지를 가늠하는 데 도움이 된다. 가장 조문 수가 많은 대상은 행정부로 제4장에 수록됐으며, 조문 수는 35개이다. 해당 조문이 헌법 총조문에서 차지하는 비중은 27%이다. 그다음은 입법부인 국회로 제3장에 수록돼 있으며, 총조문 수의 20%를 차지하며 해당 조문은 26개이다.

반면, 사법부의 조문은 법원 10개로 7.7%, 헌법재판소 4개로 3.1%를 차지해 이 둘을 합치면 총조문 수 대비 약 11%이며 14개 조문에 불과하다. 특히 행정부에 관한 헌법 조문 중 대통령 관련 조문 수는 20개로 총조문 수의 15.4%를 차지해 대통령의 역할을 강조하고 권한과 책임이 강하게 부여됐다.

〈표 5-3〉 헌법의 조문과 조문 비율

전문	관련 조문	조문수(A)	조문 비율(A/130조)
제1장 총강	1~9조	10	7.7%
제2장 국민의 권리와 의무	10~39조	30	23.1%
제3장 국회	40~65조	26	20.0%
제4장 정부	66~100조	35	26.9%
제1절 대통령	66~85조	20	15.4%
제2절 행정부	86~100조	15	11.5%
제1관 국무총리	86~87조	2	1.5%
제2관 국무회의	88~93조	6	4.6%
제3관 행정각부	94~96조	3	2.3%
제4관 감사원	97~100조	4	3.1%
제5장 법원	101~110조	10	7.7%
제6장 헌법재판소	111~113조	4	3.1%
제7장 선거관리	114~116조	3	2.3%
제8장 지방자치	117~118조	2	1.5%
제9장 경제	119~127조	9	6.9%
제10장 헌법개정	128~130조	3	2.3%
부칙	1~6조	6	

출처: 법제처(2024). 대한민국 헌법. 국가법령정보센터.

특이하게도 경제에 관한 헌법 조문이 총조문의 약 7%를 차지할 정도로 많다. 헌법에서 경제의 제9장은 시장경제 체제 및 자본주의 국가 체제, 국민 생활의 개선과 관련된 부분이다. 구체적으로 보면, 제119조 경제 질서의 기본과 경제 규제 및 조정; 제120조 천연자원의 수취·개발 또는 이용의 허가, 국토와 자원의 보호; 제121조 소작제도의 금지와 임대차 및 위탁 경영; 제122조 국토 이용 및 개발과 보전; 제123조 농·어촌의 종합 개발과 중소기업의 보호·육성; 제124조 소비자의 보호; 제125조 대외무역의 육성과 규제 및 조정; 제126조 사기업의 국·공유화 및 통제 등의 금지; 제127조 과학기술의 발전과 국가표준 제도로 구성돼 있다. 이를 정리하면, 경제 질서, 자원 보호, 농가 경영, 국토 이용, 농어촌과 중소기업, 소비자, 무역, 사기업, 과학기술의 9개 영역과 정책대상자에 관한 조문으로 구성된다.

또한, 다른 자유민주주의 국가와 달리 헌법에서 직접적으로 표현의 자유(freedom of speech)에 관한 권리를 규정하지 않았다. 표현의 자유는 UN 국제인권규범 제19조, 미국 수정헌법 제1조, 유럽 인권 조약 제10조 등에서 강조하는 가장 기본적인 헌법적 권리이다. 표현의 자유는 자기 생각이나 의견을 자유롭게 표현할 수 있는 권리를 의미한다. 우리나라 헌법에는 표현의 자유에 대한 직접적인 언급은 없지만, 헌법 제21조인 '언론·출판 및 집회·결사의 자유'를 규정함으로써 우회적이고 간접적으로 표현의 자유를 보장하고 있다.

2) 헌법개정의 역사

헌법개정에서의 국민투표는 주권 제약과 영토 변경에 관한 사항 등 중대 변경의 경우를 대비해 2차 개정(1954년)에서 도입됐다. 국민투표 규정은 3차 개헌에서 사라졌으나 1962년 5차 개정부터 부활해 오늘에 이른다. 헌법개정안을 국회가 가결한 후 30일 이내에 국민투표를 통해 국회의원 선거권자의 과반수가 찬성하면 개정이 확정된다(헌법 제130조). 대통령은 외교·국방·통일, 기타 국가 안위에 관한 중요 정책을 국민투표에 부칠 수 있다(헌법 제72조).

우리나라에서는 헌법개정과 정부 신임에 대한 국민투표를 총 6차례 실시했다. 역사적으로 세분화하면 헌법개정에 대해 다섯 차례, 정부의 신임에 대해 한 차례의 국민투표가 있었다. 헌법개정에 관한 국민투표는 국회 의결 이후 국민에게 개헌을 확정하는 의미이다. 1962는 12월에 5차 개헌으로부터 시작해 1987년 10월 9차 개헌까지 5회의 국민투표가 있었다. 평균 공고일은 13일로 비교적 짧았기에 9차 개정헌법 제129조에서 제안된 헌법개정안을 20일 이상 대중에게 공고하는 의무를 대통령에게 부과했다.

헌법개정 국민투표에서 투표인 수를 총투표수로 나눈 평균 투표율은 약 88.3%로 매우 높다. 또한, 총투표수를 찬성 투표수로 나눈 득표율도 평균 84.0%로 매우 높다.

반면, 투표자의 약 16%는 헌법개정에 반대했다. 제7~9차 개헌 기간은 군사정부에 의한 헌법개정의 국민투표이기에 90%를 상회하는 찬성률을 보인 특징이 있지만, 대체로 헌법개정에 대한 국민투표의 찬성률은 높은 편이다.

또한, 제헌과 1~4차 헌법개정을 제외한 국민투표가 필수적인 개정 간의 기간을 연수로 파악하면, 역사적으로 평균 6.22년이 소요됐다. 만약 3.1년 만에 다시 개정한 7차 개헌을 제외한다면, 평균 7.26년이 소요된다. 따라서 역대 평균 약 7년마다 1번의 개헌이 있었지만, 1987년 9차 개헌 이후 35년이 넘는 기간이 헌법개정이 이뤄지지 않는 상황이다. 따라서 현재 헌법의 현실 반영과 국민 생활의 안정성 등을 위해 개정할 필요성과 시급성이 매우 크다.

〈표 5-4〉 헌법개정과 국민투표

개헌차수(연도)	공고일	투표일	공고일~투표일(일수)	개정간기간(년)	투표인수(만명)	투표수(만명)	투표율(%)	찬성수(만명)	찬성률(%)	가결
5 (1962)	12.06	12.17	12	–	1,241	1,059	85.3%	834	78.8%	헌법개정
6 (1969)	10.08	10.17	10	6.84	1,505	1,160	77.1%	755	65.1%	헌법개정
7 (1972)	10.31	11.21	22	3.10	1,568	1,441	91.9%	1,319	91.5%	헌법개정
8 (1980)	10.15	10.22	8	7.92	2,037	1,945	91.9%	1,783	91.6%	헌법개정
9 (1987)	10.17	10.27	11	7.02	2,562	2,003	95.5%	1,864	93.1%	헌법개정
평균			13	6.22			88.3%		84.0%	
정부신임 (1975)	02.05	02.12	8		1,679	1,340	79.8%	980	73.1%	정부신임

출처: 헌법재판소(2024, www.ccourt.go.kr); 중앙선거관리위원회 사이버역사관(2024, museum.nec.go.kr).

한편, 헌법개정을 위한 국민투표가 아닌 정부 신임 국민투표는 단 1회 실시됐다. 찬성률은 73.1%로 역대 국민투표 찬성률보다 낮은 비율이지만 정부 신임이 국민에 의해 확정됐다.

　한국의 헌법개정 절차는 대통령과 국회의원 재적과반수 이상의 제안으로 개시된다. 개정안을 공고한 후 국회의 의결을 거쳐 국민투표로 확정하고 공고된다. 따라서 개정 제안 ⇨ 국회 의결 ⇨ 국민투표 ⇨ 공포의 순으로 요약할 수 있다.

헌법개정의 조사 결과(2017년 7월)

국회의 헌법개정관련 관련 설문조사 결과는 다음과 같다. 정세균 국회의장은 2017년 7월 12일부터 대국민 설문조사를 하여 헌법개정의 필요성과 구체적인 방향성에 대해 설문했다. 동년 동월에 국민에 이어 전문가 3,396명에게 설문조사를 실시하고 해당 결과를 다음과 같이 제시한다.
국민의 75%, 전문가의 89%가 개헌에 찬성함. 국민의 42%, 전문가의 34%가 변화된 현실 반영을 이유로 개정에 찬성함.
국민은 46%는 혼합형 정부를, 전문가의 88%는 권한 분산 대통령제를 찬성함. 어떤 결과든 대통령의 권한 축소에 동의한 결과임.
국민은 40%는 소선구제를, 전문가 40%는 정당명부 비례대표제를 선호해 비례대표제의 강화 방안에 대해 찬성함. 다만, 국민은 지역구 확대를, 전문가는 비례대표제 확대가 서로 다른 방안에 대한 의견보다 높음.
법률안 및 헌법개정안의 국민 발의에 대해, 국민과 전문가의 85%가 모두 찬성함.
국민의 80%, 전문가의 77%가 중앙정부의 권한과 재원의 지방 이전에 대해 찬성함.
전문가는 경제민주화(70%), 토지공개념(69%), 재정건전성과 재정준칙(62%), 동일가치 동일임금(70%), 대선과 총선의 선거주기 통일(65%), 대통령의 50% 기준 결선투표제(74%)에 찬성함.

출처: 국회도서관(2017). 개헌 및 선거구제 개편 관련 설문조사 결과 및 부록.

---

3) 법률의 비교

　우리나라의 법령 체계는 헌법–법률–명령–조례–규칙의 순으로 연계돼 있다. 이에 계층별 법령을 분석적으로 비교하고자 한다. 아래는 법제처(2024)에 게시된 법령 통계에 대한 분석이다.

2024년 1월을 기준으로 우리나라에는 헌법 아래 법률 1,613건, 대통령령 1,879건, 총리령 79건, 부령 1,347건, 국회규칙 등을 포함한 기타 법령 367건이 있다. 법률과 명령에 해당하는 법령은 총 5,284건이다. 그 아래 자치법규는 조례, 규칙, 기타 훈령으로 구성된다. 조례 114,061건, 규칙 27,444건, 기타 훈령 1,083건으로 분석된다. 조례, 규칙 등에 해당하는 자치법규는 총 142,588건이다. 헌법을 포함한 모두 법령의 수는 총 147,873건이다.

　　법률 비율을 보면, 법령의 총수는 14.7만 건으로 이 중 약 1.1%가 법률에 해당한다. 반면, 총 법령의 77.1%가 조례이고, 규칙이 18.6%를 차지하기에 자치법규의 수가 압도적이다. 중앙정부 수준의 법령의 비율인 3.6%와 비교하면, 자치법규인 조례, 규칙, 기타 훈령의 건수를 합치면 총 법령의 96.4%를 차지해 법령 대부분이 자치법규인 셈이다. 이렇듯 자치법규가 훨씬 많은데도 불구하고 국가 기관에 의한 법률보다 우리 생활에 밀접한 법규에 관한 관심이 매우 낮은 편이다.

〈표 5-5〉 법령 구분과 건수

법령 구분		건수	비율	
법령	법률	1,613	1.1%	3.6%
	대통령령	1,879	1.3%	
	총리령	79	0.1%	
	부령	1,347	0.9%	
	기타 법령	367	0.2%	
자치법규	조례	114,061	77.1%	96.4%
	규칙	27,444	18.6%	
	기타 훈령	1,083	0.7%	
계		147,873	100.0%	

출처: 법제처(2024).

4) 조례와 규칙의 개정[1]

명령과 조례는 지방정부 수준에서 제정된 법령이다. 조례는 지방의회에 의해, 규칙은 지역 행정부인 지방자치단체에 의해 제정된다.

(1) 주민참여예산 제도의 의의

지방정부 수준에서 때때로 조례와 규칙은 서로 별개로 나뉘어 있는 것처럼 보이지만 매우 연관된다. 특정 정책, 프로그램이나 사업에 대해 지방의회가 조례를 제정하더라도 지방자치단체장이 그에 부응하는 규칙을 제정하지 않으면 지역 행정부는 예산 마련 미비 및 조직 인력 부재로 해당 프로그램이나 사업이 추진할 수 없다. 따라서 행정부의 규칙과 의회의 조례 간의 균형이 요구된다.

주민참여예산 제도의 역사와 변화 과정, 동 법령 제정에서의 중앙과 지역, 그리고 지역정부의 구성 기관 간 관계를 분석한다. 동시에 주민참여예산 제도가 지역정부의 법령과 연계되고 균형성을 가지면서 도출됐고, 실제로 지역 주민의 참여를 유도했는지를 분석한다. 해당 내용에 관해 설명한 박경돈(2022)의 연구를 아래에서 요약한다.

(2) 주민참여예산 제도의 부정론

주민참여예산 제도는 다음과 같은 단점이 존재해 비판받는다. 첫째, 제도의 실질적 효과가 없고 오히려 형식적 재정 감축에 기여했거나(박경돈, 2020), 정책혁신이라는 평계로 겨우 지방정부의 2% 예산만 재정통제를 했다고 비판한다. 주민참여예산 제도가 존재하더라도 말 그대로 주민이 기대한 사업의 예산 증대나 재정지출 증대는 많지 않으며 오히려 재정이 삭감되는 경우도 많다(이순향·김상헌, 2011).

둘째, 주민이 필요한 사업을 스스로 결정한다지만 재정지출의 관점에서는 실패라고 한다. 주민 숙원사업을 동 예산제도로 주민이 추진한 경우는 희박하다.

셋째, 이 제도의 운용이 불공정해 제도의 취지가 반영되지 않는다고 비판한다. 주민

---

[1] 조례와 규칙의 개정은 '박경돈(2022). 지방정부의 조례와 규칙 간 균형 관계: 주민참여예산 제도의 제정과 개정. 「의정논총」, 17(2): 151-176'의 내용 일부를 발췌·수록했음.

들의 특수 이익의 반영하거나 위원회 구성이 편중돼 제도와 예산 편성이 매우 불투명하고 편협하며 신뢰성을 훼손했다고 비판한다.

이에 중앙정부는 표준조례안을 만들어 지방정부가 주민 참여 위원의 수와 예산위원회의 운영 그리고 위원회의 구성에 관련된 대표성을 동질화하려고 노력했다. 하지만, 지금까지 주민참여예산 제도의 위원회 운영이 형식적이며 참여 주민의 이익만 대변한다는 비판이 많다.

〈표 5-6〉 주민참여예산 제도의 운영 모델안

구분	모델안 비교		
	모델안 1	모델안 2	모델안 3
총칙	제1조(목적) 제2조(용어의 정의) 제3조(법령 준수 의무) 제4조(시장의 책무) 제5조(주민의 권리)	제1조(목적) 제2조(용어의 정의) 제3조(법령 준수 의무) 제4조(군수의 책무) 제5조(주민의 권리)	제1조(목적) 제2조(용어의 정의) 제3조(법령 준수 의무) 제4조(구청장의 책무) 제5조(주민의 권리)
운영 계획	제6조(운영계획 수립 및 공고) 제7조(의견 수렴 절차 등) 제8조(의견 제출) 제9조(결과 공개)	제6조(운영계획 수립 및 공고) 제7조(의견 수렴 절차 등) 제8조(의견 제출) 제9조(결과 공개)	제6조(운영계획 수립 공고 및 적용 범위) 제7조(의견 수렴 절차 등) 제8조(의견 제출) 제9조(결과 공개)
위원회	제10조(위원회 운영 등)	제10조(주민참여예산위원회) 제11조(위원회의 기능) 제12조(위원회 구성) 제13조(위원회의 운영) 제14조(연구회 운영 등)	제10조(위원회 구성) 제11조(위원의 위촉 및 임기) 제12조(위원장 및 간사의 직무) 제13조(기능) 제14조(운영 원칙) 제15조(분과위원회) 제16조(회의 및 의결) 제17조(회의록 공개의 원칙) 제18조(해촉) 제19조(의견 청취) 제20조(관계기관 등의 협조 요청) 제21조(주민 참여 등 홍보) 제22조(위원에 대한 교육) 제23조(재정 및 실무지원)
지원 기타 부칙	제11조(시행규칙) 부칙	제15조(시행규칙) 부칙	제24조(시행규칙) 부칙

*안전행정부(2010)는 조례 모델안 1, 2, 3 중 선택 또는 참조해 지역 실정에 맞게 조례를 제정(장효창, 2023).

넷째, 주민참여예산 제도의 전문성과 자발성이 낮다고 한다(이광원, 2018). 전문인이 이 제도에 참여해야 하지만, 그러한 주민은 참여에 무관심하다. 참여 인센티브 및 홍보 교육의 부족으로 비전문적 주민 위원의 참여 및 낮은 역량이 비판받는다. 공무원보다 전문적인 주민이 참여한다면, 이런 위원회의 사업 제안은 주민참여예산 제도의 근본적인 목표에 부합하나, 현재 그렇지 않다고 비판한다.

다섯째, 이 제도에 참여한 정보 공개의 충분성과 투명성이 낮다고 비판한다. 공무원은 질 높고 충분한 예산 정보를 주민에게 제공할 동기가 부족하다(최예나, 2017). 정보 부재 속에서 시민이 공무원의 재정을 통제할 가능성은 작다. 공무원이 정보 제공을 줄일수록 시민 통제도 낮아 부실한 정보 제공은 공무원에게 도움이 되지만 주민참여예산 제도를 막는 행위이다.

(3) 주민참여예산 제도의 긍정론

주민참여예산 제도는 다음과 같이 긍정성을 인정받는다.

첫째, 주민참여예산 제도는 주민의 민주적 의사 수렴, 자율적 결정에 의한 정책 요구, 정책 반영과 정책실현이 나타난다. 시민 동의에 기반한 민주적 제도와 사업 발굴은 정책의 주요 성과이다(이광원, 2018).

둘째, 이 제도의 규정에 따른 주민의 재정통제는 공무원의 예산 운영 합리화, 정책 토론의 활성화, 주민 책임성의 확보, 의사결정의 분권화 등에 긍정적으로 작용한다. 종국적으로 정부 재정지출과 관리의 방식을 혁신하는 기능이 있다(권자경, 2017).

셋째, 주민참여예산 제도는 시민과 정부 간 새로운 의사소통의 방식을 확대하고 지방정부 간 협력이 강화되는 효과가 나타난다(강황묵, 2018). 주민참여예산 제도를 제대로 운용하기 위해서는 지방정부는 인접 지방정부와의 협력과 정보 교환이 중요하며, 지방정부 내의 주민은 예산 지출과 증감에 대한 상호 협력과 논의를 활성화함으로써 지방정부 내에서의 협력을 강화하고, 지역 거버넌스를 증진하는 효과를 낳는다.

(4) 주민참여예산 제도의 연혁

주민참여예산 제도는 중앙정부가 지방정부에서의 필요성을 인정하고 법률의 개정을 통해 지방정부에서의 하위 법령인 규칙과 조례의 제·개정과 제도의 안착을 위해 노력한 것이다. 이 제도는 2003년부터 중앙정부에 의해 최초로 지방정부에 요구하면서 그 후에 법제화가 시작됐다. 이에 지방정부 차원에서는 2004년부터 본격적인 법제화가 나타났다.

지방자치단체에서 주민참여예산 제도의 활성화가 미비했기에 중앙정부 수준에서는 「지방재정법」 제39조 그리고 제46조를 제정하고, 이에 2010년부터 전국적 실시가 강화된 제도이다. 더 나아가 중앙정부는 2015년, 2018년, 2021년에 계속 「지방재정법」의 주민참여제도를 개정하면서 주민참여예산 제도의 규칙과 조례를 정비할 의무를 지방의회와 지방자치단체장에게 요구·부과했다. 하지만, 아직 이와 같은 지방정부 차원에서 중앙정부의 정책제도화 요구가 크게 성공하지 못했다. 따라서 지금까지 지방정부에서 주민참여제도와 관련된 법령인 조례와 규칙이 어떻게 상호 균형성을 가지면서 변화됐는지를 분석한다.

(5) 주민참여예산 법령의 분석: 제·개정 횟수와 기간

분석 기간은 2003년에서 2022년까지로 총 19년이다. 분석 대상은 시·군·구인데, 분석 기간에 관할 지역이 변경되지 않은 지방정부인 225개 시군구의 모든 조례와 규칙이다.

첫째, 조례의 제·개정 횟수에 대한 연도별 분석이다. 규칙은 457회 조례는 894회 제·개정되어 조례의 개정 횟수가 규칙의 개정 횟수의 두 배를 초과하고 있다. 반면, 규칙의 변화는 서서히 나타났는데 최근으로 올수록 개정해 수가 점진적으로 증가하는 그래프의 양상을 보인다. 조례의 제·개정 소요 일수를 광역시도 간 비교하면 규칙의 제·개정 일수는 16개 광역시도 별로 유사하여 최대 795회 이하의 제·개정 일수를 보인다.

둘째, 조례의 제·개정 소요 기간에 대한 연도별 분석이다. 총 19년 동안 연도별 규칙과 조례의 제·개정 상황을 보면 규칙은 제·개정에 약 429일이 소요되고 조례는 약 819일이 소요되었다. 따라서 규칙이 빈번히 제·개정되지만, 조례는 굉장히 긴 기간 또는 2년이 넘은 기간에 개정되는 현상을 보였다. 그림을 보면 조례의 제·개정은 2022년까지 유사한 패턴을 보이며 증가하는 것처럼 보인다. 하지만, 세부적으로 나눠 보면 조례의 제·개정 횟수가 규칙의 제·개정 횟수를 초과하여 연도별로 극명한 차이가 나타난다. 2006년부터 2008년 사이에, 2011년에, 그리고 2018년에서 2021년에 조례 개정이 빈번하게 발생하였다.

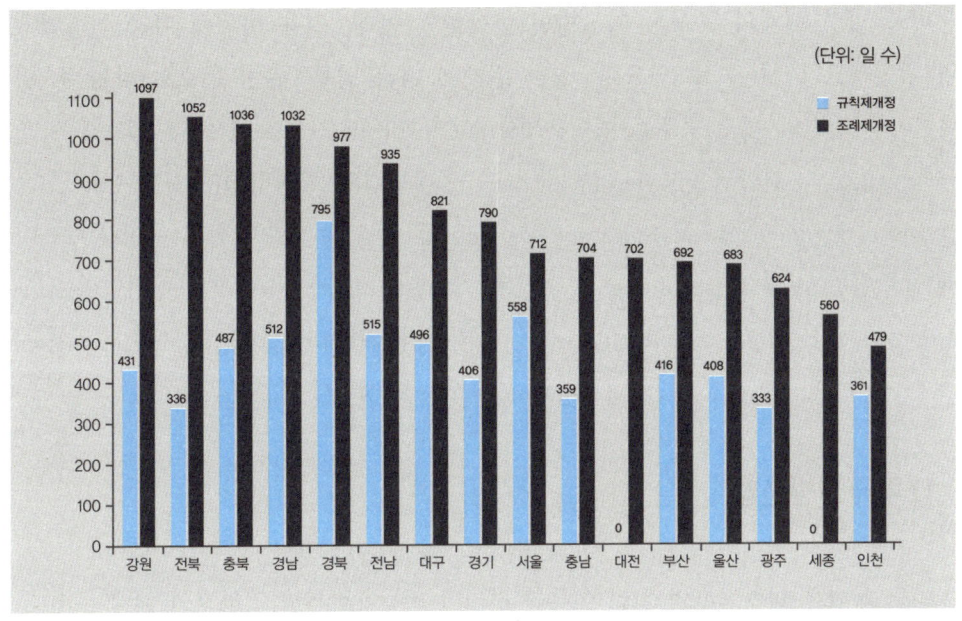

[그림 5-1] 광역시도별 규칙과 조례의 제·개정

이와 달리 의회가 제정할 수 있는 조례의 경우, 강원도는 약 1,100일 만에 조례를 개정했으며, 대체로 광역시보다는 광역도에서 조례의 제·개정이 활발하다. 광역시와 광역도를 비교할 때 조례의 제·개정 일수를 모두 합산하면 광역시가 광역도보다 짧아 제·개정에 더 적극적이라고 할 수 있다.

세부적으로 시군구별 조례의 제·개정 소요 일수를 비교하면 상위 20개 시·군·구와 하위 20개의 시·군·구 간의 차이가 크다. 시·군·구가 규칙이나 조례를 제정한 후 개정되지 않은 곳도 있으며, 특정 시·군·구는 조례가 제·개정을 신속하게 개정한 예도 있다. 따라서 조례의 제·개정에 관련된 시·군·구 간 차이는 매우 크다고 할 수 있다(박경돈, 2022).

5. 미국의 법령 체계

미국 법령 체계의 구성은 최고법인 연방헌법 아래, 적용 범위에 따라 연방법제와 주법제로 나눠 볼 수 있으며, 상하 위계에 따라 법률, 규정 등으로 나눌 수 있다. 미국 법령의 계층 구조는 연방헌법(The Constitution of the United States) − 조약(Treaties) − 연방법률(Federal Statutes) − 대통령의 행정명령(Federal Executive Orders and Administrative Rules and Regulations)이 연방정부의 법제 순이다. 그 아래에 주헌법(State Constitutions) − 주법률(State Statutes) − 주지사의 행정명령(State Administrative Rules and Regulations) − 지방자치단체의 조례 및 규칙(Municipal Charters, Ordinances, Rules, and Regulations)으로 구성된다.

1) 미국 연방헌법

미국 헌법은 연방정부의 설립 이유를 명기한 전문으로부터 기본적인 체계는 제1조 ~ 제3조에서 3권분립에 관한 조문으로 구성된다. 그다음은 주정부를 중심으로 한 제4조의 국가 통합, 제5조의 헌법 수정 및 관련 처리 방법, 제6조의 국가의 궁극성 즉, 연방헌법, 법률, 조약, 채무 간 관계에 관한 조문과 제7의 헌법 인준으로 우선 골격 헌법이 만들어졌다. 그런 후에 표현의 자유와 같은 시민적 권리를 기술한 수정헌법 1조로부터 시대적 상황과 소명을 부가해 1992년의 수정헌법 제27조까지 제정되고 승인됐다(Corwin, 1914; 전광석, 2009).

구체적으로 미국의 헌법과 수정헌법의 조문은 아래와 같이 요약할 수 있다. 수정헌법의 특징적인 측면을 보면, 미국 연방헌법은 총 27번의 개정이 있어 추가되었다. 그 중 15번의 개정은 1900년 이전에 나타났다. 특히 눈여겨볼 조문은 수정헌법 1조 표현의 자유, 2조 국민 무장 권한과 총기 사용, 13조 노예제 폐지(1865년), 15조 흑인 참정권 규정(1870년), 19조 여성 참정권(1920년), 제21조 금주법의 폐지(1933년), 제26조 18세 이상 선거권 부여(1971년), 제27조 미국 의회 의원의 보수 변경 규정(1992년) 등이다.

〈표 5-7〉 미국의 연방 헌법 체계

전문: 시민, 연방형성, 정의 확립 등 헌법 제정의 목적
제1조: 입법부 구성 – 상하원 구성, 선출 방식
제2조: 대통령 – 권한, 선출, 임기, 권한, 의무
제3조: 사법부 – 연방대법원, 하급법원 설치, 범위
제4조: 국가 통합 – 주정부 간 신뢰, 주의 시민권, 주의 권리
제5조: 헌법 수정 – 헌법 수정의 방법 및 처리 규정
제6조: 국가의 궁극성 – 연방 헌법, 법률, 조액, 채무 간 관계
제7조: 헌법 인준 – 헌법 인준을 위한 주정부의 인준
수정헌법 제1조 : 종교, 표현, 언론 및 출판의 자유, 청원 권한
수정헌법 제2조 : 국민 무장 권한
수정헌법 제3조 : 군대의 근무처에 대한 제한
수정헌법 제4조 : 불합리한 수색, 체포, 압수 금지
수정헌법 제5조 : 대배심 보장, 이중 처벌 금지, 적법 절차, 재산권 보장
수정헌법 제6조 : 배심원 신속한 공개재판 기타 형사 상의 인권 보장
수정헌법 제7조 : 민사 사건의 배심원 심리 보장
수정헌법 제8조 : 잔인하고, 이상한 형벌의 금지 등
수정헌법 제9조 : 국민의 권리에 관한 일반 조건
수정헌법 제10조 : 주와 국민에 유보된 권한
수정헌법 제11조 : 각 주의 주권의 포기(1795년)
수정헌법 제12조 : 대통령과 부통령 선거에서 선거인 투표 규정(1804년)
수정헌법 제13조 : 노예제 폐지(1865년)
수정헌법 제14조 : 인권의 정의, 시민의 특권·면제, 적법 절차의 권리와 법 아래 평등 국가에 의한 침해 금지와 하원 의원 정수 규정(1868년)
수정헌법 제15조 : 흑인 참정권 규정(1870년)
수정헌법 제16조 : 소득세의 과세(1913년)
수정헌법 제17조 : 상원 의원의 선출 규정(1913년)
수정헌법 제18조 : 금주법 제정(1919년)
수정헌법 제19조 : 여성 참정권(1920년)
수정헌법 제20조 : 미국 의회의 회기와 대통령 임기와 상속 규정(1933년)

수정헌법 제21조	수정헌법 제18조 (금주법)의 폐지(1933년)
수정헌법 제22조	대통령의 당선 횟수를 2기로 제한(1951년)
수정헌법 제23조	콜럼비아 특별 행정구에 대통령 선거를 인정하는 규정(1961년)
수정헌법 제24조	인두세 등 납세 여부를 원인으로 한 대통령, 연방 의원 등의 선거권 제한을 금지(1964년)
수정헌법 제25조	대통령 공석일 때 부통령의 승계 규정과 부통령의 결원일 경우의 조치(1967년)
수정헌법 제26조	18세 이상 선거권 부여(1971년)
수정헌법 제27조	미국 의회의원의 보수 변경(1992년)

출처: https://billofrightsinstitute.org

코윈(Edward S. Corwin)은 미국 헌법의 특징을 다음과 같이 설명한다(Corwin, 1914). 첫째, 입법부, 행정부, 사법부로 구성된 국가 정부를 만들고 세 기관 간 견제와 균형이란 시스템을 구축한 점이다. 둘째, 연방정부와 주정부 간 권력 배분이 미 헌법의 특징이다. 셋째, 미국 정부에 의해 시민의 다양한 개인 자유를 보호되도록 헌법을 제정했다. 미국 헌법은 약 200년 전에 제정돼 역사적으로 오랫동안 사회적 적실성을 담보할 수 없는 상황이 된다. 이에 미국의 정치적·경제적·사회적 상황에 적용하기 위해 약 9천 건의 개정안이 상정돼 활발한 개정 논의가 이뤄졌다. 이런 논의는 규범적 효력을 유지하고 민주주의의 원리를 강화하는 방향으로 헌법을 개정하는 동인이 됐다(전광석, 2009).

2) 미국의 기타 법령

연방정부의 법률(Act, Law, Statute, Code)은 미국 연방의회에서 제정하며, 의원이 발의하는 법안(Bill)이 의회 의결을 거쳐 대통령의 서명을 받으면 공법(Public Law)으로 확정된다. 이 공법은 다시 주제별로 편찬돼 미국법전(Code)의 형태로 발표된다. 공법과 법전의 조문은 모두 법률로서 동등한 지위를 가진다. 미국의 법률 현재와 같은 법령화를 통해 이뤄지는 관계로, 일부 제정법은 공식 현행 법전인 미국법전(USC, United States Code)에 미국 실정을 반영해 현행화한 후 수록된다.

규정, 규칙(regulation, rule)은 미 연방정부의 행정 법규로, 우리나라의 시행령 또는 시행규칙에 해당한다. 행정입법 권한이 있는 연방정부의 각 기관은 미국 관보(Federal Register)에 규정의 제정, 개정, 폐지에 관한 안(proposed rule)을 게시해 의견 수렴 절차를 거친 뒤 이 안을 확정 또는 파기하는데, 이때 확정안을 규칙(Rule)이라 한다. 법률과 마찬가지로 규칙을 주제별로 묶어 현행화 작업을 거친 뒤 발표하면 이를 규정(regulation)이라 한다.

대통령 입법(Presidential Actions)은 행정명령, 대통령 메모, 대통령 포고령 등이며, 세 종류의 입법 모두 연방 차원의 영향력을 갖는다. 행정명령(Executive Order)은 주로 위원회나 단체를 설립하는 경우 발하는데, 일련번호가 부여되며, 관보에 게재한다. 연방의회는 법안을 통해 대통령의 행정명령 중지를 요구할 수 있으며, 대법원은 행정명령에 대해 위헌 여부를 심사해 결정할 수 있다. 대통령 포고령(Executive Proclamation)은 정부 정책에 대해 발표하는 대중 선언문이다. 대통령 메모(Executive Memorandum)는 행정명령과 유사하나, 행정부 내부 및 업무 지시용으로 일련번호 부여 및 관보 게시 의무가 없다.

한편, 미국 주법제는 3단계인데, 주헌법(State Constitution), 주법률(Law, General Laws, Code, Statutes), 주규정(Administrative Code, Rules, Regulations)이다(세계법제정보센터, 2024a). 주 법률은 주의회의 의원이 발의한 법안(bill)이 주의회에서 의결되고 주지사가 서명하면, 법률(Session Law, Public Act 등 명칭)이 된다. 한편, 주 규정은 개별 주의 행정 법규이며, 각 주의 행정절차법에서 정하는 절차를 따른다. 주 규정의 제정, 개정 및 폐지 권한은 주정부의 각 행정부처에 있다(Corwin, 1914; 전광석, 2009).

제6장
정부 형태와 정책

전 세계적으로 대체로 세 가지의 대표적인 정부 형태가 있는데, 의원내각제, 대통령제, 혼합대통령제이다(Ginsburg, Cheibub, & Elkins, 2013).

1. 의원내각제

> 의원내각제 국가와 대통령제 국가에서 대통령의 역할은 무엇인가? 행정부와 입법부 간 협력과 안정을 어떻게 도모하는가? 다수당 소속의 행정부 수장인 총리나 수상은 입법부와 항상 좋은 관계를 유지하나? 누가 의원내각제의 행정부인 내각에서 일하는가?

의원내각제 국가에서 입법부와 행정부인 내각은 단 하나의 단일 선거, 즉 의원 선거에 따라 구성된다. 흔히 내각과 입법부 간 관계가 좋아서 국정 운영이 안정된다. 반면, 때때로 소수로 인해 불안정성과 교착 상태가 발생할 수 있다. 의원내각제는 의회의 다수가 내각의 정책과 통치 방식을 지지하지 않으면 정부 수장을 해임하는 유연한 제도가 있다. 역설적으로 이런 메커니즘은 행정부와 입법부 사이의 권한 분립을 약화시킨다.

1) 의원내각제의 특징

의원내각제의 기본적인 특징은 다음과 같다(OECD, 2022; Shively, 2014).

첫째, 의원에 대한 직접 선거만 존재한다. 의원내각제 국가에서 국민의 직접선거에 의해 선출되는 공직자는 의원뿐이다. 규모로 보면 상원과 하원의 양원을 합쳐도 전 세계적으로 최대 700명 미만의 의원이 선출된다(중국 약 3,000명의 전국인민대표대회 의원 제외).

일반적으로 하원(하위 의회)은 국민에게 가깝게 설계되는데, 왜냐하면 하원은 대중의 요구에 더욱 부응해야 하기 때문이다. 상원(또는 상위 의회)은 일반적으로 하위 국가 영토 및 지역을 대표한다. 양원제 입법부는 2단계의 추가 심의를 할 수 있기에 갑작스러운 충동적 법률의 승인을 방지할 수 있다. 양원제 의회는 단순 과반수 권력의 제한뿐만 아니라 다양한 방식으로 의회를 통제하려는 강력한 이익집단에 대해 제약을 가한다(Ginsburg, Cheibub, & Elkins, 2013).

이와 대조적으로, 단원제 의회제는 법안을 더 효율적으로 통과시킬 수 있으며, 시민이 단일 기관인 의회를 감시·감독하기 더 쉽다. 영토나 인구 규모가 작은 국가는 단원제 의회제가 더 흔하고, 영토가 복잡하고 규모가 크거나 복수 주정부의 국가는 양원제 의회제를 채택하는 경향이 크다.

둘째, 연합 정치를 통해 행정부를 운영할 수 있다(Cheibub, 2007). 국회에서 집권당이 국정을 운영하는 방법은 선거에서 과반수의 득표를 하거나 다른 정당과 연합해 다수당이 되는 것이다. 정치적 연합, 즉 연정에서 다수당이 되면 집행부인 내각을 구성할 수 있다. 정당들의 연합에 의해 다수당이 되면 내각 즉, 각료의 자리는 정당 간의 협의를 통해 배분하는 것이 일반적이다. 하지만, 연정이 붕괴하고 일정한 시간 동안 다수당이 없는 경우에는 다시 총선에 들어간다.

셋째, 집권당 또는 다수당 소속 의원이 국가의 행정부인 내각을 구성하기에 의원이 총리나 장관을 겸직하는 점이 특징이다(Shively, 2014). 총리나 수상은 거대당 또는 다수당의 의원이나 그 정당의 대표, 즉 당수로부터 신임이 두터운 자가 선출, 지명 또는 임명된다. 총리나 수상 아래 내각의 집행부를 구성하는 자는 장관이다. 집행부 즉 의원내각제의 행정부에는 전문가나 정당원 등 국회 외부인도 있지만, 대부분은 집권당 또는 다수당의 국회의원이다. 따라서 내각의 집행부인 장관은 국회의원이 겸직한다.

넷째, 의회와 행정부 간 상호 불신임하는 견제 장치가 있다(Stepan & Skach, 1993). 다수당의 대표와 내각의 총리가 국정 견해 및 정책에서 괴리가 발생하거나 충돌하면 정치적인 대변화가 나타난다. 우선 의원내각제의 내각은 집권당의 신임이 있는 한 존속되며 그렇지 않으면 해산된다. 의회의 과반수 투표에 의해 내각은 불신임된다. 내각에 대한 불신임권이 행사되면 새로운 내각이 구성된다.

또한, 의회에 의해서 구성된 내각도 역설적으로 의회를 통제한다. 의원내각제에서 내각이 의회를 통제하지 못하면, 내각의 법률안을 제출할 때마다 부결되는 상황이 빈번히 발생한다. 총리는 소속 다수당과의 연대, 그리고 연합 정당과의 연대가 중요하다(Moe & Caldwell, 1994). 의회의 질의 시간에서 야당의 반대는 실질적 영향력이 없다. 내각의 각료인 의원은 정치적으로 강력하고 전도유망한 의원이므로 이들은 인간관계나 미래 정치적 유망성 등을 내세워 의회의 동료 의원들이 자신들의 정책이나 법률안을 지지하도록 요구한다.

이에 통상적이면 의회에 제출된 법률안의 95% 이상이 의회를 통과해 법률이 된다(Shively, 2014). 만약 내각이 의회를 통제하지 못하고 상호 조율되지 못하면 의회해산권을 제출한다. 내각은 모두 사퇴하며 총선거에 돌입해 유권자로부터 재신임을 받는 기회를 얻는다.

다섯째, 의회의 행정부 감시가 활발하다. 의원내각제의 의회 시스템에서는 입법부가 상시로 행정부의 다른 부처를 감시·감독할 권한을 보유한다. 즉, 정치적 통제 외에도 정부의 활동을 세밀히 조사하기 위한 법적 또는 준사법적 통제를 한다(Shively, 2014). 예를 들어, 헌법은 입법부가 행정부 공무원에 대한 의회출석 요구권을 포함해 법적 조사의 개시 권한을 부여한다. 의회는 상시로 내각을 불러 국정 관련 사항을 질의할 수 있다. 동료 의원이자 장관이 국회에 출석해 답변하는 일은 자연스럽다. 따라서 대통령제의 국정 감사와 같은 의회의 특별감사제도는 필요하지 않다.

여섯째, 의원내각제의 의회 소속 상임위원회 기능은 유명무실하다. 상임위원회 위원은 집행부의 각료보다 전문성이 낮다. 의원내각제에서 집행부와 집권당은 상시로 국정 현안에 대해서 원활한 논의 및 조율하며 공동으로 책임을 진다. 이에 위원회가 개입해 입법을 통제하거나 국정 상황을 변화시키는 경우는 드물며, 대체로 의안 통과를 위한 형식적 심사만 이뤄진다. 집행부를 감시·감독하는 최고의 기구가 아니므로 의회의 상임위원회는 권력은 약하다.

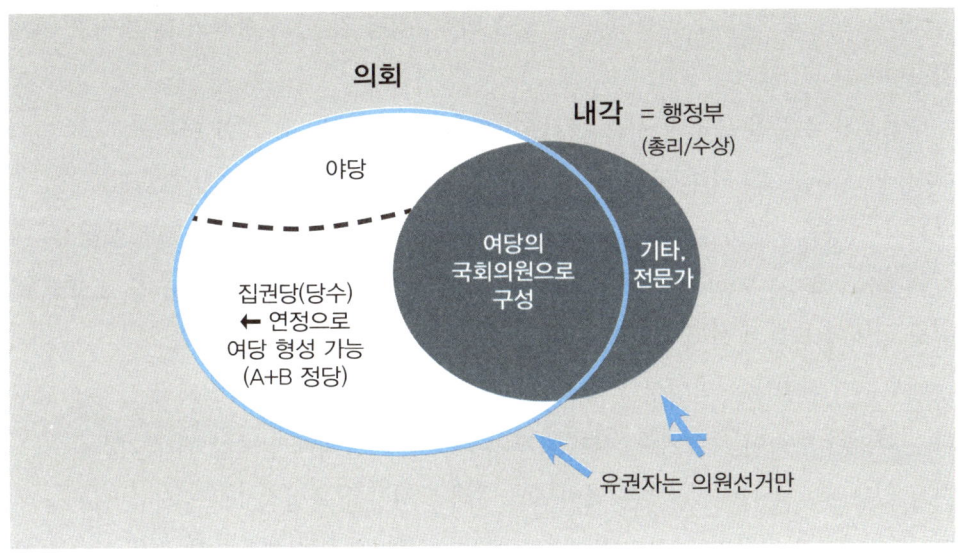

[그림 6-1] 의원내각제의 집권당과 내각 구성

아래에서는 OECD(2022)에 의해 설명된 의원내각제를 요약·설명한다.

(1) 의원내각제의 대통령

많은 OECD 회원국에서는 의원내각제를 시행하고 있다. 의회 시스템 정의의 특징은 행정부와 입법부의 권한 혼합과 의회에 대한 정부의 책임이다. 정부가 정권을 획득·유지하려면 의회의 지지를 받아야 한다. 정부에 대한 불신임(no confidence) 투표라는 의회의 권리는 의원내각제와 대통령제의 주요 구분 기준이다. 의원내각제에는 국가 원수(head of state)의 역할을 하는 대통령(또는 군주)이 있기도 하다. 물론 의원내각제 국가에서 유권자가 직접 대통령을 선출하는 독특한 예도 있다(핀란드, 아일랜드).

반면, 독일의 경우 제한된 정치적 권력을 보유한 대통령은 의회에 의해 선출된다. 더욱이 대통령이 반드시 국가원수와 동일한 인물이 아닐 수 있다.

(2) 입법부 중심의 국가 기능

의원내각제 국가의 의회는 상당한 정치적 통제권을 갖고 있으며, 정부 수장(총리나 수상)의 선출에서 중심적 역할을 한다. 총리의 선출 방법은 의회선출 방식, 다수당 선출 방식, 대통령 지명과 의회 과반수 선출 방식, 정당 간 합의 방식의 네 가지가 존재한다(OECD, 2022).

행정부의 수장인 총리의 선출 방식을 세부적으로 보면, ① 의회 단독의 공식 선거 방식(예: 스웨덴), ② 최대 의석 다수당의 후보자 선출 방식(예: 그리스), ③ 대통령의 선 후보자 지명과 의회선출 및 임명의 중도적 선출 방식(예: 독일; 대통령 지명 후보자가 의회 과반수의 지지를 못 얻으면 의회가 다른 후보자를 지명), ④ 의회 진출 정당 간 협상과 비공식 합의의 선출 방식이 있다(예: 포르투갈, 스페인).

대부분의 헌법에는 입법부가 행정부의 행동에 의문을 제기하고 정책적 설명을 요구하는 다양한 방식이 기술된다. 때때로 행정부는 의회 질의에 답변할 최대 기간을 지정하고 있다(예: 알바니아). 헌법은 입법부에 대해 행정부를 독립적으로 조사할 권한을 부여한다. 의회 득표율이 일정 비율에 도달하면 법률적으로 대행정부의 조사 의무가 강제되기도 한다.

(3) 입법부의 규모 비교

① 단원제와 양원제 그리고 하원과 상원

의원내각제 국가에서 상원과 하원의 역할에 대한 비교·분석이다. 대부분의 의원내각제 국가에서 하원은 국민의 의견반영과 탄핵소추와 같은 정부와의 관계를 담당한다. 상원은 행정부 및 외국과의 관계를 담당한다. 상원은 국가 수준의 사안인 군대 파견, 조약, 고위 관료 임명, 법률안 입법권 등을 가진다.

단원제와 양원제 국가에서 상하원의 관계에 대해 2024년 '세계의원총연맹(IPU, 2024)'의 국가별 조사 자료를 분석해 제시한다.

첫째, 단원제와 양원제 국가 간 비교이다. 조사된 194개 국가 중 단원제 국가가 113개국, 양원제 국가가 81개국이다. 비율로 환산하면, 단원제 국가가 전 세계 국가 중 58%, 양원제 국가가 42%를 차지한다.

둘째, 하원과 상원의 구성을 기준으로 본 국가 간 비교이다. 하원이 존재하는 국가는 194개국 모두이며, 상원이 존재하는 국가는 83개국이다. 전 세계 국가 중 상원이 존재하는 국가의 비율은 43%이다.

셋째, 양원제 국가는 상원과 하원을 그리고 단원제 국가는 대체로 하원으로만 구성된다. 하지만, 전세계 IPU 회원국 중 양원제 국가가 81개로 조사국의 42%에 해당하며, 상원이 존재하는 국가는 83개로 43%이다. 상원이 존재하는 국가가 양원제 국가보다 비율이 약 1% 더 많다. 그 이유는 하원 없이 상원만 존재하는 국가에 모리타니(Mauritania), 투르크메니스탄(Turkmenistan)의 2개 국가가 있기 때문이다. 따라서 양원제는 상원·하원의 존재를 의미하지만, 단원제 국회가 반드시 하원의원만의 존재를 의미하는 것은 아니다.

〈표 6-1〉 단원제 및 양원제 국가의 상·하원 국회의원의 규모

구분	하원 보유국	상원 보유국	계
단원제 국가 수	111(57%)	2(1%) (Mauritania, Turkmenistan)	113(58%)
	의원 평균 151명	의원 평균 56명	의원 평균 151명
양원제 국가 수	81(42%)		81(42%)
	의원 평균 94명		의원 평균 94명
계	194(100%)	83(43%)	194(100%)
	의원 평균 189명	의원 평균 93명	의원의 합 245명
	의원의 합 282명		

출처: 세계의원연맹 홈페이지(2024; https://data.ipu.org).

② 상원과 하원의 국회의원 규모

IPU 회원국인 194개 국가 중 총 126개의 응답 국가 중 국회의원의 규모를 산정했다.

첫째, 하원의 국회의원 규모를 비교하면(하원 3,000명인 중국 제외), 하원의 최대 인원수는 687명이 반면, 최소 인원수는 14명이다. 전 세계를 대상으로 단원제만 존재하는 국가의 평균 하원의원 수는 151명이다. 또한, 상원을 포함한 평균 하원의 규모는 189명으로 우리나라의 300명보다 약 111명 적다. 미국의 경우, 연방의회 상원은 6년의 임기직으로 50개 주에서 2명씩 선출되며, 연방 하원은 2년의 임기직으로 인구비례에 따라 총 435명이 선출된다.

둘째, 상원의 국회의원 규모를 비교하면, 전 세계에서 상원을 포함한 양원제를 구축한 국가의 수는 81개국이다. 상원의 최대 인원수는 800명으로 오히려 하원 국회의원 최대 인원(700명)보다 더 많다. 상원의 최소 국회의원 수는 11명으로 하원의 최소 인원인 11명보다 3명 더 많다. 전 세계를 대상으로 비교한 상원의 평균 인원은 93명으로 분석된다.

셋째, 하원과 상원이 모두 존재하는 국가의 평균 국회의원 규모를 분석한다. 전 세계 단원제 국가의 하원 규모는 151명이기에 단원제 국가인 우리나라의 국회의원 규모 300명과 단순 비교하면, 우리나라의 의원수가 149명 더 많다. 또한, 상원이 존재하는 국가를 포함한 하원의원의 규모는 평균 189명과 상원의원은 평균 93명이다. 이에 상원과 하원을 합친 양원제의 평균 국회의원 수는 282명이다. 우리나라의 국회의원 규모 300명을 양원제 국가까지 포함한 상원과 하원의 국회의원 규모와 비교해도 우리나라 국회의원 수는 18명이 더 많은 셈이다.

〈표 6-2〉 OECD 국가의 의원 정원

국가명	하원명	상원명	국가별 법령의 상하의원 수(명)
Greece	Hellenic Parliament		300
Hungary	National Assembly		199
Ireland	House of Representatives	Senate	218
Israel	Parliament		120
Italy	Chamber of Deputies	Senate	951
Japan	House of Representatives,	House of Councillors	713

Korea	National Assembly		300
Latvia	Parliament		100
Lithuania	Parliament		141
Luxembourg	Chamber of Deputies		60
Austria	National Council	Federal Council	244
Mexico	Chamber of Deputies	Senate	628
Netherlands	House of Representatives	Senate	225
Norway	Parliament		169
Poland	Sejm, Senate		560
Portugal	Assembly of the Republic		230
Slovakia	National Council		150
Slovenia	National Assembly	National Council	130
Spain	Congress of Deputies	Senate	615
Sweden	Parliament		349
Switzerland	National Council	Council of States	246
Belgium	House of Representatives	Senate	210
Turkey	Grand National Assembly of Turkey		600
United Kingdom	House of Commons	House of Lords	1443
United States of America	House of Representatives	Senate	535
Canada	House of Commons	Senate	443
Czech Republic	Chamber of Deputies	Senate	281
Denmark	The Danish Parliament		179
Estonia	The Estonian Parliament		101
Finland	Parliament		200
France	National Assembly	Senate	925
Germany	German Bundestag	Federal Council	667
합계	32개국	16개국	382.25

출처: 세계의원연맹 홈페이지(2024, https://data.ipu.org).

② 국회의원 임금의 결정 방식

IPU 회원국 중 총 128개의 국가를 대상으로 국회가 의원에 대한 임금의 총액을 결정하는지에 대해 조사했다. 응답 국가 중 76개국 59.8%는 국회에서 의원의 임금을 결정하지만, 51개국 40.2%의 국가는 다른 기관이나 주체가 의원의 임금을 결정했다. 따라서 국회의원이 소속한 의회가 스스로 자기 임금을 결정하는 국가는 전 세계에서 약 50% 정도에 불과하다(OECD, 2022).

(4) 내각 행정권의 집합적 행사

행정권은 공동기구, 즉 내각이나 장관에 의해 행사된다. 정부 수반인 총리나 수상의 헌법적 지위는 다른 장관과 비교해 압도적 우위일 때도 있지만, 실질적 평등한 때도 있어 다양하게 분포된다. 하지만, 정책의사결정에서 상대적으로 높은 수준의 공동성 경향이 있다. 비록 오늘날 많은 국가에서 이러한 공동성이 약화했지만, 전통적으로 공동 책임 또는 내각 결속력(Cabinet Solidarity)이 핵심적 특징이다.

의회제 국가의 헌법적 규율에 관한 정치적 논쟁에서 일반적으로 두 가지 문제가 있다. 첫 번째 논쟁은 의원내각제 정부와 권력분립 간 관계에 관한 것이다. 두 번째는 정부의 안정성을 보장하기 위한 헌법적 규제의 기능과 효과성에 관한 것이다(Grote, 2016).

(5) 권력 분립의 보장

권력 분립의 개념은 국가의 세 가지 기본 기능인 행정, 입법, 사법 기능의 구분에 기초한다. 권력 분립의 쟁점은 주로 행정부와 입법부 간 관계에 관한 것이다. 국가의 정치체제가 제대로 기능하려면 두 기관의 균형이 필요하다. 견제와 균형(Checks and Balances)으로 이해되는 행정부와 입법부의 권력 분립은 대통령제에서 더 일반적이다. 의원내각제 국가에서는 행정부와 여당은 견제와 균형 중 균형이 더 중요한 의미를 지닌다(Moe & Caldwell, 1994).

의원내각제의 다수당인 여당은 정부와 정책의제에 대한 지지를 주된 정치적 임무로 한다. 반면, 야당은 정부의 정책을 감시하고 비판하며 정책대안을 제안하는 데에서 근본적인 차이가 있다. 즉, 행정부와 야당은 상호 견제가 중요하다. 따라서 의원내각제 정부에 대한 헌법적 규정 마련의 주요 과제는 야당의 역할과 권리에 대한 것이다. 헌법적 규율을 통해 정치적 대안을 자유롭게 제시하고, 현 정부와 의회 다수를 대체할 수 있는 신뢰 높은 제안이 될 수 있어야 한다. 즉, 의원내각제에서 권력 분립을 사법부에만 의존해서는 안 되며, 야당 신뢰와 보호에 관한 법령으로 존중돼야 한다(OECD, 2022).

(6) 입법부-행정부 간 협력

대부분의 의원내각제 국가에서는 행정부는 의회에 의해 선출되고 의회에 대한 책임을 진다. 이에 행정부의 정통성은 민주적으로 선출된 의회에 의해 뒷받침된다. 동시에 의회와 산하 위원회에 내각 제출 법안의 수정 가능성과 다수당의 내각 교체 투표의 용이성을 어느 정도 부여하는지는 국가별 의원내각제의 특성에 따라 다르다. 따라서 대통령제 대 의원내각제라는 단순한 이분법은 개념적으로는 유용하지만, 이런 이분법은 일반적으로 다양한 헌법 설계의 상대적 장점을 평가하기에는 불충분하다(Mainwaring & Shugart, 1993: 14).

일반적으로 의회 야당의 역할과 기능과 관련해 군소 정당과 소수 의원의 보호를 촉진하는 공통된 국제적 규칙은 없다. 많은 국가 헌법 체계에서는 이러한 문제를 규정하지 않는다. 하지만, 베니스 위원회(Venice Commission, 2010)가 이들에 대해 제시하는 기본적인 보호 범주는 다음과 같다.

  i) 의회 위원회에 참여할 절차적 권리와 법률 개정의 제안권(일부 의회에서는 야당에게
     예산과 같은 특정 주요 위원회의 의장직을 예배하기도 함)
  ii) 행정부 감독 및 조사의 주도권 및 참여권
  iii) 근본적인 성격의 결정이나 획기적 결정에 대한 거부권 및 지연권
  iv) 헌법적 검토의 요구권
  v) 박해와 학대로부터의 보호

헌법은 통상적인 방식으로 야당 의원에게 위의 권리를 인정하고, 관련 의회에 의해 해당 권리는 의회 규정으로 발전시켜야 한다.

(7) 행정부 안정성

의원내각제의 행정부는 입법부의 신뢰에 매우 의존적이다. 이에 대통령제 국가보

다 의원내각제 국가에서 상호 신뢰에 기반한 정부의 안정성이 더 중요하다. 행정부가 안정적으로 유지되고 지속적인 도전을 받지 않도록 보장하는 제도와 체계가 필요하다(OECD, 2022).

① 행정부 수장의 불신임

특히 행정부에 대한 불신임 및 의회의 새 정부 임명권은 중요하다. 정부 수반은 일반적으로 의회에 신임 투표의 요구 결정에서 광범위한 재량권을 갖는다. 대조적으로, 국회의원이 제기한 불신임 투표안은 종종 엄격한 절차적 요구 사항이 적용된다. 불신임 승인은 규정된 수 이상의 국회의원이 서명이 필요하며, 불신임 발의안의 투표는 즉각 시행되지 않는다. 의원 투표의 잠재적·정치적 함의를 고려해 일정한 냉각기간이 지난 후에 실시된다. 또한, 과반수가 아닌 가중 다수결(qualified majority) 투표를 통해서만 행정부로부터 신임을 철회할 수 있다(Cheibub, 2007).

일부 헌법에서는 불신임 동의가 진행되려면 현 정부 수반을 대신 이끌 사람의 이름이 포함될 것을 규정하고 있다(독일 기본법 67(1)조; 스페인 헌법 113조). 만약 불신임안이 철회되면, 이에 동의 서명한 의원에게는 헌법이 정한 일정 기간이 지나기 전에 새로운 불신임안의 제출이 금지된다(OECD, 2022; 스페인 헌법 113(4)조; 프랑스 헌법 49(2)조).

② 행정부의 의회 지원

통상 정부 구성에 관한 헌법 조항은 새로운 내각의 취임에 필요한 의회 지원을 매우 명시적으로 규정하고 있다. 헌법 규정은 새 정부의 지지를 입증하는 공식 투표를 의회에 요구하기도 한다. 행정부 수장을 임명할 때 의회는 인물에 대한 지지와 정책에 대한 지지를 표명해야 한다.

행정부 수장의 임명 필요조건으로 의회의 지지를 규정한 국가가 있다. 직접 선출된 의회에 의한 총리(및 수상)의 공식 후보자에 대한 선거를 요구한다(독일 기본법 제63조; 스페인 법률, 제99조; 핀란드 법률 제61조 제1항). 또는 총리 임명 직후 정부 및 정책 프로그램에 대한 의회의 승인 투표 형태로 새 정부를 지지해야 한다(OECD, 2022; 루마니아 법률 103(2)조; 폴란드 법률 154(2)조).

어떤 헌법은 새 정부가 의회에서 안정적인 과반수를 확보하도록 보장한다. 수상이나 총리의 선거나 승인 투표는 가중 다수결에 의해 이뤄져야 한다. 만약 가중 다수결에 의해 새 정부 수장의 선출 및 승인이 여러 번 실패하면 단순 다수결(relative majority) 투표로 승인된다(OECD, 2022; 독일 기본법 제63조; 스페인 헌법 제99(3)조; 핀란드 헌법 제61조). 제안된 총리가 의회 의원 과반수의 지지를 얻지 못하면 통상 의회를 해산하고 새로운 의원 구성 선거를 요구한다.

(8) 총리의 지위 및 권한 강화

내각 안정을 추구 방식은 총리 역할의 강화이며, 헌법적으로 안정되도록 명시하는 것이다. 총리는 정부 업무를 총괄한다(OECD, 2022; 루마니아 헌법 107(2)조; 스페인 헌법 98(2)조; 폴란드 헌법 55(1)조; 프랑스 헌법 21(1)조). 총리는 정책의 일반적인 지침을 결정한다(독일 기본법 제65조). 더욱이 행정부 수장은 의회에 신임 투표를 요청해 정부의 존립에 대해 최종적으로 결정한다(프랑스 헌법 제49조; 스페인 정부 수반법 제112조; 독일 기본법 제68조). 총리가 사임하면 행정부의 다른 내각구성원도 동시에 직책을 잃게 되며 의회는 새 정부를 임명해야 한다(OECD, 2022; 독일 기본법 제69조(2); 스페인 헌법 제101조(1); 일본 헌법 제70조; 프랑스 헌법 8(1)조).

이에 총리(프랑스의 대통령)가 언제든지 의회를 해산하고 새로운 의회 선거를 요구하거나 단순히 사임할 수 있다(Cheibub, 2007). 이때 두 가지 방식으로 행정부를 구성할 수 있다. 일부 헌법은 ① 의회 해산과 새로운 선거를 규정한다. 반면, 다른 헌법 규정은 ② 선거 없이 새로운 정부 구성을 허용한다. 개념적이든 실제적이든 헌법 설계에서 의회 해산 규정과 총리 해임 및 정부 구성의 규정 간 긴밀한 연관성을 고려하는 것은 중요하다.

의회는 불신임 투표를 통해 정부 수반을 해임할 수도 있다. 즉, 입법부가 정부 수장의 생존에 관한 결정 권한을 갖는다. 그런데도 여러 헌법에서는 총리가 최소 재임 기간 후에만 불신임 투표를 할 수 있거나 임기별 해임할 내각 장관(총리 포함)의 수가 제한된 권한을 의회에 부여한 국가도 있다. 일부 국가의 헌법은 정부 수반을 해임한 다수당은 동시에 새로운 정부 수장을 반드시 선출할 의무를 지닌다고 규정한다(예: 독일, 헝가리, 폴란드, 스페인; OECD, 2022). 하지만, 총리 불신임이 반드시 구 총리의 사임과 새 총리 선출로 자동으로 연계되지 않을 수 있다.

2) 의원내각제의 장단점

(1) 의원내각제의 장점

의원내각제의 장점은 다음과 같다(Cheibub, 2007; OECD, 2022).

첫째, 단일 정당인 다수당의 보유 의석이 총 의석의 과반수를 초과한다면 정국의 안정성을 꾀할 수 있다. 의원내각제는 사실상 행정부인 집행부와 다수당이 장악한 의회가 한몸과 같이 연대하여 행동한다. 정책의 입안에서 국정 운영의 지지까지 모든 정치와 정책영역에서 상호주의를 원칙으로 하여 공동 책임 또는 연대 책임을 진다(OECD, 2022).

의원내각제에서는 의회와 내각의 균열은 곧바로 집권 능력의 상실을 의미하므로 정국은 대체로 안정적으로 운영된다. 특히 정권을 획득하기 전 선거 과정에 특정 정책이 추진을 이미 약속했고 국민의 지지를 받아 집권했다. 그렇기에 공약 사항의 추진을 막을 수 있는 견제 세력은 부족하지만, 정국과 정책집행은 안정된다.

둘째, 정책의 책임성이 높다. 정책에 대한 실패나 잘못된 국정 운영은 바로 의회와 내각에 대한 비판이므로 정치적 책임성과 정부 운영의 책임성이 높다. 동시에 특정 정책을 입안한 각료의 책임성도 높다. 정권을 획득하면 정책 실명제처럼 여당에서 누가 어떤 정책을 주창하고 이끌어 가는지 알 수 있다.

장관이 책임을 지고 물러나므로 정책에 대한 책임 소재와 책임성의 문제는 크다. 만약 주무 부처의 장관이 특정 정책을 자신이 작성하거나 입안하지 않았다고 책임을 지지 않으면, 정국은 매우 혼란스럽다. 이에 정책의 성공과 실패의 책임에 매우 민감한 정치체제이다. 반면, 대통령제 국가에서는 정책의 주도 집단이 대통령과 그의 측근이지만, 대통령의 사임은 다양한 국내외의 정치적·사회적 문제를 발생시키므로 가능하지 않다. 그 대신 대체로 행정부 장관이 책임지고 사임하게 된다.

(2) 의원내각제의 단점

의원내각제의 단점은 다음과 같다(Cheibub, 2007; OECD, 2022; Shively, 2014).

첫째, 의원내각제하에서는 소수당이나 소수 정치인의 의사를 존중할 장치가 부재하다. 정책의 결정이나 집행은 집권당의 의사대로 관철하기 쉽지만, 야당의 의사를 받아들여 정책을 신중하게 이끌어 갈 제도적 장치는 부족하다. 따라서 정책추진의 효율성은 높지만, 정책추진의 신중함은 낮다.

둘째, 의원내각제의 정국 안정성은 정당의 연합주의와 연정에 의존한다는 점이다. 의회가 과반수를 넘는 득표를 한 다수당이 있는 경우에는 정국의 안정성은 높다. 그 반대로, 과반수를 차지하지 못한 정당 간의 연정으로 탄생한 다수당과 행정부는 정권 획득을 위한 잠정적인 결합체이다. 정권 창출에 연합한 다수 정당 간 갈등이 고조되고 탈퇴하는 정당이 있다면 언제라도 획득한 정권을 있는 취약한 정치 구조이다. 따라서 거대 연합 정당의 붕괴 가능성이 높은 점은 정국 불안정성의 원인이 된다.

2. 대통령제

> 대통령제 정부에서 입법부와의 관계는 무엇인가? 행정부와 입법부 간 협력과 안정을 어떻게 도모하나? 대통령 입법부의 법률안을 최종 채택하지 않는 권한은 무제한적인가?

대통령제는 유권자인 시민들이 대통령 선출의 직접적인 권한을 가진다. 유권자는 국가 원수인 대통령과 입법부 의원을 모두 별도의 선거를 통해 선출한다. 대통령제의 장점은 재임 기간이 정국이 안정되고, 민주주의가 더 강화될 수 있다. 또한, 최소 정부로 기능할 수 있어 시민적 자유가 쉽게 보장된다고 한다(Dawood, 2014). 대통령제는 각기 다른 권력을 부여받은 두 명의 유권자 대리인(agent, 대통령과 의회)이 존재한다는 점이다. 핵심은 입법부-행정부 간 갈등을 완화하기 위해 두 기관의 선출 방법과 권한을 정의하는 것이다(Mainwaring & Shugart, 1993: 10).

대통령제는 강력한 권력 분립이 특징이기에 대통령은 입법부에 의존하지 않는다. 이러한 상황은 안정적인 정부를 구성할 수 있지만, 정부가 정책 프로그램에 대한 입법부의 지지가 없을 때 정치적 교착 상태가 발생한다. 이러한 교착 상태를 해결하기 위해 대통령제를 완화한 정부형태도 있다.

의원내각제에서 행정부의 대표는 주로 의회 선거에 의해 결정된다면, 행정부의 대표이자 최고 경영자인 대통령은 별도 선거에 의해 선출된다. 프랑스, 핀란드, 콜롬비아, 코스타리카 및 대부분의 라틴 아메리카 대통령제에서는 과반수를 획득하지 못한 대통령 입후보자에 대한 결선투표제를 치른다. 한편, 특정 유형의 대통령제에서 대통령은 종종 극소수의 투표인에 의해 선출되는 사례도 있다.

1) 대통령제의 입법부

대통령제 국가의 정부에는 행정부와 입법부가 분리돼 있다. 각 부의 설립 시기와 집권 기간은 서로 별개이다. 대통령은 통상 국가 원수와 정부 수반의 지위를 동시에 가진다. 일반적으로 대통령의 임기는 정해져 있으며, 전적으로 입법부에 관한 정치적 책임(또는 정당 지원에 대한 대통령의 의존성)이 없다. 또한, 대통령은 입법과정에서 어느 정도 정치적 영향력을 행사할 수 있다.

대통령제 정부형태의 가장 공통적인 영향요인은 다음과 같다(Cheibub, 2007). 대통령제에서 일반적으로 다수파 존재를 보장할 수 없기에 정부는 입법부 다수 의원의 지지를 받지 못할 가능성이 크다(예: 분점정부). 헌법이 행정부와 입법부 간 협력을 강요하도록 조문을 설계되지 않는다면, 두 정부 기관 간 서로 협의 지연이 발생할 수 있고 대통령의 거부권 무력화, 대정부 질의, 청문회, 탄핵과 같은 의회 장치를 통해 두 권력기관 간 갈등이 나타날 수 있다.

개별 정치인과 정당이 서로 협력하거나 행정부와 협력하기에는 인센티브가 제한돼 있어 연합이나 연정은 상대적으로 매우 드물게 나타난다. 대통령제가 의회 중심적일수록 연정이 등장할 가능성은 더 커진다. 그런데도 '대통령직의 의회화'라는 개념처럼(Cheibub, 2007) 대통령제는 매우 중요한 몇몇 정책영역을 주도한다. 이런 대통령제의 특징은 대통령의 입법권 및 의제선점권, 국회의원선거와 대통령 선거의 규칙, 대통령 재선의 헌법상 임기 제한, 강력한 형태의 대통령제, 대통령제와 정치 분열 등의 요소를 포함하며, 다음과 같이 제시한다.

2) 법률안 채택

(1) 대통령의 입법 및 의제 권한

모든 대통령 헌법은 대통령에게 어느 정도의 입법권을 부여한다. 가장 중요한 권한은 다음과 같다. 대통령의 거부권에 관한 내용은 파란자와 신(Palanza & Sin, 2013)의 설명을 아래에서 요약한다.

① 거부권

ⓐ 완전 거부권과 부분 거부권

많은 국가의 헌법은 입법부가 특정 법안을 통과시킨 후에도 대통령이 그 법안에 영향을 미치거나 법안 중단의 행위를 허용한다(예: 콜롬비아, 포르투갈). 법안이 최종적으로 공표되려면 모든 입법안이 대통령의 서명을 받아야 한다는 규정에서 비롯된다. 대통령은 법안에 반대하여 인준을 거부할 수 있다.

만약 대통령의 거부권(Veto Power)을 무효화할 수 없다면, 일반적으로 대통령은 가장 큰 권한을 갖는다. 반면, 대통령이 거부권이 없거나 국회가 단순 다수결로 거부권을 무효화할 경우 대통령의 권력은 매우 작다. 한편, 대통령은 법안 전체에 대한 '완전 거부권(Total Veto Power)'을 가질 수 있고, 법안 일부만 반대하여 '부분 거부권(Partial Veto Power)'을 가질 수 있다.

부분 거부권은 일부 대통령이 사용하는 중요한 도구이다. 대통령은 법안 전체의 수락이나 거부 대신 법안의 일부를 거부할 수 있다. 부분 거부권을 행사할 수 있는 대통령은 통상 법안 전체 거부를 선택할 수 없어 약한 거부권처럼 인식된다. 하지만, 오히려 입법에 영향을 미치는 방법은 상대적으로 더 많기에 더 큰 권력을 행사하는 방법이다.

만약 부분 거부권을 국회가 무효화할 수 없다면 대통령은 가장 큰 권한을 갖는다. 반면, 부분 거부권이 없으면 대통령은 약한 거부권을 갖는데, 법령 권한, 즉 국회와의 사전 협의 없이 법률을 제정할 수 있는 대통령의 권한이 줄어든다. 대통령이 법안의 일부 또는 전부를 거부하면 해당 법안은 종종 의회로 다시 회송된다. 이때 의회는 대통령의 거부권을 무효화할 기회를 얻는다.

ⓑ 정책적 거부권과 합헌적 거부권

헌법이 허용한 법률안 거부권이란 대통령 개입 유형은 더 세분된다. 대통령은 정책상 이유나 논거(policy reasons) 및 법안의 합헌성 훼손을 이유로 법안을 거부할 수 있다. 첫 번째는 법안에 대한 '정책적 거부권(Policy Veto Power)'이며, 두 번째는 '합헌적 거부권(Constitutionality Veto Power)'이다(예: 콜롬비아와 포르투갈의 경우 후자).

이에 헌법은 거부권 권력을 집중하거나 제한하는 범위를 정의한다. 정책 거부권은 입법부가 아닌 유권자가 대통령을 직접 선출하는 대통령제와 준대통령제에서 더 일반적으로 존재한다. 대통령의 거부권 무효화(Veto Overriding)에 필요한 입법 의원 수는 일반적으로 최초 법안 승인에 필요한 의원 수보다 더 많이 요구된다. 대부분의 대통령제 국가에서는 대통령 거부권 무효화에 의회 의원의 2/3 이상의 찬성이 요구된다. 이 다수자의 찬성이 있다면, 대통령은 법안에 서명해야 하며 최종적으로 법령이 된다.

대통령의 거부권이 강력하면 정치적 지연(Political Gridlocks)이 자주 발생할 수 있지만, 의회에서 대통령의 거부권을 무효화하기 위해 가중 다수결이 필요하지 않으면 의회제도가 더 원활하게 작동한다(예: 콜롬비아, 코스타리카, 핀란드, 포르투갈). 대통령에게 거부권이 주어지지 않거나 지연할 수 있는 등의 약한 거부권을 갖는 대통령제(예: 프랑스)에서는 의회가 활성화된다.

② 법률 제정권

대통령제이건 의원내각제이건 헌법에 따라 새로운 법률을 제정할 수 있는 행정부의 능력이 있다. 법령 제정권은 매우 다양하다(Cheibub, 2007; OECD, 2022).

첫째, 법률 제정권은 법령이 발효되는 분야에 따라 다르다. 어떤 헌법은 이미 입법부가 승인한 법 집행과 관련된 행정 행위인 대통령의 행정명령만 허용한다. 특정 헌법은 다소 광범위할 수 있는 특별한 상황(예: 관련성, 긴급성, 국익을 위한 경제 및 재정의 위기 등)에서 대통령령을 허용한다.

둘째, 대통령령의 제정권은 그 법령의 기간에 따라 다르다. 일반적으로 대통령령은 공포되자마자 발효된다. 어떤 경우에는 입법부가 대통령령을 거부할 기회를 얻도록 발효까지 일정 시간이 지나야만 집행된다.

셋째, 어떤 경우에는 행정명령이 자동으로 영구적인 법령이 되기도 하지만, 어떤 경우에는 주어진 기간 내에 입법부 승인을 얻지 못하면 자동 파기된다.

③ 법안 제출의 독점적 권한

일반적으로 대통령에게는 특정 입법권이 부여되지만, 일부 정부 형태(예: 미국)에서는 헌법에 따라 의회 내에서의 법안 발의만 허용된다(Böckenförde, Hedling, & Wahiu, 2011). 반면, 라틴 아메리카의 대통령제 민주국가 대부분에서는 일부 영역의 법안 발의에서 오히려 의회 역할이 제약된다. 이런 분야는 군대 규모, 공공 일자리 창출, 공공행정의 조직구조, 예산의 분야이다. 일반적으로 이들 국가의 의회는 재정 적자를 없애거나 전체 지출 수준을 증가시키지 않는 수정법안만 제안할 수 있다.

④ 긴급 법률 요구권과 비상사태 선언권

대통령제 국가의 헌법에서 대통령은 긴급 법률을 공포할 수 있다. 그렇게 하는 경우 의회는 30일 또는 45일의 단기간 이내에 법률에 대해 투표해야 한다. 이는 대통령의 입법의제에 중대한 영향을 미치는 헌법의 권력 조문이다. 프랑스에서는 입법 간소화 절차(fast track)가 자주 사용된다. 상·하원의 양 의회에서 법안 투표를 하지 않고 어느 한 의회에서 법률 여부가 결정된다.

또한, 비상사태 선언의 가능성, 정도 및 기제는 행정부와 다른 정부 기관과의 관계를 규정하는데 목적이 있다. 헌법은 비상사태 선언에서 대통령의 재량권과 타 기관의 권력 간 균형을 맞추도록 작성된다. 국가적 중대 상황(예: 전쟁, 자연재해, 테러, 공중 보건 문제)에 대처할 특별 조치를 하도록 대통령에게 재량권을 제공한다. 반면, 헌법은 의회 같은 타 권력기관이 대통령의 비상사태 선언 및 관련 조치를 평가하거나 종국적으로 유효화할 권력을 부여한다. 그 이유는 대통령의 비상사태 선포권은 흔히 권력을 집중시켜 사회 갈등이 종료된 후 종종 남용의 문제를 촉발하기 때문이다.

3) 대통령의 불신임

탄핵은 불신임 투표에 의한 정치적 통제와는 대조적으로 불법 행위를 근거로 행정부 수장을 해임하는 것이다. 이때 고려해야 할 두 가지 주요 측면이 있다. 첫째, 범죄 유형(반역과 같은 중대 범죄에 국한됨)이 탄핵 절차를 개시할 만한지 또는 아닌지이다. 둘째, 타 권력기관이 탄핵 절차에 어떻게, 어느 정도 관여하는지가 중요하다.

박근혜 대통령의 탄핵 심판

헌법재판소(소장 이정미 재판관)에 의한 박근혜 대통령의 탄핵(2017.3.10.)은 우리나라 헌정사에서 매우 희귀한 사건으로 지금도 미래에도 기록될 것이다. 헌법재판은 일반 재판과 다른 구조로 돼 있다. 헌법재판의 인용 결정에 이르는 논리적 추론 과정 또는 법적 추론을 소개한다. 박근혜 대통령의 선고 주문에 나타난 탄핵 논리는 다음과 같다.

전체적인 논리 구조를 보면, ① 재판의 기 절차 및 과정의 소개 ➡ ② 소추 흠결 ➡ ③ 탄핵 사유의 판단 ➡ ④ 대통령 파면의 중대성 판단 ➡ ⑤ 법익의 비교 ➡ ⑥ 최종 판단(인용)의 순으로 구성됨.

① 재판의 기 절차 및 과정의 소개
- 헌법재판소의 탄핵 결정을 위한 이미 진행된 변론, 반론 등의 활동을 사건의 요지, 발단, 진행 과정 등을 요약 정리함.

② 소추 흠결 판단: 결론은 소추 가능함(제출된 소추안은 판단할 가치가 있고, 지금의 헌재 구성은 판단 능력이 있다고 결정함).
- Ⓐ 제출 소추안(국회 제출)을 보면 포괄적으로 논리 비약이 없음.
- Ⓑ 국회의 탄핵소추안 가결에 따른 입법부인 국회의 의견을 존중함.
- Ⓒ 국회의 무논의 과정과 병합 및 통과에 대한 국회 자율권을 인정함.
- Ⓓ 헌재 위원과 인원수의 구성 흠결은 평결 참여 법관 수 및 규정에 부합하여 과소한 헌재 체제의 구성 문제는 없음(과거 재판관 인원의 과소 상태에서도 헌재는 운영되었으며 판단함).

③ 탄핵 사유의 판단(Ⓓ사항만 위배)
- Ⓐ 직업공무원제의 침해 여부는 없음: X국장 등 특정 공무원 좌천으로 최XX의 이익이 반영되지 않음.
- Ⓑ 표현의 자유 침해는 없음: 문건 유출은 있으나 언론사의 권한 행사가 제한되지 않음.
- Ⓒ 생명 보호의 침해는 없음: 세월호 침몰의 생명 보호에 직접 구제 및 참여 의무 없음. 추상적 성실 의무의 이행은 불가함. 정책 사유로 사법적 판단 대상이 아님.
- Ⓓ 국정 개입 및 권한 남용은 있음: 최XX의 K-재단 출원 및 대통령의 직무 개입은 피

청구인이 인지 시 관여됨. 기업 재산권을 침해하고, 사인에게 정부 문서를 전달하여 공무원의 비밀엄수의무를 위배하고, 국가공무원법을 위반함. 개인을 위한 대통령의 직무 수행은 법률에 위배되며, 신의성실의 공익 실현에 반하는 행위임.

④ 법익의 비교
- 청구인 유지의 헌법 수호 이익과 청구인 파면의 이익을 비교함.
- 대통령으로서 거짓말하고 사실을 부인·변명하고 재판에 불출석하는 등 불성실하여 헌법 수호의 의지가 없으며 국민적 신의를 배신함. 헌법 수호 이익보다 청구인 파면의 이익이 더 큼.

⑤ 최종 판단(인용): 헌재 재판관의 인용 인원수 대 기각 인원수가 8:0으로 전원일치로 인용됨(소수설: 성실 의무 위반은 아님).

결국 선출직 공직자에 대한 헌법재판소의 탄핵 심판은 구체적인 범죄행위의 유무에 관한 판단에 국한되는 것이 아니라 직무 수행과 행태에 대한 포괄적 판단으로 헌법적 의무 수행의 정당성을 확보하고 국민적 신의를 저버렸는지에 관한 판단이 핵심임.

출처: 헌법재판소(2024). 탄핵결정문. 사건 2016헌나1 대통령(박근혜) 탄핵.

4) 대통령 국가의 선거

(1) 국회의원 선거 및 대통령 선거의 규칙

대통령과 의회의 선거 규칙은 권력기관 간 상호 작용의 방식에 영향을 미친다. 의원 선거 결과를 감안하면, 원칙적으로 의회 분열이 낮은 경우 대통령제는 더 강력한 정책 결과를 창출할 수 있다. 따라서 의회 분열을 줄이려고 대통령제의 의원선거 규칙은 전통적으로 의회에 진출하는 정당의 수를 제한하는 경향이 있다(Cheibub, 2007; Grote, 2016; OECD, 2022).

이러한 제한은 엄격한 선거 시스템을 설정하는 아래의 다양한 방법으로 개발된다. ① 단일 의원 선거구(선거제도의 비례성을 감소시켜 의회 진출을 제한), ② 의회 의석의 확보에 높은 최소 득표 기준 설정, ③ 신생 정당 창설의 법적 제한 등이 정당의 수를 제한하는 제도적 장치이다.

이와 대조적으로 정당의 수가 상대적으로 적을 때 대통령제가 어려움을 겪은 증거도 많다. 콜롬비아(1991년 이후)와 코스타리카(1949년 이후) 헌법의 경우처럼 더 많은 계층의 의회 대표 접근성을 보장하는 의회 다원주의가 증진될 때 그 이전보다 대통령제는 더 안정적이라는 점이다. 이런 경우 하원의 비례 투표가 의회를 더 포용적으로 만들며 더 나은 거버넌스와 더 나은 정책이라는 결과를 낳았다고 한다(Colomer & Negretto, 2005).

대통령제 국가의 정책적 성공은 강력한 대통령과 단원제 의회와 함께한다는 증거도 있다(Reilly, 2003). 하지만, 대표성 차원에서 비용이 발생하며, 개별 의원이 의회에서 자기 지역구 유권자의 이익을 대표하기 어려워진다. 따라서 대통령제 국가의 국회 내 성공은 의원이 자기 유권자를 대표하는 의원 능력의 제한으로부터 시작된다.

요약하면, 대통령제에서 거버넌스의 가능성을 증진하기 위한 두 가지 대안이 있다. 첫째, 정치과정을 야기하는 다양한 견해를 규제하여 대표성을 제한하는 것이다. 제한적인 선거 및 정당법으로 진출 정당의 수를 줄인다면, 현 정권의 정당이 입법부에서 과반수 의석을 확보할 가능성을 높여 거버넌스 가능성과 안정성을 높일 수 있다. 둘째, 더욱 포괄적인 선거법과 정당법의 채택이다. 이런 경우 정치 과정에 개입하는 견해의 다양성과 다원성이 높아지지만, 의사결정에서 각 대표자가 갖는 역할은 제한된다.

(2) 대통령 선거

대통령제의 장점 중 하나는 대통령 선거에는 전국구의 선거구가 있다는 점이다. 정치적 변동성이 크고 사회적 이질성이 높은 상황에서는 유리한데, 그 이유는 대통령이 단합과 통합의 구심점으로 작용할 수 있기 때문이다. 이런 목적을 달성하려면 기존의 정치적, 민족적, 지리적 또는 종교적 색채를 강화하기보다 통합의 인센티브가 발생하도록 대통령 선거의 규칙이 신중하게 고안돼야 한다.

(3) 선거 시기

대통령 선거 및 입법부 선거 시기와 관련된 국가별 방식은 다르다. 일부 국가에서는 두 선거가 항상 동시에 또는 거의 동시에 실시된다(예: 콜롬비아, 코스타리카, 프랑스). 그 반대로 두 선거가 항상 다른 시기에 시행되기도 하고(예: 1946~64년 민주 시기 동안 브라질에서), 교대로 시행되는 경우도 있다(예: 미국의 연방 하원 임기는 2년이고, 6년 임기인 연방 상원의원의 1/3은 2년마다 선거로 교체되며, 대통령 임기가 4년임).

입법부 선거가 대통령 선거와 함께 치러지면 의회에 진입한 정당의 수가 줄어든 증거가 많다(Borges & Turgeon, 2019; Costa Lobo, Lago & Lago-Peñas, 2016). 대통령은 굉장한 '코테일 효과(Coattail Effects)' 즉, 인기 높은 리더 정치인이 소속 정당의 타 의원의 선거 득표를 유인하는 효과를 낳아서 소속 정당의 의원 당선에 크게 기여한다. 따라서 정당 체제의 분열이 우려된다면, 국회의원 선거에서 제한적인 선거제도를 시행하지 않고도 대선과 국회의원 동시선거의 규정을 제정하여 경쟁 정당의 수를 줄일 수 있다. 콜롬비아, 코스타리카, 프랑스의 사례가 이를 반영한다.

5) 대통령의 임기

(1) 대통령 재선에 대한 헌법상 임기 제한

대부분의 헌법은 대통령이 재선될 수 있는 횟수의 제한이 있다. 대통령의 임기 제한은 공직 후보자에 대한 유권자의 선택 범위를 제한하고 좋은 재직자의 역량을 제약하는 나쁜 제도로 인식된다. 하지만, 대통령의 임기 제한은 민주적 변혁을 보장하기 위한 필수 메커니즘이기도 하다. 그 이유는 무기한 재임 가능성은 집권 대통령이 재임 중 자신의 지위와 권한을 영속화하려는 유혹이 있기 때문이다. 또한, 차기 재임을 보장하는 제도적·사회적 환경을 조성하려는 유혹을 촉발할 수 있다. 법적으로 보면 대통령제에서는 재선에 출마할 때 현직 대통령에게 가장 큰 이점이 있다.

이런 임기 제한에는 두 가지 유형이 있다(OECD, 2022). 즉, 대통령 재임 관련 ① 총 재임 연수 제한의 유형과 ② 총 연임 횟수 제한의 유형이다. 총 재임 연수의 제한을 보면, 프랑스(헌법 제6조) 대통령의 임기는 5년이며, 총 10년 동안 단 한 번의 연속 재선만 허용한다. 총 연임 횟수의 제한은 대통령 재선에 대한 가장 보편적인 헌법적 제한으로 흔히 임기 단임제 규정(예: 멕시코, 한국)이 이용된다. 때때로 대통령이 재임에 도전한다면 퇴임 후 단임 기간 전체를 보내야만 다시 입후보할 수 있다.

1990년대 이후 라틴 아메리카의 여러 국가(예: 아르헨티나, 코스타리카, 브라질)는 헌법을 변경해 중임제(연속 2회 재임제)를 채택했다. 반면, 다른 국가에서는 단임제 규정을 유지했다. 예를 들어, 콜롬비아에서는 2015년부터 대통령의 임기가 4년 단임으로 제한되었으며, 비연속 임기라도 재선에 다시 출마할 수 없다.

(2) 강력한 대통령제

강력한(또는 과장된) 대통령제란 헌법이 모든 또는 다수의 핵심 권력을 행정부에 집중시키는 대통령제의 유형이다. 강력한 대통령제는 중앙집권적 대통령제라고도 한다. 행정부에 할당된 주요 권력은 전략적 영역에서 입법발의의 독점적 권리를 포함할 수 있다. 입법부에서 논의될 법안의 우선순위를 결정하는 행정부의 능력과 공동 입법자의 역할 등이 있다. 대통령은 법안을 논의하고 의견을 표명하는 의회 위원회에 참석할 수 있다. 의회를 통과한 법안에 대해 거부권을 행사하거나 하원에서 거부된 법안을 다시 제출할 권한도 있다.

(3) 법률 채택

대통령제에서는 의회와 대통령 모두 적극적으로 입법안을 도입하거나 타 기관의 입법 제안에 대응하며 승인·거부할 수 있다. 대통령이 막강한 입법권을 갖고 있으면, 의회가 논란거리를 토론하고, 기록하고, 타협을 제안하는 능력이 제한된다.

반면, 대통령은 입법과정의 핵심이지만, 자신의 선호도에 맞게 법안을 미세 조정한다면 의회에서 합의 구축 등의 능력이 제한될 수 있다. 따라서 일부 국가에서는 민주적 대표성과 포용성의 강화를 위해 대통령 권한을 계속 축소해 왔다. 예를 들어, 준대통령제 국가(예: 프랑스, 포르투갈)에서는 입법권은 입법부의 권한에 속하기 때문에 대통령이 이를 거의 갖지 못한다.

(4) 대통령 권한 축소의 고려 사항

의회는 대통령 거부권의 규정과 함께 특정 정책 분야(예: 조세, 예산 등)에서 의제 설정자 역할을 하는 대통령의 권한을 줄일 수 있다. 예산 과정에서 의회가 수입이나 지출을 변경할 수 있는 대통령 우선권의 범위를 제한하면, 대통령의 권력은 감소한다. 한쪽 극단에서는 대통령이 예산을 준비하고 국회가 예산을 수정하지 못하도록 할 수 있다. 하지만, 다른 극단에서는 프랑스처럼 국회가 예산을 준비하고 대통령 헌법상 무제한으로 예산을 수정할 수 있는 권한을 갖는 것이다.

강력한 대통령제에서 대통령은 유권자에게 직접 입법안을 제출함으로써 국회를 우회할 수 있다. 하지만, 약한 대통령제에서는 대통령의 입법안 제출이 불가능하고, 입법안의 국민투표는 대통령과 국회의 공동 제안으로 가능하다.

3. 혼합대통령제

> 대통령제를 입법부와의 좋은 관계를 위해 어떻게 변화시킬까? 대통령의 강력한 권한을 축소할 수 있나?

혼합대통령제(Mixed-Presidential Systems)는 혼합의 정도 및 스펙트럼에 따라 '준대통령제, 반대통령제, 이원집정부제'라고도 한다. 혼합대통령제 또는 준 대통령제의 가장 큰 특징은 이중 집행 방식이다. 총리는 내각 운영에, 대통령은 국가적 업무에 책임을 진다. 준대통령제의 핵심 아이디어는 대통령과 국무총리의 이중 행정부(Dual Executive)의 역할이며, 상호 보완적이다(Nousiainen, 2001; Siaroff, 2003). 즉, 대통령은 국민의 정당성을 유지하고 국가와 국민을 대표하는 반면, 총리는 정책적 리더십을 행사하며 행정부의 일상적인 기능을 책임진다(이중 정통성).

혼합대통령제의 권한 배분은 순수한 대통령제보다 행정부와 입법부의 더 큰 통합을 의미한다(Nousiainen, 2001). 혼합대통령제는 다당제 의회 정부형태의 특징을 지닌 대통령제에 가깝다. 따라서 최상의 시나리오에서 두 시스템의 강점을 결합할 수 있다. 반면, 대통령과 총리의 이중 정통성으로 인해 두 사람의 권한이 충돌할 여지가 크다.

혼합대통령제에서 대통령과 의회의 책임이 있는 총리와 내각이 모두 헌법에 따른 대중에 의해 선출된다. 일반적으로 총리는 불신임 투표(vote of no confidence) 등의 제도로 의회에 관한 책임만 지며, 내각은 의회에 의해서만 해임될 수 있다. 한편, 대중의 선거에 의해 선출된 국가 원수인 대통령은 입법부의 감시나 견제로 축출되지 않는다. 이에 대통령이나 의회는 총리의 선출과 임명, 해임을 전적으로 통제할 수 없다.

역사적으로 준대통령제를 구축한 국가의 수가 증가했다(Ginsburg, Elkins, & Melton, 2013). 준대통령제의 채택 국가는 (한국을 포함하여) 프랑스, 포르투갈, 리투아니아 등이며, OECD 국가에서도 볼 수 있다. 대통령과 총리라는 행정부의 두 지도자 간 정치적 권력 행사와 권한 배분은 상당히 다양하다.

혼합대통령제 행정부의 내각 구성원 선택에서 가장 중요한 고려 사항은 대통령과 총리 간 권한의 균형을 보장하는 것이다. 예를 들어, 프랑스에서는 총리가 대통령에게 내각의 임명·해임할 후보자를 추천하고 대통령이 결정한다. 의회의 불신임 투표는 정부 전체에 영향을 미칠 뿐 정부를 구성하는 내각 개인에 대해 영향을 미치지 않는다.

혼합대통령제에서 준대통령제인지 아닌지에 관한 정의에서 결정적인 측면은 대통령에게 부여되는 권한이다. 대통령에게 너무 많은 권한을 부여하면 정부 형태는 대통령제 또는 준대통령제로 변화되며, 반대로 너무 적으면 의원내각제 정부로 변화된다(Siaroff, 2003).

혼합형 대통령제에서 대통령은 다음과 같은 권한을 갖는다(Nousiainen, 2001; OECD, 2022): a) 판사, 공공 변호사, 외교 및 군 인력, 중앙 은행장 또는 규제 기관장과 같은 주요 인사의 임명 재량권; b) 의장으로 내각 회의의 공식 주재권; c) 입법안을 철회권 및 입법안 거부권; d) 위기 시 비상 또는 법령 권한; e) 외교 및 국방과 같은 행정 및 정책결정의 핵심 역할; f) 총리 또는 내각 장관을 선택·해임과 같은 정부 구성의 핵심 역할; g) 한시적 입법부의 해산권; h) 의회에 대한 국정 메시지의 전달; i) 의회에 대한 법안 제안권. 위의 a), b), c)의 세 가지 대통령 권한은 의회에 의해 취소되지 않는 한 유지된다.

4. 여성의원의 정치적 대표성[1]

> 국회에서 실질적 대표성을 높일 방법은 무엇인가? 국회에서 여성의원의 비율은 어느 정도이며, 우리나라 여성의원의 수는 아직도 적은가?

여성의 정치적 대표성을 국회에서의 여성의원 수 및 비율의 증가를 연구한 박경돈(2020; 2021)의 연구 결과를 아래에서 살펴보자.

우리나라에서 여성의 참여는 천천히 증가하고 있다. 여성의 사회 참여 확대 현상은 여성의 학력, 양성 평등의식, 사회적 역할 및 지위, 산업화와 도시화, 경제활동 다변화 등의 결과이다. 각종 고시 합격자 또는 공무원 입직자 중 과반수가 여성이지만(경남신문, 2010.01.13.), 국회의 여성 참여는 낮다. 제1회인 제헌국회부터 16대 국회까지 4,024명의 총 국회의원 중 100명, 비율로 환산하면 약 2.5%만이 여성 국회의원이다(김원홍·김혜영·김은경, 2001: 48). 이와 같은 여성의 빈약한 국회 진출 상황에서 최근 21대 국회의원 선거에서 여성의 비례대표 당선인은 총당선인 수의 19.0%로 역대 국회에서 최고의 비율을 보였다(중앙선거관리위원회, 2020).

그렇다면 우리나라 여성의 사회적 진출과 국회 진출이 확대됐기에 여성의 수적인 대표성(Numerical Representation)과 정치적 대표성이 충분히 확보됐나? 이 같은 질문에 의문은 계속 남아 있다. 해외의 연구는 여성의 정치참여는 아직 성공적이지 않다거나(Hughes, 2019) 여성의 정치적 대표성이 낮다는 주장이 계속된다(Gilardi & Dlabac, 2019).

여성의 국회 참여를 기준으로 보면, 우리나라의 정치적 대표성은 낮다(김민정, 2014). 위에서 본 바와 같이 여성의 국회의석 점유율이 낮아 정치적 대표성도 낮다. 우

---

[1] 여성의원의 정치적 대표성은 '박경돈(2020). 여성 국회의원의 정치적 대표성에 관한 국가 간 비교. 「의정논총」, 15(1): 71-97'과 '박경돈(2021). 복지국가와 여성의 의회대표성. 「의정논총」, 16(2): 101-126'의 내용 일부를 발췌·수록했음.

리나라가 경제개발기구(OECD) 회원국으로 자리매김했지만, 아직도 수적 대표성의 나아지지 않았다. 활발한 사회활동에 부가하여 최상위 국가 정치의 장인 국회에서 여성 참여 활성화는 실질적인 성적 불평등과 참여 불균형을 바로잡는 중요 장치이다. 더 나아가 남성 위주의 정치 현상을 공동 현상으로 돌리는 방법이며, 정치 변화의 주요 방법이다(Hughes & Paxton, 2019).

수적 대표성과 관련된 이론에서 자주 등장하는 단어가 임계량(Critical Mass; Dahlerup, 1988; Kanter, 1977; Thomas & Welch, 1991)이다. 임계량은 특정한 기준선이나 양을 넘어서면 특정 현상이 지속적이고 가속화된다는 공학적 개념이다. 여성의 수적 대표성을 논의할 때 이 임계량 이론을 적용하면, 과소한 여성의 정치적 대표성을 개선할 수 있다. 정치 영역에서의 남녀 차이는 토론(Broughton & Palmieri, 1999), 정치적 스타일(Kathlene, 1998), 정책의 우선순위와 채택(Berkman & O'Connor, 1994)에서 나타나지만, 임계량을 이용해 이를 극복할 수 있는 최소한의 기준량을 설정한 것이다.

여성의원의 임계량 기준은 학자마다 다른데, 총의원수의 약 13%(Staudt, 1996)를, 약 15%(Crowley, 2006)를, 약 15~20%(Thomas, 1991)를, 약 10~30%(Dahlerup, 1988)를 각각 최소 임계량으로 제시했다. 이와 같은 최소 수적 임계량을 통과하면, 소극적 대표성이 보장되면서 여성의 정치적 대표성이 보장된다고 한다(Hughes and Paxton, 2019).

박경돈(2020)의 연구에서는 분석 기간이 2000~2018년으로 총 19년이며, OECD 회원국인 33개 국가를 분석 대상으로 하여 총 627개의 표본을 분석했다. 각국의 국회에서 단원제 및 양원제 하원 중 여성 국회의원의 비율을 종속변수로 이용했다. OECD 42개 국가 중 역대 양원제 국회는 총 53.6%(2019년 기준 52%)로 단원제 국가(2019년 기준 41%)보다 많았으며, 총의석수의 평균은 286개였다. 이 중 하원 의원수는 평균 86명이며, 여성의원수는 평균 19명이다.

분석 기간인 19년간 OECD 국가의 평균 의석수를 보면, 평균 의석수는 286.7석이다. OECD 국가 중 최대 의석수를 보유한 영국은 총 651석의 의석을 보유하며, 최소 의석수의 국가는 룩셈부르크로 단지 60석에 불과하다. 두 국가 간 의석수는 최대 10배 차이가 난다. 우리나라는 지난 19년간 의석수는 평균 294석으로 OECD 국가의 평균 287석과 거의 비슷하다. 단원제 국회의 평균 의석수는 194석으로 양원제 국회의 평균 의석수보다 93.1석이 작다.

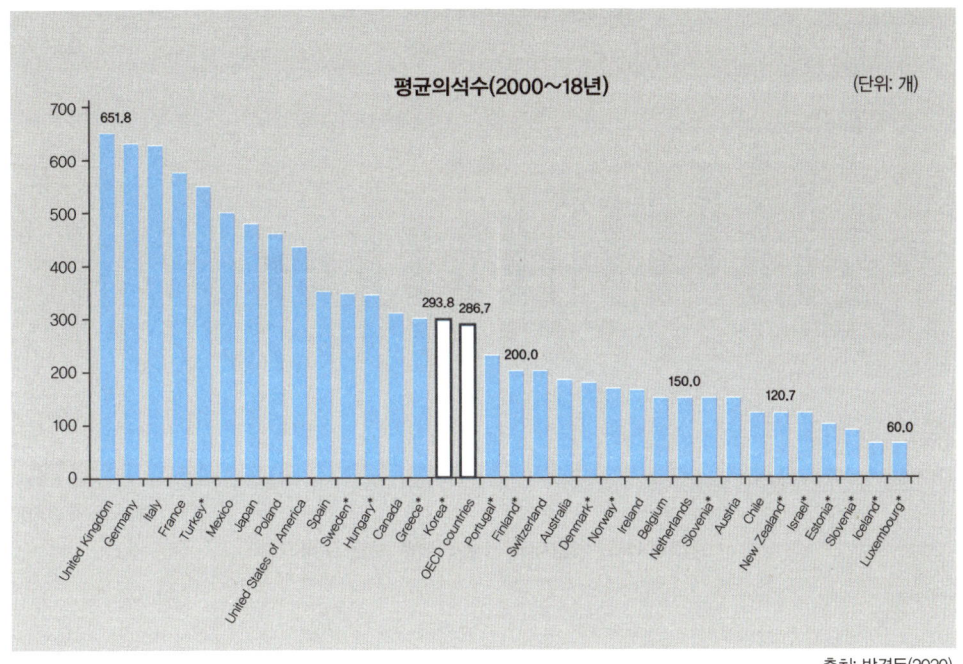

[그림 6-2] 양원제와 단원제 포함 평균 의석수: OECD 국가

만약 단원제 국가만 비교하면, 우리나라 국회의석수는 총294석으로 OECD 국가의 평균의석수인 194석보다 100석이 더 많아 큰 규모의 국회이다. 튀르키예와 같이 500석의 국회 의석을 가진 국가를 제외하면, 한국은 스웨덴, 헝가리, 그리스처럼 평균 의석수의 국가이다. OECD 국가 평균보다 작은 의석수를 가진 국가의 평균은 127석이다. 단원제 국가의 의석수를 기준으로 하면, 총 16개 OECD 국가 중 우리나라는 5위에 해당해 국회의원의 수가 많은 편이다.

OECD 국가 간 여성 의석수를 비교했다. 모든 의원이 담당하는 인구 비율을 분모로 하여 여성의원이 담당하는 여성 인구수의 비율을 계산한 것이다. 여성의원은 여성을 소극적으로 대표하는데, 전체 의원이 담당하는 인구수보다 더 많은 인구수를 담당한다면 평균이 높아 여성의원의 불평등도가 높다는 의미가 된다. 여성의원은 출신이 여성이기에 우선 소극적으로 그들을 대표하며, 남성 문제보다 여성 문제에 더 민감하게

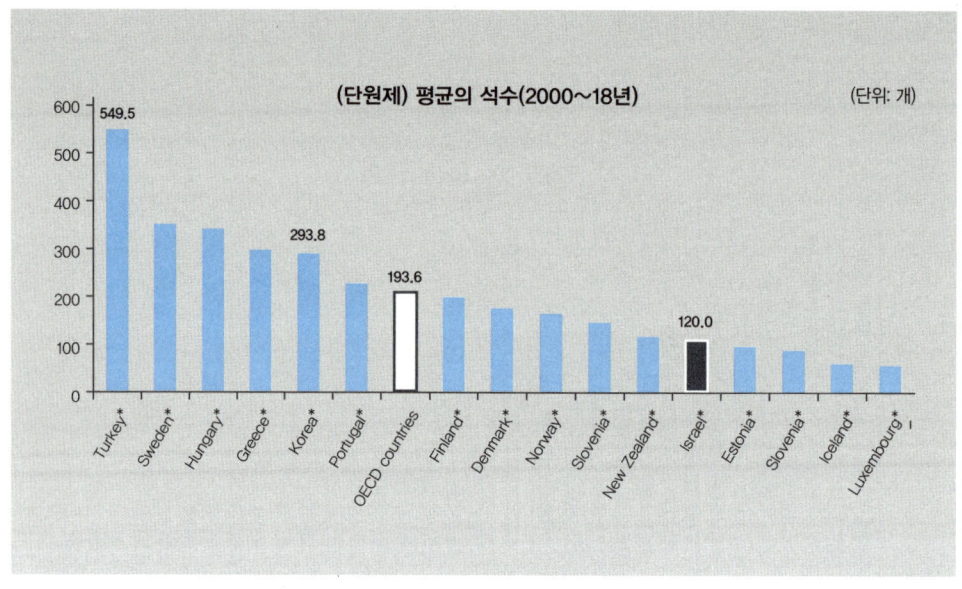

[그림 6-3] 단원제의 평균 의석수: OECD 국가

대응한다고 할 수 있다. 이에 여성의원이 담당할 여성인구가 많다면 여성을 대표하기 어렵다는 의미가 된다.

　OECD 국가의 평균값이 2.67배이므로 일반적인 의원보다 여성의원이 더 많은 여성을 담당하는 가운데, 우리나라는 여성의원 당 4.13 배 더 많은 여성을 담당해 불평등도가 높았다. 이는 일본-터키-헝가리에 이어 세 번째 높은 수치로 여성의원이 담당할 여성 수가 많아 여성 평등도가 높고 여성의 정치적 대표성이 낮다고 할 수 있다.

　분석 대상인 OECD 국가를 단원제 국회와 양원제 국회로 나눠 여성 국회의원의 비율을 비교했다. OECD 국가 중 양원제 국회를 보유한 국가의 국회의원 총원 중 여성의원은 평균 25.09%이다. 한편, 단원제 국회를 보유한 OECD 국가의 여성의원 비율은 평균 24.14%이다. 이에 양원제 국회가 단원제 국회보다 여성의원의 비율이 약 1% 정도 더 많았으나 거의 대동소이하며, 여성의 비율이 아직 30%에 이르지 못한 OECD 국가가 많다. 또한, 양원제 OECD 국가보다 단원제 OECD 국가의 여성의원 비율이 더 좁게 분포됐다는 점이다. 단원제 국회의 여성의원 비율은 3.64% ~ 47.62% 사이의 분포를 보여 차이가 크다. 반면, 양원제 국회의 여성의원 비율은 최소 4.60% ~ 최

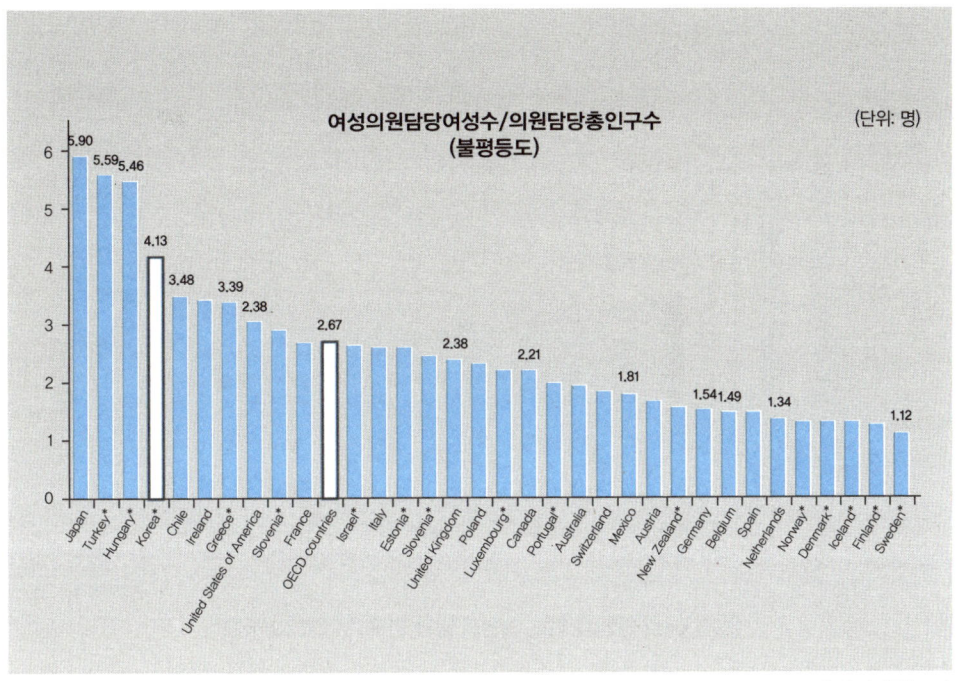

[그림 6-4] 여성의원과 총의원의 담당 인구비: OECD 국가

대 42.60%로 그 차이가 상대적으로 적었다.

　의원별 담당 인구 수를 비교하면, 우리나라 국회의원의 1인당 담당 인구는 평균 3.5만 명으로 나타나 17개 단원제 국가 중 상위 7위에 해당한다. 룩셈부르크의 의원 수 60명은 최극소값이기에 단원제 의회 국가의 OECD 평균이 12.8만 명이다. 하지만, 해당 국가를 제외하면 의원의 담당 인구수가 평균 4.2만명으로 유사한 정도이다. 결국 우리나라에서 의원당 담당 인구수는 7천명 정도 적어 비교적 큰 규모의 국회라고 할 수 있다.

　또한, 회귀분석을 통한 분석 결과, 양원제(더미변수)일수록, 여성의원수(명)가 증가할수록, GDP 평균 이상인 국가의 경우, 여성 고용인 수(만 명)가 많을수록 여성 국회의원의 비율이 증가해 여성의 수적 대표성이 증가했다. 결국 여성의 사회 진출이 활발하고, 경제가 더 성장하며, 여성의 다양한 정치 참여가 제도적으로 보장되면 여성의 수적 대표성 및 소극적 대표성이 보장될 가능성이 크다고 분석된다(박경돈, 2020).

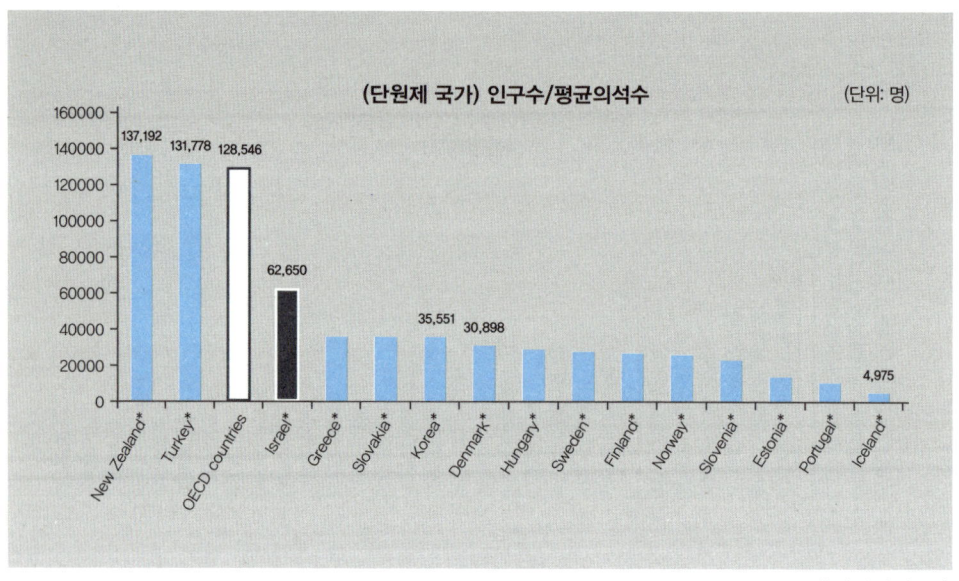

[그림 6-5] 단원제 의회 의원의 담당 인구 수: OECD 국가

5. 입법과정

> 국회에서 법률의 입법과정은 몇 단계를 거치나? 어떤 절차를 통해 얼마나 법률안이 최종적으로 공포되나? 행정부의 입법과정은 어떻게 되나?

1) 국회의 입법과정

우리나라 국회의 입법절차 또는 입법과정(legislation process)은 다음과 같이 설명된다. 국회의 법률정보시스템(2024)에 게시된 입법과정을 다음과 같이 요약한다.

전제적인 입법과정은 법률안이 국회 절차와 심의를 거친 후 정부에 이송되면 대통령의 공포를 거쳐 법률로 확정된다. 입법과정은 대체로 3단계로 구성되는데, 법률안의 입안, 국회의 심의·의결, 법률안의 행정부 이송과 대통령의 공포 및 효력 발생의 단계로 크게 나뉜다.

(1) 입법과정(Ⅰ): 법률안의 입안

입법권은 국회에 속하지만(헌법 제40조), 국회의원과 행정부도 법률안을 제출할 수 있다(제52조; 행정부의 법률안 제출권). 국회법 51조는 국회의 위원회가 위원장을 제안자로 법률안을 입안할 수 있다. 동법 71조에 따르면, '국회의원 10인 이상'의 찬성으로 발의한다. 정부제출법률안은 국무회의의 심의(헌법 89조), 국무위원(총리 포함)이 부서하되 대통령 명의로 제출한다(헌법 82조). 박경돈(2015)에 따르면, 19대 국회 337회기까지의 총 발의법률안 37,758건 중 국회의원의 발의안이 67.73%, 기타 상임위원회의 발의안이 10.16%, 행정부 발의안은 22.11%이다. 따라서 국회의 발의 법률안과 행정부의 발의 법률안 비율은 약 8:2인 것으로 분석된다.

① 의원의 법률안 제출

법률안의 입안 과정 중 의원이 직접 기초한 안을 제출할 수 있지만, 정부 또는 제3자가 기초한 안이 의원을 거쳐 제출되는 경우도 있다.

첫째, 의원 제출안의 준비 과정에서는 입법 준비(정당의 정책위원회 등을 통한 심의) 단계를 거친다.

둘째, 법률안 기초(법제실무자에게 법률안의 기초 의뢰)의 단계이다. 법률안 기초의 마련 단계에서는 법률안 기초 요청(입법요강 및 법률안 초안의 법제실에 대한 법률안 입안 검토 의뢰) – 기초 팀의 구성에 의한 법률안 기초 마련 – 법률안 문제점과 동기 파악 – 입법 관련 자료 수집 – 법률안의 요강과 분석서 작성 – 초안의 작성 및 검토와 수정 – 법제실이 요청 의원에 제공의 단계를 거친다.

셋째, 법률안의 국회 제출 단계에서는 법률안 발의 의원 10인 이상이 연서 후 의장에게 제출한다.

② 위원회의 법률안 입안

국회의 여러 위원회는 그 소관에 속하는 사항에 관해 '의장을 제출자'로 하여 법률안

의안을 제출할 수 있다(국회법 51조). 상임위원회는 안건이 회부된 후 심사권이 부여받는 것이 아니라 스스로 자주적인 심사권을 가지므로 소관 사항에 관해 의안을 스스로 입안해 제출할 수 있다(국회법 36조·37조). 이때 입법 실무상 '위원회안'은 독자적으로 새로운 의안으로 제출된 법률안을 의미하며, '위원회안'은 원안의 수정 및 대체의 안이다.

위원회에서 법률안을 제안하고자 할 때 소위원회를 구성해 위원회안으로 채택·의결한 안을 위원회에서 직접 심사·의결하거나 소위원회가 심사·보고한 안을 위원회가 의결해 위원회안을 마련한다. 소위원회안은 위원회안으로 인정하며(국회법 88조), 국회운영위원회의 의결에 따라 의안 내용의 불충분 심사를 이유로 타 위원회에 회부할 수 있다(국회법 88). 박경돈(2015)의 조사에 따르면, 19대 국회(2016년)까지 이름 없는 위원회와 임시위원회를 제외하고 총 81개의 상임위원회가 존재했다.

〈표 6-3〉 역대 국회의 상임위원회 명칭

건설교통위원회	농수산위원회	예산결산위원회
건설위원회	동력자원위원회	예산결산특별위원회
경제과학위원회	문교공보위원회	외교국방위원회
경제제1위원회	문교사회위원회	외교통상통일위원회
경제제2위원회	문교위원회	외교통일위원회
과거사진상규명에관한특별위원회	문교체육위원회	외무국방위원회
과학기술정보통신위원회	문교후생위원회	외무위원회
교육과학기술위원회	문화공보위원회	외무통일위원회
교육문화체육관광위원회	문화관광위원회	운영기획위원회
교육위원회	문화체육공보위원회	재무위원회
교육체육청소년위원회	문화체육관광방송통신위원회	재정경제위원회
교통위원회	미래창조과학방송통신위원회	재정제도개혁특별위원회
교통체신위원회	법무위원회	정무위원회
국방위원회	법제사법위원회	정보위원회
국토교통위원회	보건복지가족위원회	정치개혁특별위원회

국토해양위원회	보건복지위원회	지식경제위원회
국회운영위원회	보건사회위원회	체신과학기술위원회
기획재정위원회	부흥위원회	통상산업위원회
내무위원회	사회보건위원회	통신과학기술위원회
내무치안위원회	산업위원회	통일외교통상위원회
노동위원회	산업자원위원회	통일외무위원회
노동환경위원회	산업통상자원위원회	특별위원회
농림수산식품위원회	상공위원회	행정경제위원회
농림수산위원회	상공자원위원회	행정안전위원회
농림위원회	안전행정위원회	행정위원회
농림축산식품해양수산위원회	여성가족위원회	행정자치위원회
농림해양수산위원회	여성위원회	환경노동위원회

③ 정부 제출법률안의 입안

정부 제출법률안은 각 중앙행정기관의 주무 부서가 자기 소관 사항에 대해 입법을 추진한다. 통상 입법예고 전에 관계기관과의 협의를 통해 제·개정 또는 폐지의 법률안을 마련한다. 정부 입법에서 국민의 권리·의무 등과 밀접한 관련이 있는 법령의 제·개정 또는 폐지에 앞서 법령안의 입법 취지와 주요 내용을 관보·공보나 대중 매체 등의 방법으로 '20일 이상 공고'해야 한다(행정절차법 41조~43조). 필요한 경우 경제장·차관회의 등의 관계부처 회의, 당·정협의 등을 거쳐 소관 중앙행정기관은 원안을 확정한다.

그 후 법제처 심사(법률의 자구 등의 형식적 사항과 내용 등의 실질적 사항 수정)를 거친다. 순차적으로 차관회의·국무회의 심의를 거쳐 대통령이 재가·서명한다. 국무총리 및 관계 국무위원의 부서한 최종 행정부 법률안을 법제처가 국회에 지체 없이 제출한다(자세한 단계는 아래의 행정입법 부분을 참조).

(2) 입법과정(II): 법률안의 심의·의결

법률안의 심의·의결은 위원회(소관 상임위원회 또는 특별위원회)의 회부 – 위원회 심사 – (전문위원 등) 검토 보고 및 대체 토론과 상설소위원회 심사 – 법제사법위원회 심사 – 소관위원회의 심사보고서 작성 후 의장에게 제출 – (주요 의안의 본회의 상정 전 전원위원회 심사) – 본회의 심의 및 법률안 의결의 순이다.

역대 국회의 법률안 의결 결과에 관한 박경돈(2017)의 연구 결과를 아래에서 설명한다.[2]

역대 국회 본회의의 의결 결과는 수정 가결, 원안 가결이라는 결과 외에 대안 반영 폐기, 반려, 부결, 임기만료 폐기, 폐기, 회기불계속 폐기로 인한 불수용이 있으며,

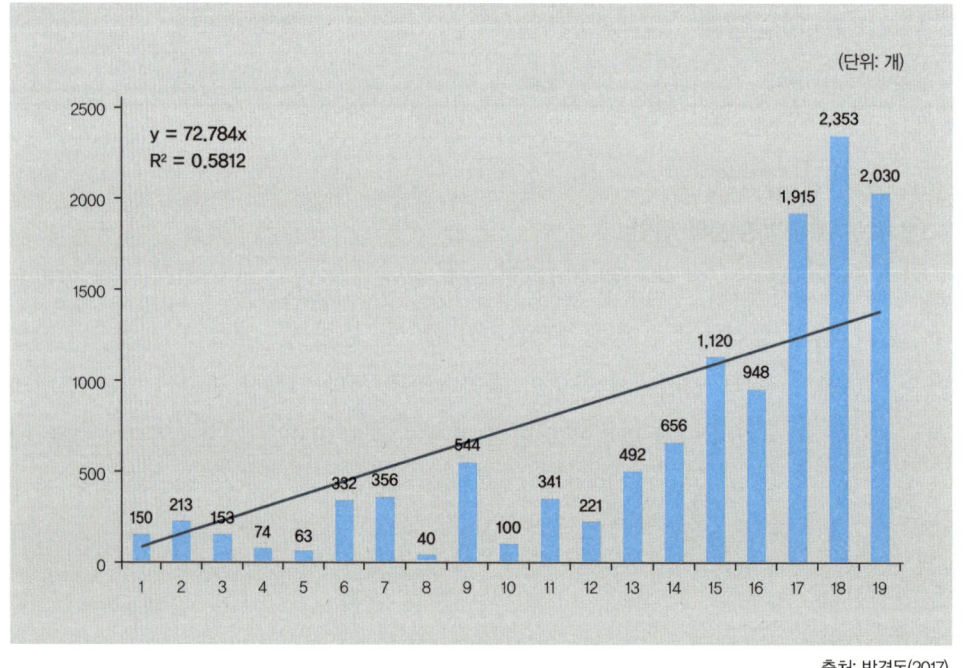

출처: 박경돈(2017).

[그림 6-6] 국회별 제출법률안의 처리 건수

---

[2] 역대 국회의 법률안 의결 결과는 '박경돈(2015). 역대 국회 회기별 법률안의 처리결정과 처리기간의 영향요인. 「의정논총」, 10(2): 57–84'과 '박경돈(2017). 개별 법률안 채택의 가능성과 소요 기간. 「의정논총」, 12(2): 217–242'의 내용 일부를 발췌·수록했음.

비상국무회의로 이관의 경우도 있었다. 또한, 박경돈(2015)은 초대 국회부터 19대 국회까지 법률안의 처리 여부에 대한 기초 통계량을 분석한 결과, 발의된 발의법률안 37,758건 중 원안 가결의 의사결정이 내려진 법률안은 17.74%(6,699개), 수정 가결의 의사결정이 내려진 법률안은 14.31%(5,402개)이다. 이에 '불수용의 의사결정'이 내려진 법률안은 총 발의법률안의 65.33%(24,668개)이다. 즉, 과반수 이상의 법률안은 수용되지 않은 것으로 나타났다.

박경돈(2017)에 따르면, 제19대 국회별 법률안의 평균 채택수는 637개(평균 4년 동안; 1년에 약 160개 법률)라고 한다. 가장 적은 수의 법률안을 법률로 도출한 제8대 국회는 40개의 법안만 채택했다. 반면, 18대 국회는 2,353개의 법률안이 채택돼 58.8배 더 많은 법안이 제정됐다. 최근일수록 법률 채택수가 급증해 차기 국회가 개원하면 바로 전 국회보다 약 73배 정도 더 많은 법안이 통과했다(추세선의 기울기 72.784, 결정계수 0.5812 참조). 따라서 국회의 법률안 제출 노력과 의결 노력은 강화됐다.

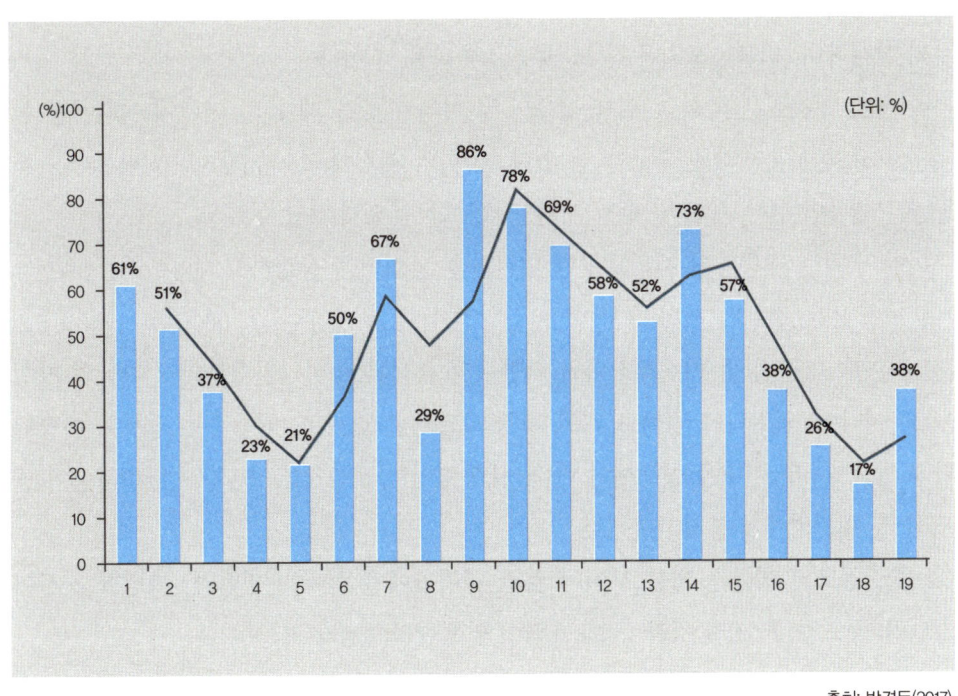

출처: 박경돈(2017).

[그림 6-7] 국회별 제출법률안의 처리율

반면, 박경돈(2017)은 제출된 법률안에 비해 법안의 채택률은 국회에 따라 하락하다 증가한 후 다시 하락하는 등락 추세를 보인다. 특히 제1대~5회 국회까지는 채택률이 지속해서 감소했지만, 제6대 국회 이후부터 증가해 제9대 국회에서는 98%라는 최고 채택률을 보였다. 그 이후 다시 감소해 최근에는 평균 채택률인 약 32%대로 낮아진 것을 볼 수 있다(제출법률안의 1/3만 법률로 채택). 따라서 요약하면, 최근 법안의 제출 수가 폭발적으로 급증하였지만, 채택된 법률안이 이에 필적하게 늘어나지 않았다.

(3) 입법과정(Ⅲ): 법률의 공포 및 효력 발생

입법과정의 세 번째 단계에 대해 국회의 법률정보시스템(2024)의 내용을 다음과 같이 정리·요약한다. 통상 국회에서 의결된 법률안은 의장이 행정부에 이송하며, 15일 이내에 대통령이 공포한다(헌법 53조 ①). 이송된 법률안은 법제처가 '법률공포안'을 작성해 국무회의 부의안건으로 행정안전부에 송부하고, 행정안전부는 법률공포안을 국무회의에 상정한다. 국무회의의 심의를 마친 공포 법안에 대한 대통령 서명과 국무총리 및 관계 국무위원의 부서를 거쳐 법률로 공포한다. 법률의 공포는 관보에 게재함으로써 달성하며, 법률공포일은 '관보 발행일의 다음 날'이다.

하지만, 대통령은 국회의 '이송 법률안'에 이의가 있을 때 15일 이내에 이의서를 붙여 국회로 환부·재의를 요구할 수 있다. 국회의 폐회에도 가능하지만(헌법 53②), 대통령은 법률안 일부 재의 및 수정 재의를 요구할 수 없다(헌법 53조 ③).

이에 국회는 대통령이 재의요구한 법률안을 본회의에 상정하고(재의요구된 법률안은 수정 의결 불가) 정부의 재의 요구 이유 설명을 들은 무기명투표로 표결한다(국회법 112조⑤). 이때 의결 정족수는 재적의원 과반수의 출석과 출석의원 3분의 2 이상의 찬성이다. 이같이 '의결되면 법률로 바로 확정'되고(헌법 53조④), 대통령은 정부로 이송된 확정 법률을 5일 이내에 공포해야 한다. 대통령이 공포하지 않을 경우 '국회의장이 공포'하고, 대통령에게 통지한다.

또한, 공포된 법률은 법률 부칙이 정한 시행일에 효력이 발생한다. 특별한 규정이 없으면 '공포일 후 20일 경과' 시에 효력이 발생한다(헌법 53조 ⑦).

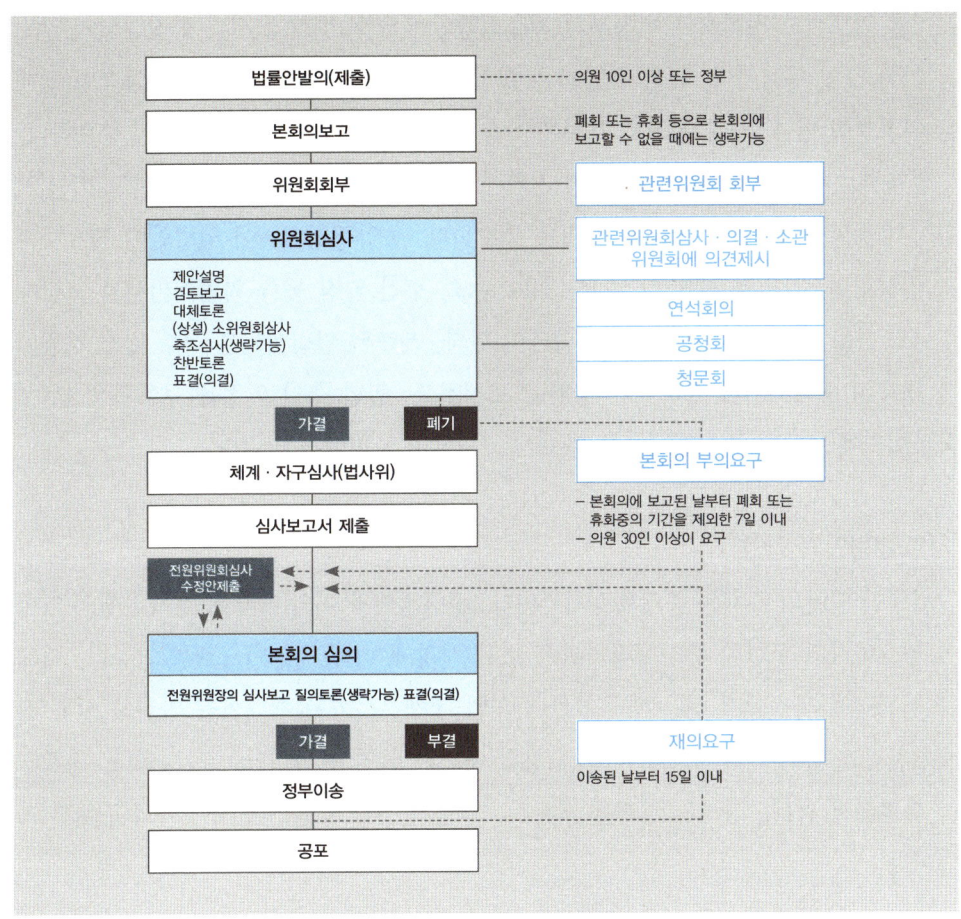

출처: 국회 홈페이지(2024; https://www.assembly.go.kr).

[그림 6-8] 국회의 입법과정

2) 행정부의 입법과정

행정부의 입법과정에 관한 절차는 법제처(2023)가 다음과 같이 제공하고 있다. 다만, 저자가 14단계의 법률안 공포까지의 단계를 12단계로 축소해 정리했다.

(1) 입법계획의 수립

행정부의 입법계획은 '입법계획제도'에 기반한다. 이 제도는 각 부처의 입법 추진

시기를 검토하고 정함으로써 정부의 제출법률안이 국회의 특정 시기에 집중되지 않도록 하는 것이 목적이다. 법의 뒷받침은 행정부가 추진하는 국정과제의 효과적인 집행을 위한 기반이다. 따라서 정부 차원에서 총괄적으로 입법을 관리하는 것이 중요하다.

법제처는 매년 정부입법계획 수립 지침에 따라 입법 제출 연도 전인 전년도 10월 31일까지 중앙행정기관의 장에게 계획을 통보한다. 중앙행정기관이 입법안이 필요하다고 인정하면, 입법의 필요성, 주요 내용, 수요, 추진 일정 등을 입법계획서를 포함해 전년도 11월 30일까지 법제처에 제출해야 한다. 제출된 입법계획은 정부 전체 차원에서 내용이 중복되거나 상충되는 상황을 조정하고, 입법 추진 일정을 구체화해 1월에 국무회의에 보고한 후, 그 내용을 관보에 고시하여 국민에게 알린다.

(2) 법령안의 입안

법령안 입안의 주체는 중앙행정기관이다. 정책결정과 이와 결부된 정책집행의 입법이 필요하다고 판단한 중앙행정기관은 소관 사항에 대해 법령안으로 입안한다. 대체로 정책결정 과정에서 전문 연구기관에 의한 정책분석과 정책대안을 마련하는데, 정책추진팀과 협의체를 구성해 마련된 정책 내용을 반영한 법령안이 작성된다. 정책결정 과정에서 검토 · 정리한 결과를 객관적 · 법령적 문구로 만드는 규범화의 구체적 과정이다.

(3) 관계기관의 협의

법령안 주관기관인 중앙행정기관이 법령안을 입안하면, 그 법령안에 따른 이견과 갈등을 사전에 조정한다. 법령안 내용과 관련된 기관과 협의한다. 통상 관계기관의 협의는 10일 이상이 소요되지만, 법령안의 긴급성과 특별한 사정이 있으면 법제처는 10일 미만으로 단축할 수 있다.

(4) 사전 영향평가

중앙행정기관이 마련한 법령의 신설 · 제정 · 개정에는 다양한 사회적 함의가 있다. 마련된 법령안은 긍정적 효과를 기대하지만, 종종 내용상 부패 유발, 양성평등, 지역인재 고용, 개인정보 침해, 인구 감소 등의 부정적 영향력이 발생할 수 있다. 이에 정책의 집행·평가에 적합한 통계 활용, 분권 원칙의 적합성 등을 체계적으로 분석하여 사전적·종합적 대책을 마련하는 것이 사전 평가의 단계이다.

사전 영향평가는 마련된 법령안으로 인한 부정적 영향력을 사회적 비용 등으로 평가하지만, 개별법에 근거를 둔 경우가 많다. 부패영향평가는「부패방지 및 국민권익위원회의 설치와 운영에 관한 법률」, 양성평등은「성별영향평가법」, 지역인재 고용은「지방대학 및 지역균형인재 육성에 관한 법률」, 개인정보 침해는「개인정보 보호법」, 통계 활용은「통계법」, 지방분권은「지방자치법 시행령」등에 따라 평가하고 관계기관과 사전에 협의한다.

(5) 입법예고

입법예고제도는 법령의 신설·제정·개정·폐지에 적용되는 제도이다. 제거·변화하는 법령안의 내용을 국민에게 알려 의견을 수렴하고 입법에 반영하는 제도이다. 입법과정의 국민 참여의 기회 보장, 입법 내용의 민주화, 법령의 실효성을 높이는 방안이다. 입법예고는 법령안의 주요 내용, 의견 제출 기관이나 제출 기간, 홈페이지 주소 등을 관보, 통합입법예고시스템(http://opinion.lawmaking.go.kr), 신문·방송·인터넷 등의 매체에 공고한다.

입법예고 기간은 관계기관 등과의 협의를 포함하면 40일 이상 공고해야 한다. 하지만, 예고를 생략하거나 예고 기간을 단축할 수 있다. 그 입법 내용이 국민의 권리와 의무, 일상생활과 관련이 없거나 기타 사유 등으로 예고가 곤란하거나 필요가 없는 경우로 판단한 법제처장은 관계기관과 협의하여 예고의 생략 및 기간 단축이 가능하다.

(6) 규제심사

법령안을 제출한 중앙행정기관의 장은 규제를 신설·강화·개정하는 내용의 법령을 마련한 경우에 규제영향분석서, 자체 심사 의견 등을 첨부해 총리실 규제개혁위원회의 규제심사를 먼저 받은 후 법제처에 법제처에 법령안 심사를 요청해야 한다. 총리실의 규제개혁위원회는 전문 연구기관으로 지정된 한국행정연구원에 규제의 적합성과 사회적 비용 등과 관련된 규제심의서를 의뢰한다.

(7) 법제처 심사

법제처는 국무회의에 상정될 법령안을 심사한다. 법제처는 법제에 관한 사무를 전문적으로 총괄하여 관장하는 기구이다. 법제처는 정부 입법의 총괄·조정, 법령의 심사, 해석, 정비, 자치입법 지원, 법령정보서비스 제공 등의 기능을 수행한다.

법령안 원안을 확정하면 법제처는 의뢰에 따라 법령안 심사를 하는데, 법령안의 자구 등 '형식적 내용'과 헌법 이념 및 상위법 및 기타 법령과의 중복·충돌 여부 등의 '실질적인 내용'을 심사하고 원안을 수정·보완한다. 이 과정은 법제처의 처장 또는 차장이 주재한 법령안 합동심사 회의를 거친다. 법제처의 법령 심사제도는 법령이 공포·시행되기 전에 헌법과 상위 규범에 위반되거나 부적정한 내용의 규범이 되지 않도록 사전에 심사·조정하는 기능이다.

(8) 차관회의·국무회의

법제처가 심의법률안(대통령령안 포함)에 대한 심사를 완료되면 그 법령안은 차관회의 또는 국무회의의 심의를 거친다. 차관회의는 국무회의에 상정될 의안의 중요 사항에 대한 사전 심의를 하며, 긴급한 경우 이 차관회의를 생략하고 법령안의 심의를 위해 국무회의에 바로 상정할 수 있다.

(9) 대통령 재가 및 관계 국무위원의 부서 후 국회 제출

국무회의의 심의를 거친 법령안은 법률안과 대통령령안이 되며, 국무총리를 포함한 국무위원이 부서하고 대통령이 최종 재가한다. 대통령의 재가를 받은 법률안은 법제처에서 지체 없이 대통령 명의로 국회에 제출한다.

(10) 국회의 심의·의결

국회의장은 국회로 이송된 정부제출법률안을 본회의에 보고한 후 소관 상임위원회에 회부한다. 소관 상임위원회는 행정부의 법률안을 심사하며, 필요한 경우에는 공청회를 열고 이해 관계인의 의견을 경청해 심사한다. 소관 상임위원회의 의결을 거친 법률안은 법률안 내용의 자구와 체계 심사를 위하여 법제사법위원회에 회부된다. 법제사법위원회에서 최종 채택된 법률안은 국회 본회의에 부의돼 최종 심의된다.

(11) 공포안과 국무회의

행정부로부터 이송된 법률안이 국회 본회의를 통과하면 법률안 공포를 위해 정부에 이송된다. 상정법률안이 정부에 이송되면 법제처는 법률공포안을 작성해 국무회의에 상정한다. 국무회의의 심의를 마치면 관계 국무위원이 부서하고, 대통령이 재가한다.

다만, 국회에서 이송된 법률안에 이의가 있을 때 대통령은 이송일로부터 15일 이내에 이의서를 붙여 국회로 환부·재의를 요구한다. 재의 요구된 법률안은 국회에서 재적의원 과반수의 출석과 출석의원 3분의 2 이상의 찬성으로 의결하면 법률로 확정된다. 이때 대통령은 정부로 이송된 확정된 법률을 지체 없이 공포해야 한다.

(12) 공포

법률안이나 대통령령안이 국무회의의 심의를 거쳐 대통령의 재가를 받은 경우 법제처에서 공포 번호를 부여한 후 행정안전부에 공포를 위한 관보 게재를 의뢰한다. 관보에 게재된 법률안과 대통령령안은 공포가 된 것이며, 법률 및 대통령령이 된다.

(13) 행정부의 입법 기간

행정부는 전년도부터 입법 제출 연도까지 통상 2년에 걸친 입법 기간이 필요하다. 이를 구체적으로 살펴보면, 첫째 '① 행정부의 사전 입법과정'은 대통령 재가 및 국회 제출까지 149~235일이 소요된다. 또한, 의회로 제출된 법령안의 심의는 입법부의 입법과정으로 약 30~60일이 소요된다.

둘째, '② 입법부의 입법과정'은 30~60일이 소요된다. 이에 행정부의 사전 입법과정까지 포함한다면 총 184~355일이 소요된다. 즉, 행정부에서 입법안을 마련하고 국회에서 심의할 때까지 약 1년이 소요되는 것이다. 하지만, 통상 국회의 입법과정은 심의 기간이 더 지연된다.

셋째, 국회의 심의를 마친 법률안은 다시 행정부로 이송되면, '③ 행정부의 사후 입법과정'을 거친다. 국무회의 상정 및 재가와 행정안전부의 공포까지 9일이 더 소요돼 총 187~359일(약 1년)의 기간이 소요된다. 하지만, 대통령이 거부권을 행사하면 총 기간이 더 길어지게 된다. 따라서 우리가 통상 새로운 정책(지원, 의무 및 제재 등)이 필요하여 이를 뒷받침할 법령을 제안할 경우에도 행정부 과정과 입법부 과정을 포함한 정부 내부의 과정은 최소 7개월에서 1년이 소요된다. 이에 법령의 도출까지 시간이 오래 걸린다고 인식하게 된다.

〈표 6-4〉 행정부의 입법과정과 기간

입법과정		소요 기간	누적 소요 기간
① 행정부의 사전 입법과정	법령안의 입안	약 30 ~ 60일	
	관계 기관과의 협의	약 10일 이상	40 ~ 70일
	사전 영향평가	약 15 ~ 30일	55 ~ 100일
	입법 예고	약 40 ~ 60일	95 ~ 160일
	규제심사	약 15 ~ 20일	110 ~ 180일
	법제처 심사	약 20 ~ 30일	130 ~ 210일
	차관회의 심의	약 7 ~ 10일	137 ~ 220일
	국무회의 심의	약 5일	142 ~ 225일
	대통령 재가 및 국회 제출	약 7 ~ 10일	149 ~ 235일
② 입법부의 입법과정	국회의 심의·의결 및 공포안 정부 이송	약 30 ~ 60일 (국회 심의 일정에 따라 차이가 큼)	
③ 행정부의 사후 입법과정	국무회의 상정 및 재가	약 5일	184 ~ 355일
	공포(행정안전부)	약 3 ~ 4일	187 ~ 359일(약 1년)

* 비고: 입법의 소요 기간은 법제처(2023)의 게시 자료를 저자가 분석·정리함.

6. 국회와 대통령 간 균형[3]

> 그동안 국회는 대통령을 중심으로 한 행정부와 함께 성장했나? 상호 균형 관계를 만들었으며, 특히 국회는 국정의 파트너로 기능할 수 있을까?

---

3) 행정부와 국회의 균형은 '박경돈(2017), 행정부와 의회 간의 균형에 대한 연구, 「의정논총」, 12(1): 25-50'의 내용 일부를 발췌·수록했음.

1) 입법부와 행정부의 균형 간 중요성

대통령제 국가에서 의회와 행정부 간 균형 있는 관계를 유지했는지에 대해 궁금하다. 우리나라는 과거 군부 시절에 강력한 대통령제의 모습을 보였기에 두 헌법기관 간의 균형 있는 관계를 형성해 협력적으로 국가 발전에 이바지해 왔는지 분석할 의의가 있다. 아래는 박경돈(2017)의 연구 결과를 요약한다.

분석 기간은 1965~2011년으로 총 42년의 시계열 자료를 이용해 두 기관의 균형을 분석하였다. 행정부와 입법부 간 균형적 관계는 정책대응 역량, 정보 공유, 국정운영 등에 긍정적 요소이다(Bertelli & Grose, 2011; Pettersson-Lidbom, 2012). 반면, 행정부와 입법부 간의 불균형 관계는 국회활동의 방해 및 축소, 의회주의 및 민주주의 발전의 제약, 대립주의(Gleiber & Shull, 1992) 등 부정적 양태를 발생시키고 정치적 교착 상태가 발생해 국가 발전에 매우 부정적으로 작용한다.

대통령제에서 행정부의 막강하고 비대칭적으로 우월한 능력은 입법부와의 합의와 협력을 저해한다(Dawood, 2014). 국회의 인력과 자원이 부족하면 행정부와 대등할 수 없고 행정부에 대한 의회 통제를 가할 수 없다(Bolton & Thrower, 2016). 따라서 행정부와 입법부 간 정책의 경쟁과 견제, 그리고 기관 균형은 국가 발전의 주요 원인이다. 따라서 조직구조 요인과 기관 활동 요인의 차원에서 국가의 최고 권력기관을 분석할 수 있다.

2) 입법부와 행정부의 균형 분석

박경돈(2017)에 따르면, 행정부와 입법부 간의 균형적 관계는 기관 예산, 인력, 제출법률안, 예산안 심의라는 네 가지로 분석했다. 조직구조에는 기관 예산과 인적 자원의 두 가지 요인이, 기관 활동에는 제출법률안과 예산안 심의의 두 가지 요인에 관해 분석했다.

조직구조와 기관 활동에서 행정부와 입법부가 서로 영향을 주는 관계에 있다면 정부 기관 간 균형성을 찾아간다고 할 수 있다. 행정부와 입법부 간의 조직구조와 기관 활동의 변수량을 보면 다음과 같다(박경돈, 2017). 기관 예산의 비교에서 대통령 직속

〈표 6-5〉 행정부와 입법부 간 균형 분석 변수

구분		행정부(A)	관계	입법부(B)	분석 의의
조직 구조	1. 기관 예산	대통령 직속기관 세출예산액	⇔	입법부 세출예산액	기관활동의 유연화/강화
	2. 인적 자원	① 행정부 총공무원 수	⇔	② 입법부 총공무원 수	기관 간 정책개발/협력
		대통령 직속기관 공무원 수	⇔	국회의원 수	국정운영의 연계/유대
기관 활동	3. 제출법률안	ⓑ 행정부 제출법률안 의결수	⇔	ⓐ 입법부 제출법률안 의결수	기관의 상대적 활동 (차별적 입법역할)
	4. 예산안 심의	행정부 제출 일반예산안	⇔	행정부 제출 일반예산 통과안	기관 간 동의, 조화, 마찰, 견제
		ⓓ 행정부 제출 특별예산안	⇔	ⓒ 행정부 제출 특별예산 통과안	

출처: 박경돈(2017: 36).

　기관 평균 세출예산액(27,338억 원)은 입법부의 평균 예산액(86,654억 원)보다 약 3.17배 더 작다. 인적 자원의 비교에서 행정부 총공무원 수의 평균(681,915명)은 입법부 총공무원 수의 평균인 2,173명보다 약 314배 더 크다. 대통령 직속기관의 공무원 수(787명)는 국회의원 수(195명)보다 약 4.04배 더 많다(박경돈, 2017).

　제출법률안의 비교에서 행정부 제출법률안의 연간 평균 의결 수(107개)는 입법부 제출법률안의 연간 평균 의결 수(167개)보다 60개 정도 더 많지만, 국회의원의 규모와 행정입법의 비중이 상대적으로 높다. 예산안 심의의 비교에서 행정부가 제출한 일반예산안이 특별예산안보다 크지만, 국회에서 일반예산안의 평균 삭감률(0.10%; 329억 원)은 특별예산안의 평균 삭감률(0.55%; 1,184억 원)보다 더 작다(박경돈, 2017).

　박경돈(2017)의 연구 결과는 다음과 같다. 인적 자원의 요인 중 총공무원 수를 비교하면, 행정부 공무원 규모가 입법부 공무원 규모에 대해 영향을 미치는 단선적 관계이지만(① → ②), 두 기관의 공무원 수는 상호 균형적이지 않다. ⓐ 입법부 제출법률안의 의결수는 ⓑ 행정부 제출법률안의 의결수에 영향을 주는 단선적 관계이다(ⓐ → +ⓑ). ⓒ 행정부 제출 특별예산안의 국회 통과는 동 기관의 ⓓ 특별예산안 제출에 정(+)의 영향력이 있지만(ⓒ → +ⓓ), ⓓ 행정부의 특별예산안 제출은 ⓒ 특별예산안의 통과

<표 6-6> 국회와 행정부의 변수 기초 통계

구분		변수명	평균값	표준편차	최솟값	최댓값
조직구조	1. 기관 예산	대통령 직속기관 세출예산액 (억 원)	27,338 (16.07%)	35,819	112	123,298
		입법부 세출예산액(억 원)	86,654 (17.08%)	101,007	556	357,024
	2. 인적 자원	① 행정부 총공무원 수(명)	681,915 (2.83%)	209,699	305,316	56,946
		② 입법부 총공무원 수(명)	2,173 (2.52%)	909	1,096	3,346
		대통령 직속기관 공무원 수(명)	787 (2.59%)	149	370	1,056
		국회의원 수(명)	195 (1.52%)	44	131	253
기관활동	3. 제출법률안	ⓑ 행정부 제출법률안 의결수(개)	107 (4.28%)	57	21	261
		ⓐ 입법부 제출법률안 의결수(개)	167 (6.84%)	235	2	985
	4. 예산안 심의	행정부 제출 일반예산안(억 원)	339,823 (20.31%)	423,509	742	1,457,030
		행정부 제출 일반예산 통과안(억 원)	339,494 (20.33%)	424,174	733	1,448,080
		ⓓ 행정부 제출 특별예산안(억 원)	214,873 (15.93%)	261,102	1,339	713,853
		ⓒ 행정부 제출 특별예산 통과안(억 원)	213,689 (15.87%)	259,176	1,366	713,807
		n= 42				

자료: 국회의안정보시스템, 기획재정부 및 행정자치부 홈페이지, 통계청에서 발췌 정리 (1965~2006년; n= 42년). 출처: 박경돈(2017: 40).

에 부(-)의 영향력이 있다(ⓓ → -ⓒ).

이와 같은 행정부와 입법부 두 기관 간 관계는 단선적·단기적 영향 관계라고 분석된다. 국회의 역량은 예산과 인력 등 의회 자원으로부터 생성되기에 행정부보다 부족한 국회의 상황을 개선할 필요가 있다. 동시에 의회 자원의 보강 전에 의회의 법안과 심의 역량을 강화하는 자구적 노력이 필요하다.

  입법부와 행정부는 개별 기관의 역량이 강하고 필수 자원을 대등하고 균형 있게 확보할 때 특정 기관 우위의 예속 관계에서 벗어날 수 있다. 대통령제 국가인 우리나라에서 그동안 대통령을 비롯한 행정부 우위의 국가였다면, 기관의 독자성과 역량을 도모하는 자원 배분을 통해 국정운영의 안정성과 발전을 도모해야 한다. 국회는 행정부에 대한 대립적 및 예속적 관계로부터 상호 협력적·공존적 균형 관계로 나아가야 한다(박경돈, 2017).

제7장
정부 구성과 선거

1. 선거제도

> 역사적으로 가장 오랜 선거제도는 다수대표제인가 비례대표제인가? 비례대표제의 필요성은 무엇인가?

선거제도에 관한 기존 연구에서 제시된 바와 같이 선거제도는 정당 체계와 강하게 연관된다(Cox, 1997; Duverger, 1954; Taagepera & Shugart, 1989). 특히 다수대표제와 과반수제의 규칙은 양당제와 밀접한 관련이 있다. 비례대표제는 다당제 정당 체계와 밀접하게 관계되는 경향이 있다. 아래에서는 뒤베르제(Maurice Duverger), 타게페라(Rein Taagepera)와 슈가르트(Mattew S. Shugart), 그리고 콕스(Gary Cox)의 선거제도 분석 결과를 정리했다.

1) 선거제도와 다수대표제

다수대표제(Majority Representation)는 하나의 선거구에서 가장 많은 유효 득표를 한 후보자가 당선되는 방식이다. 차기 득표자보다 한 표라도 많은 경우에 당선되므로 사표에 대한 우려가 큰 선거 방식이다. 기본적으로 소선거구제를 활용한다. 반면, 소수대표제(Minority Representation)는 유효 득표를 가장 많이 획득하지 않고도 일정한 수의 소수표를 받은 소수자도 당선되는 선거 방식이다. 기본적으로 대선거구제를 활용한다.

다수대표제의 소선거구제는 과반수제와 연계되면서 양대 정당 체제가 강화되어 온 이유는 다음의 두 가지 때문이다. 첫째, 단일 선거구의 최고 득표자 선거에서 유권자는 거대 양당 소속인 상위 2명의 후보를 중심으로 투표한다. 이에 양당제하의 선거제도에서 개별 국회의원은 - 심지어 자신의 정책과 불일치가 발생해도 - 소속 정당에서 탈퇴하지 못하게 된다.

둘째, 게다가 새로운 정치 세력이 존재하더라도 기존 정당의 강력한 대안이 되지 못하면 유권자의 충분한 지지를 얻기 어렵다. 의회 의석 점유와 득표율에서 상위 2개 정당은 본질적으로 선거제도를 변경할 유인이 없다. 기존 거대 양당의 독점을 타파하는 강력한 조직 네트워크가 출현하거나 역사적으로 고착된 지지 비율이 정치적 위기로 인해 급감하지 않는 한 선거제의 대대적인 재편은 없다. 또한, 양당제 중심의 다수대표제와 다수결 규칙은 계속 유지된다.

또한, 비례대표제(Proportional Representation)도 다수대표제와 유사하게 유지되는 경향성을 보인다. 후보자 선출의 기준점을 낮춤으로써 종종 정당 시스템의 분열과 군소정당 출현을 가속한다. 이에 어떤 정당이 다수당이 되면, 해당 정당은 다수대표제를 고수할 동기가 크다. 반면, 다수대표제로의 변경은 수많은 군소정당에는 선거의 사망선고와 같다. 따라서 비례대표제에서 다수제를 채택하는 경우는 극히 예외적으로만 가능하며, 과거 정당 체계의 외부 행위자만 지지할 뿐이다.

2) 비례대표제의 미비

비례대표제가 역사적으로 잘 정립되지 않는 이유는 다음과 같다. 대의민주주의 출현 이후 선거법의 진화를 살펴보면, 선거제도는 시간이 지나도 거의 변하지 않음을 알 수 있다. 19세기 후반과 20세기 초 20여 년 동안 스위스와 벨기에 등 대부분의 유럽 국가는 비례대표제를 채택했다. 반면, 다수대표제의 선거 체제는 영국과 그들의 식민지, 전후 프랑스, 일본, 스페인에서만 유지됐다. 그리고, 1920년 이후 이런 비례대표제에 관한 기존 선거제도는 거의 개혁되지 않고 유지됐다.

20세기 초 제1의 민주화 물결에서 선거제도에 극적인 변화를 미친 영향요인은 사회주의의 급속한 성장이다. 즉, 사회주의 국가의 급속한 등장이 없었다면 선거 규칙은 변하지 않았다. 사회주의의 출현은 선거 개혁의 필요조건이나 충분조건은 아니었다.

하지만, 노동당과 사회주의 정당이 선거에서 대안 정당이 될 때 실제로 거대 양당에 위협이 됐다. 즉, 사회주의자들이 기존 정당 중 하나를 희생시키면서 상위 두 정당 중 하나로 변모하는 것이 가능했다. 따라서 거대정당으로 구성된 양대 정당제는 비례대표제를 포기하고 다수대표제의 선거제도를 정략적으로 받아들였다.

기존 거대 양당 중 한 정당이 비사회주의 정당이면, 지배적 위치를 유지하기 위해 비례대표제를 도입하지 않았다. 제1차 세계대전 이후 영국은 자유당이 두 분파로 갈라졌고, 사회주의를 막는 가장 좋은 대안으로 등장한 보수당은 결국 반자유당 세력(anti-labour liberals)을 흡수했다. 비사회주의 정당들이 연합해 단일 정당을 형성할 때마다 비례대표제는 수용되지 않았다. 호주에서는 1900년대 중반 자유 무역주의자와 보호주의자가 합병해 반사회당을 형성하고 양대 정당 체제를 고수했다.

다수표를 얻은 입후보자가 전국 득표를 나눠 갖는 거대 양당의 입장에서 보면, 선거 우위를 계속 유지할 수 있기에 선거 규정을 다수제로 유지하고 개혁할 유인이 없었다. 기껏해야 그들은 유권자의 이해관계 변화와 잠재적인 제3의 정당 도전에 대응해 선거 규칙을 미세하게 조정했을 뿐이다. 미국에서 공화당과 민주당은 20세기 초 사회주의 정당의 출현에도 계속 다수대표제를 그대로 유지했다. 캐나다에서도 1930년대까지 거대 양당인 자유당과 보수당이 계속 유권자의 표 대부분을 얻었다.

2. 국민투표

> 국민이 투표에 참여하는 방식은 무엇인가? 시민은 투표를 통해 정부의 선출직 공직자와 정책에 어떻게 영향을 미치는가?

국민투표는 대의 민주정치제도가 갖는 결점을 보완하기 위해 유권자인 국민이 직접 투표권을 행사해서 국가의 주요 정책이나 문제를 결정하는 제도이다. 국민투표는 국가적 중대 결정을 할 필요가 있을 때, 의회를 대신해서 국민인 유권자가 결정하는 데 그 의의가 있다. 국민투표는 국민표결, 국민발의, 국민소환, 민중투표의 네 가지 종류가 있다. 이를 아래에서 비교한다(Coppedge, Gerring, Knutsen, et al., 2022; Cronin, 1989; King, 1912).

첫째, 국민표결(Nation Vote)은 의회가 통과시킨 법안의 성립 여부를 국민에게 묻는 것을 의미한다. 헌법개정안의 경우 공인 투표에서 과반수가 찬성하면 헌법개정이 확정된다. 따라서 이와 같은 상황들은 '강제적 국민 표결'이라고 한다. 국민 표결은 대통령이나 정치권에서 국민투표에 부의할 것인가를 결정하고 그 결정을 유권자에게 묻는 국민투표의 방식을 '임의적 국민 표결'이라고 한다.

둘째, 국민발의(Nation Initiative)는 국가의 주요 정책과 의사결정에 대한 사항을 국민이 직접 발의할 수 있도록 하는 제도이다. 유권자들이 서명한 명부와 개정안을 만들어 헌법개정안을 제출하는 것 등이 있다. 시민 주도로 헌법안이나 법률안을 발의하는 경우가 있다.

셋째, 국민소환(Nation Recall)은 일정한 수의 유권자가 선출된 공직자에 대한 해임이나 파면을 요구·결정하는 것을 의미한다. 현재 우리나라에는 지방의회의 의원에 대한 국민소환 제도는 존재하지만, 대통령이나 국회의원에 대한 국민소환 제도는 채택하지 않고 있다. 다만, 국회의원을 제외한 장·차관, 감사위원 등 고위공직자와 기타 공무원(검사 등)에 대한 국회의 탄핵소추 제도가 운영 중이다(헌법 65조).

우리나라에는 헌법과 법령에 대한 국민표결과 국민발의의 제도가 없다. 다만, 현재 지방정부 공직자를 대상으로 한 주민소환 제도가 존재한다. 주민소환은 지방자치단체나 지방의회에서 주민들에 의한 직접적인 민주적 통제 장치이다. 기존 지방자치에 관한 제도적 장치는 임기 중 주민의 의사에 반하는 결정을 하거나 공직 윤리 등의 문제를 일으킨 선출직 공직자를 통제하는 제도가 없었다. 선출직 공직자에게 책임성과 투명성을 요구하면서, 이를 어긴 공직자에 대해 직무를 정지시키는 시민적 장치가 요구됐다.

이에 지방정부의 선출직 공직자에 대해서만 주민소환 제도가 적용된다. 다만, 주민소환의 빈번한 발생으로 공직자의 직무 안전성을 담보하기 위해 임기 개시 1년 이내 또는 주민소환 투표의 실시일로부터 잔여 임기가 1년 미만인 경우에는 주민소환 제도를 이용할 수 없다(「주민소환에 관한 법률」 제8조). 주민소환에는 소환대상자에 따라 주민의 10~20%의 서명이 요구되고(동법 제7조), 유권자 1/3 이상의 투표에 과반수 찬성으로 지방정부의 선출직 공직자는 직무에서 배제된다. 또한, 시민의 지방정부에 대한 감사요구권이 존재한다. 이는 「지방자치법」의 주민감사청구이다.

한국의 주민소환 제도 및 감사청구

「주민소환에 관한 법률」의 조문*

제1조(목적) 이 법은 「지방자치법」 제25조에 따른 주민 소환의 투표 청구권자·청구 요건·절차 및 효력 등에 관하여 규정함으로써 지방자치에 관한 주민의 직접 참여를 확대하고 지방행정의 민주성과 책임성을 제고함을 목적으로 한다.

제7조(주민소환 투표의 청구) ① 주민소환투표청구권자는 해당 지방자치단체의 장 및 지방의회의원(선출직 지방공직자)에 대하여 다음 각 호에 해당하는 주민의 서명으로 그 소환 사유를 서면에 구체적으로 명시하여 관할 선거관리위원회에 주민소환 투표의 실시를 청구할 수 있다.

제13조(주민소환 투표의 실시) ① 주민소환 투표일은 제12조 제2항의 규정에 의한 공고일부터 20일 이상 30일 이하의 범위 안에서 관할 선거관리위원회가 정한다. 다만, 주민소환투표 대상자가 자진사퇴, 피선거권 상실 또는 사망 등으로 궐위된 때에는 주민소환 투표를 실시하지 아니한다.

제22조(주민소환 투표 결과의 확정) ① 주민소환은 제3조의 규정에 의한 주민소환 투표권자(이하 "주민소환 투표권자"라 한다) 총수의 3분의 1 이상의 투표와 유효 투표 총수 과반수의 찬성으로 확정된다(1/3 × 1/2 = 16.67% 초과).

「지방자치법」의 주민 감사 청구

「지방자치법」** 제21조(주민의 감사 청구)
- ① 지방자치단체의 18세 이상의 주민으로서 ~ (「공직선거법」 제18조에 따른 선거권이 없는 사람은 제외) 시·도는 300명, 인구 50만 이상 대도시는 200명, 그 밖의 시·군 및 자치구는 150명 이내에서 (그 지방자치단체의 조례로 정하는 수 이상의 18세 이상의 주민이 연대 서명)
- 그 지방자치단체와 그 장의 권한에 속하는 사무의 처리가 법령 위반, 공익 현저히 해칠 경우, 시·도의 경우에는 주무부 장관에게, 시·군 및 자치구의 경우에는 시·도지사에게 감사를 청구 가능
- ② 감사 청구의 대상에서 제외 : 1. 수사나 재판에 관여하게 되는 사항, 2. 개인의 사생활을 침해할 우려가 있는 사항, 3. 다른 기관에서 감사하였거나 감사 중인 사항.
- ③ 제1항에 따른 청구는 사무 처리가 있었던 날이나 끝난 날부터 3년이 지나면 제기할 수 없다.
- ⑨ 주무부 장관이나 시·도지사는 감사 청구를 수리한 날부터 60일 이내에 감사 청구된 사항에 대하여 감사를 끝내야 하며, 감사 결과를 청구인의 대표자와 해당 지방자치단체의 장에게 서면으로 알리고, 공표하여야 한다(기간 연장 가능).

[참조] 「지방자치법」 – 「지방자치법 시행령」 – 「주민의 감사 청구 등의 서식에 관한 규칙」은 법률의 3단 구성에 해당함(참조 – 7장 정부 구성과 선거)

* 출처: 법제처(2024), 「주민소환에 관한 법률」, 국가법령정보센터.
** 출처: 법제처(2024), 「지방자치법」, 국가법령정보센터.

넷째, 국민투표와 유사 개념으로 플레비시트(Plebiscite)라는 민중투표가 있다. 이 투표는 국민투표와 유사하지만, 영토의 병합이나 국토의 변경에 관련된 결정에 대한 국민 의사를 물을 때 행해지는 투표 제도이다. 이와 같은 민중투표는 국민투표와 성격이 다르다. 그 이유는 때때로 불법적으로 권력을 차지한 지배자가 피지배자들로부터 정통성을 확보하기 위한 제도로 악용해 왔기 때문이다. 영국의 유럽 연맹에 대한 가입 그리고 러시아의 우크라이나 크림반도에 대한 병합 등에 관련된 국민투표가 바로 민중 투표의 예이다. 우리나라도 지방자치단체의 장이 주요 정책, 지방자치단체의 구성 및 구획 변경 등 주요 사항에 대한 주민투표 부의 의무를 부과하나 투표 확정에 대한

정족수가 주민투표권자의 1/8 초과 정도에 불과하여 매우 낮다('한국 지방자치단체의 주민투표' 참조).

한국 지방자치단체의 주민투표

「지방자치법」* 제4조(지방자치단체의 기관 구성 형태의 특례)
- ① 지방자치단체의 의회(즉, 지방의회)와 지방자치단체의 장 선임 방법 등 지방자치단체의 기관 구성 형태를 달리할 수 있음.
- ② 제1항의 경우 「주민투표법」에 따른 주민투표를 거쳐야 함.
- ③ 다음에 해당할 때 관계 지방의회의 의견을 들어야 하나, 「주민투표법」 제8조에 따라 주민투표를 한 경우에는 필요가 없음. 지방자치단체의 1. 폐지, 설치, 분리, 합병; 2. 구역 변경(경계 변경 제외); 3. 명칭 변경(한자 명칭 변경 포함)

제18조(주민투표) ① 지방자치단체의 장은 주민에게 과도한 부담, 중대한 영향의 주요 결정 사항 등에 대한 주민투표를 부의할 수 있음.

「주민투표법」**

제8조(국가정책에 관한 주민투표)
- ① 중앙행정기관의 장은 지방자치단체의 폐지, 설치, 분리, 병합, 구역 변경, 주요 시설의 설치 등 국가정책의 수립에 관하여 주민 의견을 듣기 위하여 (필요하다고 인정하는 때에는 이해관계가 있는 주민투표의 실시구역을 정하여) 관계 지방자치단체의 장에게 주민투표의 실시를 요구함. 이 경우 중앙행정기관의 장은 행정안전부 장관과 사전 협의할 의무가 있음.
- ② 지방자치단체의 장이 주민투표의 실시를 요구받은 때에는 지체없이 공표하고, 공표일부터 30일 이내에 그 지방의회의 의견 청취해야 함.
- ③ 지방의회의 의견을 들은 지방자치단체의 장은 그 결과를 관계 중앙행정기관의 장에게 통지해야 함.

제15조(주민투표의 형식)
- 주민투표는 특정한 사항에 대한 찬반 투표 또는 두 가지 사항 중 택일 형식으로 실시해야 함.

제24조(주민투표결과의 확정) ① 주민투표 부의 사항은 주민투표권자 총수의 4분의 1 이상의 투표와 유효 투표 수 과반수의 득표로 확정됨(주민투표권자의 1/8 초과면 가능[1/4 × 1/2 = 12.75% 초과]. "2. 주민투표에 부쳐진 사항에 관한 유효 득표 수가 동수"인 경우는 부결)

- ⑥ 지방자치단체의 장 및 지방의회는 주민투표 결과 확정된 사항에 대하여 2년 이내에 변경 또는 새로운 결정을 할 수 없음.

* 출처: 법제처(2024), 「지방자치법」, 국가법령정보센터.
** 출처: 법제처(2024), 「주민투표법」, 국가법령정보센터.

3. 투표 참여와 투표의 역설

투표에 참여하는 시민은 투표제도의 어떤 점을 고려해야 하나? 민주주의에서 시민의 합리적 무지가 선거나 투표에 어떤 의미가 가지나?

1) 선거의 참여

(1) 투표율

투표율은 다양한 요인에 의해 영향을 받는다. 교육 진학률이 높거나 학력이 높을수록, 선거 유권자의 등록 절차가 단순할수록, 노동조합에 가입할수록, 자원봉사의 경험이 높은 지역일수록, 입후보자 간 선호도가 유사할수록 더 많은 유권자가 투표한다.

(2) 비례대표제와 선거 참여

정당의 수가 많아지면 유권자는 선택의 폭이 넓어지는 만큼 정보가 부족해서 선거 참여의 수준이 하락한다.

비례대표제에서 정보 수준이 낮은 유권자보다 정보 수준이 높은 유권자의 투표라는 의사결정의 결과를 고려할 때는 바람직하다. 반면, 정보 수준이 높은 유권자는 사회적으로 대개 교육 혜택이 높은 계층으로 중산층, 다수 인종 등이다. 이들에 의한 투표는 소수 계층을 대변하지 못하기에 비례대표제의 대표성과 형평성의 문제를 발생시킨다.

특히 정치 영역에서 시민참여와 선거는 매우 중요한 의미가 있다. 교육에 따른 선거 참여의 차이, 나이에 따른 선거 참여의 차이 등 선거의 참여에 따라서 정책의 산출물이 달라진다. 부자 계층, 더 교육받은 계층, 나이 든 계층이 그렇지 않은 계층보다 빈번히 선거에 참여함으로써 정치인과 관료는 빈민층, 저 교육층, 젊은 계층이 중시하는 사회적 의제 및 쟁점에 대한 반응성이 낮아지는 문제가 있다(Schlozman, Brady, & Verba, 2018).

2) 투표의 역설

(1) 개념

투표에 누구나 참여하는 것이 바람직한지에 대한 시각이 다양하다. 민주주의에서 선거민주주의 원칙을 지켜내는 방식은 투표에 반드시 참여하는 것이다. 투표 참여는 민주국가에서 국민적 의무이다.

하지만, 투표에 참여해 개인이 얻는 편익보다 비용이 더 크면 참여하지 않는 편이 더 합리적인 결정이라고 하는 시각이 등장하였다. 한 사람의 투표로 특정 의안이나 후보가 바뀌는 경우라면 투표에 참여하는 것이 바람직하다. 하지만, 자신의 참여가 투표 결과에 변화를 유발하지 못한다면 투표에 참여하지 않는 것이 더 합리적인 선택일 수 있다.

민주 시민의 의무를 다하고 투표에 참여하는 행위는 개인에게는 일정한 비용이 늘 수반되는데, 이런 편익을 고려하지 않고 투표에 참여하는 행위는 비합리적일 수 있다. 이런 현상을 '투표의 역설(Paradox of Voting)'이라고 한다. 투표 참여가 개인에게 비생산적 활동이기 때문이다.

(2) 투표 비용과 의사결정규칙

투표제도에서 의사결정규칙에 대한 비판도 함께 존재한다. 헌법이나 법률 개정에 관한 투표의 의사결정규칙은 다수결제, 과반수제, 2/3 득표제, 만장일치제 등 다양하게 설계할 수 있다. 이런 결정규칙에 따라 투표의 편익보다 비용이 적어야 한다. 의사결정규칙을 통한 편익은 미래에 발생하지만, 비용은 투표행위 시에 바로 수반되기 때문이다.

총비용의 관점에서 적은 비용이 드는 규칙을 설계하고 투표하는 것이 바람직하다. 투표의 동의와 역설에 관한 뷰캐넌과 털럭(Buchanan & Tullock, 1965), 하연섭(2021)의 설명을 아래에서 요약한다.

투표의 총비용은 의사결정비용과 외부비용으로 구분된다. 첫째, 의사결정비용(Decision Making Cost)은 투표의 참여자가 회의 참여, 협상, 토론, 정보수집, 의견 및 갈등의 조정, 규제 등에 수반되는 거래비용(Transaction Cost)을 의미한다. 둘째, 외부비용(External Cost)은 어떤 의사결정규칙을 정할 때 승리자가 아닌 패배자가 지는 비용이다.

만약 1%를 의사결정규칙으로 규정한 경우 100인이 투표인이라고 가정하자. 이 경우 1명이 먼저 특정 의안에 투표하는 바람에 그 의안이 결정될 때 나머지 99인 투표자에게 발생하는 피해 비용이 외부비용이다. 이때 의사결정비용은 매우 낮다. 그 이유는 서로 협상하고 논의할 필요가 없어 거래비용이 '0(영)'에 가깝기 때문이다.

반면, 반대의 경우로 통과를 위한 득표율 99%를 의사결정규칙으로 규정한 경우라면 외부비용이 '0(영)'에 가깝기에 각자의 부담은 낮다. 하지만, 의사결정비용은 막대하게 올라가는데, 거의 모든 투표자가 동의하기 위한 정보 제공, 설득이나 회의에 엄청난 시간, 활동, 비용이 들어가므로 거래비용이 급증하기 때문이다.

투표의 총비용은 의사결정비용과 외부비용의 합인데, 이 비용이 정확히 51%라는 과반수제에서 가장 낮다는 보장이 없다. 따라서 투표제도에서 의사결정규칙이 비용최소점에서 결정되도록 설계해야 할 것이다. 한편, 이와 같은 투표제도의 의사결정규칙 등 정치적 제도 및 행태에 대한 경제학적 해석 학문이 공공선택론이다(Buchanan & Tullock, 1965).

투표 규칙인 과반수제의 경제학적 해석

과반수제가 합리적인 선거 방식이자 투표제도인지에 대한 공공선택론적 해석을 보자(Buchanan & Tullock, 1965). X축은 10% 통과 기준, 100% 통과 기준(만장일치제) 등 후보자와 의안 투표제도에 대한 다양한 통과 규칙의 비율 축이다. 특히 과반수제는 50%를 초과하는 투표율이 발생하므로 50.0001% 또는 쉽게 표현하면 51% 규칙이라고 할 수 있다. Y축은 특정 투표의 통과 기준을 설정함으로 인해 발생하는 비용의 축이다.

투표 통과 기준에 따라 발생하는 비용은 총 세 가지가 있다. 첫 번째 비용은 '의사결정비용(Decision Making Cost)'이다. 이 비용은 거래비용(Transaction Cost)인데, 통과를 위한 정보 수집과 배분, 협상과 협력, 회의 등에 소진되는 비용이다. 거래비용은 투표 참여자 수가 증가할수록 커진다. 특히 특정 의안 및 후보자의 채택을 위한 기준이 100%인 만장일치제를 채택할수록 이 비용은 더 급격히 증가한다. 이에 X축 값이 증가할수록 의사결정비용이 증가하여 우상향하는 그래프가 도출된다. 만장일치제에서 마지막 한 사람이 동의하지 않으면 설득을 위한 의사결정비용이 매우 많이 든다.

두 번째 비용은 '외부비용(External Cost)'이다. 이 비용은 특정 통과 기준 때문에 그 선거에 불참하거나 반대하는 사람들의 피해 비용을 의미한다. 만약 의안에 대해 20% 통과 기준을 정할 경우, 80%의 많은 사람이 반대해도 통과되며 손해비용은 매우 크다. 그 반대로 90% 통과 기준에 많은 사람이 동의한 상황에서는 의안이 통과되면 10%의 투표 참여자만 손해를 입는다. 따라서 외부비용 그래프는 우하향하는 곡선이다. 만장일치제와 가까운 99% 통과 기준에서 의안 등의 통과로 손해보는 참여자의 비율은 1%로 낮다.

세 번째 비용은 '총비용(Total Cost)'으로 의사결정비용과 외부비용의 합이다. 각각의 의사결정비용과 외부비용의 그래프, 즉 비용의 수직적 높이를 합산하면 되고, U자형의 총비용 그래프가 된다. 뷰캐넌과 털록은 두 비용의 합을 상호의존비용이라고 했다.

그런데 비용을 합산한 결과인 총비용 곡선의 최저점이 과반수제 통과 기준점에서 최소비용일 가능성은 거의 없다. 총비용의 최소 비용 지점이 과반수 기준과 동일 수직선 위에 놓인다면, 우리는 비용 합리적으로 과반수 통과 기준을 받아들일 수 있다. 만장일치제의 통과 기준은 의사결정비용이 최대인 총비용을 수반해 바람직하지 않다. 따라서 어느 중간 지점을 투표 통과 기준으로 정해야 하는데, 계량적인 추계가 없이 특정 기준을 선택하는 것은 합리적이지 않다. 따라서 특정 의안이나 후보자 선출에서 우리는 비용이 가장 낮은 통과 기준을 알 수 없는데도 과반수제, 2/3 규칙 등을 아무런 근거 없이 사용하고 있다. 그러므로 다수결 규칙이 과연 경제적으로 비용효율적인지에 대한 의문이 남는다(Buchanan & Tullock, 1965).

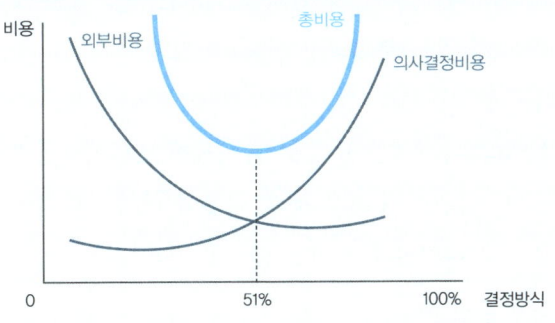

출처: 하연섭(2021).

3) 현자민주주의와 합리적 무지

(1) 정치 지식과 시민 부류

최근 현자민주주의(Epistocracy)라는 용어가 등장했다. 현자민주주의는 요약하면 지식인에 의한 통치(rule of the knowers)이다. 브레넌(Jason Brennan)과 자보르스키(Peter Jaworski, 2022)의 저서 『Markets without Limits』의 내용을 아래에서 요약·제시한다.

브레넌과 자보르스키는 지금까지 민주주의는 '도덕적 민주주의'가 당연한 것으로 간주한 상황을 비판하며 시작한다. 정보 획득에 노력을 게을리한 투표자는 '합리적인 무지(Rational Ignorance)' 상태이기에 투표 불참이 사회를 위해 더 바람직하다고 한다. 합리적인 무지는 사회 및 정치의 문제에 대한 자기 학습의 비용이 지식의 잠재적 이익보다 오히려 더 크다면, 지식 습득을 하지 않는 행위를 말한다.

브레넌과 자보르스키는 투표와 관련해 현자민주주의를 다음과 같이 설명한다. 시민 대부분은 정치적 문제를 고민하는 과정이 매우 형편없다고 한다. 그는 시민을 ① 호빗(Hobbits), ② 훌리건(hooligans), ③ 벌컨(vulcans)이라는 세 가지 집단으로 범주화했다.

① 호빗 집단은 정치에 거의 또는 전혀 무관심하며 매우 낮은 수준의 정치 지식이 가진 자이다. ② 훌리건은 호빗보다 더 다양한 지식을 가지는 경향이 있지만 정보의 분석과 평가에서 매우 편향되고, 반대 주장을 무시하는 성향이 큰 시민의 부류이다. 훌리건은 또한 사회과학적 정교함이 낮다. 또한, ③ 벌컨은 광범위한 정치 지식을 소유하고, 분석적으로 정교하며, 개방적 사고를 겸비한 시민 부류이다. 또한 감정과 편견에 따라 판단을 흐리지 않는 부류라고 한다. 하지만, 우리의 극소수만이 벌컨 부류에 해당한다고 한다.

아쉽게도 유권자 대다수는 ① 호빗과 ② 훌리건의 조합이다. 그들은 종종 기본적인 정치 지식이 부족하고, 자신의 지식을 매우 편향된 방식으로 분석한다. 진실을 찾는 사람이 아니라 청백전의 팀원처럼 정치적 팬이자 응원자의 역할을 하는 자들이 민주주의를 이끌어 간다고 주장한다.

그런데도 브레넌과 자보르스키는 우리 대부분은 여전히 유권자들이 아무리 무지하고 편향돼 있더라도 스스로 통치할 권리가 있다고 믿는다고 한다. 아첸(Christopher Achen)과 바텔스(Larry Bartels)는 편향된 시민의 정치적 무지는 군주제 시대의 군주적 권리와 같다고 비유한다(Achen & Bartels, 2004, 2017). 군주제 시대의 군주는 통치를 잘하든 못하든 정치적 권력과 결정권을 자기의 타고난 권리로 여기는 왕 또는 황제와 같다. 이처럼 현대의 시민은 왕의 신성한 권리 수행과 동일한 기능을 부여받았는데, 현대 민주주의라는 이데올로기의 필수 기능이라고 한다.

(2) 민주정치의 문제와 극복

브레넌과 자보르스키는 민주주의 정치의 문제 원인이 합리적 무지(Rational Ignorance)로부터 시작된다고 한다. 개인의 투표 참여가 투표 결과의 차이를 만들 가능성이 거의 없기에 유권자는 관련 지식을 얻거나 자기 편향성을 통제할 유인이 없다. 사회 변화 가능성이 없는 상황을 인지한 합리적 인간은 자기 비용을 들여가며, 정보를 수집하고 분석하는 것은 비효율적인 일이다. 따라서 정치에 참여하거나 정보를 모으는 것보다 자기 이익이나 효용이 높은 일을 찾아 하는 것은 합리적 무지의 전형이다. 유권자는 무지와 편견의 상태에서 부도덕한 정치인, 자기 이데올로기 집단, 특정 이익 집단의 승리만을 위해 노력할 뿐이다.

저자들은 대부분 상황에서 우리가 최소한 합리적인 수준의 투표 능력이 없다면 다른 사람을 위해 중요 결정을 해서는 안 된다고 주장한다. 브레넌과 자보르스키는 이를 '역량 원칙'이라고 한다. 이에 해당하는 사례로 돌팔이 의사에게는 의료 결정이 허용되지 않는데, 그 이유는 그의 결정에 대한 사회인의 종속성이 매우 높기 때문이라고 한다.

물론 투표는 종종 삶과 죽음의 문제와 관련이 있으며, 출된 정치인은 투표에서 자기에 대한 반대자와 기권자까지 포함해 모두를 정치적으로 지배한다. 유권자의 무지와 비논리적 결정은 전쟁, 경기 침체, 폭력적 법 집행, 환경 재해, 자유 및 복지 등을 위태롭게 하는 재난으로 쉽게 이어진다. 무지한 의료 행위를 용납하지 않는 것처럼 무지한 투표에 대해서도 똑같이 냉소적인 시각을 가져야 한다고 주장한다.

브레넌과 자보르스키는 지식이 풍부한 ③ 벌컨만이 다른 사람들보다 지식적으로·도덕적으로 우월하여 통치할 권리가 있다고 주장하지 않았다. 이런 주장과 대조적으로 합리적 무지자인 ① 호빗과 ② 훌리건은 그러한 통치 권리가 없다고 주장했다. 밀(John Stuart Mill)처럼 투표는 단순히 개인 선택이 아니라 '타인에 대한 권력' 행사이기에 그 권력은 '사회적 책임감'을 지니면서 사용해야 한다는 것이다.

(3) 엘리트 정치의 비판과 급진성

브레넌과 자보르스키는 유권자가 더 많은 정보를 얻고, 편향성이 더 낮도록 관련 제도를 제한한다면, 우리는 더 나은 결정을 내릴 수 있다고 한다. 사람 대부분에게 현자민주주의는 권력 남용이 쉬운 소수의 엘리트에 의한 정부 수립을 옹호하는 것처럼 느껴진다. 이와 같은 그의 논리를 극단적으로 연결하면, 합리적으로 무지한 유권자에게 선거 불참을 대가로 보상하거나 매표하는 것이 바람직할 수 있다는 논리가 된다. 정보의 획득과 판단 수준이 높은 시민에게 - 19세기 밀의 초창기 이론의 옹호처럼 또는 주식보유자의 의결권 행사처럼 - 1인 2표 등의 다수표가 주어질 수 있다. 또한, 정보와 판단이 현자민주주의의 핵심 용어라면, 이는 엘리트주의적 투표관 및 비민주적인 행위로 비판받을 수 있다. 일반대중과 비교해 엘리트는 더 많은 정보를 획득할 수 있고, 더 분석적으로 판단할 수 있기 때문이다.

이런 사고는 매우 급진적으로 보이지만, 아동의 투표권 제한으로부터 논리를 차용하고 있다. 우리는 이미 인구의 20% 이상인 아동이 무지하고 판단력이 낮다는 이유로 투표나 선거에서 제외한다(성인 연령대에 가까운 아동의 투표 배제). 이런 아동을 정치권력에서 체계적으로 배제한 상황이 민주주의인데도, 죄책감을 느끼지 않는 점과 동일하다고 한다. 현재 현자민주주의를 도입하거나 적용할 수 없기에 더 박식한 사람에게 정부 권력을 넘기기보다 오히려 제한하고 분권화함으로써 정치적 무지로 인한 피해를 완화할 수 있다. 브레넌과 자보르스키가 제안한 개혁안은 부패 수준이 낮고, 투표 규칙에서 인종과 민족의 역사적 차별이 없는 지역이나 국가에서 시도할 수 있다. 그들의 역량 원칙은 민주주의에서 투표의 통념에 대한 강력한 도전이다.

브레넌과 자보르스키에 따르면, 많은 기존 연구는 정치 참여와 민주적 숙의로 인간을 더 비합리적이며 편향되며 비열하도록 유도함이 증명됐다고 한다. 이 암울한 상황을 고려하면, 브레넌은 새로운 정부 시스템, 즉 정보 많은 지식인이 지배하는 현자민주주의가 전통적 민주주의보다 더 바람직할 수 있으며 실험으로 증명할 때라고 주장한다. 현자민주주의는 현재 민주주의가 투표 및 정치활동 관련 이데올로기적 이전투구, 합리적 무지의 지향이 강하기에 이를 지양하도록 경종을 울리는 차원에서 숙고할 가치가 있다고 본다(Brennan & Jaworski, 2022).

4. 한국과 미국의 선거

> 한국과 미국에서 선거를 통해 중앙국가기관과 지역정부기관의 선출직 공직자를 선출하는 방식은 왜 매우 차이가 큰가?

법제처에 따르면(2024), 선거란 선거권을 가진 사람이 공직에 임할 사람을 선출하는 행위이다(「헌법」 제41조, 제67조). 반면, 투표는 선거나 안건의 의결 등에서 유권자, 의원 등이 스스로 선택에 대한 의사 표시를 하는 행위이다(「공직선거법」 제146조 제1항 기표 방법; https://www.easylaw.go.kr/). 아래는 법제처(2024)의 법령 해설을 정리·요약한다.

1) 한국의 선거제도

(1) 대통령 선거

① 선출 조항과 선거일

우리나라의 대통령 선거는 헌법의 2개 조항에 따라 실시된다. 헌법 제67조 ①항과 ⑤항, 그리고 68조의 ①항과 ②항이 그것이다. 민주적 선거와 구체적 법률의 위임, 그리고 임기 만료 전 대통령 선거를 규정하고 있다. 대통령 선거일은 현 대통령의 임기 만료일 전 70일 이후 첫 번째 수요일이며, 임기 만료에 의한 대선일은 법정공휴일이다(법제처, 2024).

> **대한민국 헌법의 대통령 선거 조항**
>
> 제67조 ① 대통령은 국민의 보통·평등·직접·비밀선거에 의하여 선출한다.
> ⑤ 대통령의 선거에 관한 사항은 법률로 정한다.
> 제68조 ①대통령의 임기가 만료되는 때에는 임기 만료 70일 내지 40일 전에 후임자를 선거한다.
> ② 대통령이 궐위된 때 또는 대통령 당선인이 사망하거나 판결 기타의 사유로 그 자격을 상실한 때에는 60일 이내에 후임자를 선거한다.
>
> 출처: 법제처(2024). 「대한민국 헌법」. 국가법령정보센터.

② 선거권

선거권은 국민의 기본권인 참정권의 일종으로 선거인단의 구성원으로서의 각종의 공무원을 선출하는 권리이다. 「공직선거법」 제15조에는 이와 같이 선거권이 있는 사람을 '선거권자'라고 하나 일반적으로는 '유권자'와 동일한 용어다. 「공직선거법」 제15조 제1항, 제17조에 따르면, 선거일 현재 18세 이상의 국민은 대통령의 선거권을 가진다. 한편, '선거인'은 선거권이 있는 '선거권자' 중 선거인명부 또는 재외선거인명부에 올라 있는 사람을 말한다(「공직선거법」 제3조).

금치산자, 1년 이상의 징역 또는 금고의 형 선고 후 집행이 종료되지 않거나 집행이 확정되지 않은 자, 「공직선거법위반죄」나 「국민투표법위반죄」의 선거범, 정치자금 부정수수죄 및 비용 위반자(「정치자금법」 제45조와 제49조)의 범죄자, (대통령·국회의원·지방의회의원·지방자치단체의 장으로) 공무 중 뇌물죄의 범죄자 중 100만 원 이상 벌금형 선고와 형 확정 후 5년 이내 또는 형의 집행유예와 형 확정 후 10년 이내인 자 또는 징역형 확정 후 형의 집행이 종료·면제된 지 10년 이내인 자, 법원 판결과 법률에 의해 선거권이 정지·상실된 자는 선거권이 없다(예: 대통령의 사면·감형·복권 및 형 집행정지권).

③ 피선거권

대한민국헌법 제67조④항 '대통령으로 선거될 수 있는 자는 국회의원의 피선거권이 있고 선거일 현재 40세에 달하여야 한다'라고 해서 선거일 현재 5년 이상 국내에 거주하고 있는 40세 이상의 국민은 대통령의 피선거권이 있다(공직선거법 제16조 제1항).

한편, 선거권 결격 사유에 해당하는 자, 금고 이상의 형의 선고를 받고 그 형이 실효되지 아니한 자, 법원의 판결 또는 다른 법률에 의하여 피선거권이 정지되거나 상실된 자, 국회 회의 방해죄(국회법 제166조)의 죄를 범한 자 중 조건에 해당되는 자는 피선거권이 박탈되어 대통령으로 입후보할 수 없다.

④ 후보자

정당의 대선 후보자는 정당의 당원이기에 소속 정당으로부터 공천을 받아야 한다. 무소속 대선 후보자는 5개 이상의 광역자치단체에서 각각 700~1,200명의(총 3,500~6,000명) 추천을 받아야 한다(공직선거법 제48조 제2항 제1호). 대통령 후보자 등록은 대통령 선거일 전 24일부터 2일간 실시하고 후보자 추천을 받은 사람은 각종 구비서류 및 3억 원의 기탁금을 납부해야 한다(「공직선거법」 제49조 제1항·제4항 및 「지방교육자치에 관한 법률」 제49조 제1항).

⑤ 당선인 결정

대통령 선거의 경우 유효 투표의 다수를 얻은 사람을 당선인으로 중앙선거관리위원회가 결정하고, 국회의장에게 통지한다. 대통령은 5년 단임제이며 중임이 불가능하다.

만약 후보자가 1명인 경우 득표 수가 선거권자 총수의 1/3 이상이어야 당선인으로 결정된다(「헌법」 제67조 제2항, 3항; 「공직선거법」 제187조 제1항). 또한, 만약 대통령 선거의 최고 득표자가 동수 득표로 2명 이상인 경우, 국회의 재적의원 과반수 출석의 공개회의에서 다수표를 얻은 사람을 당선인으로 결정된다(「헌법」 제67조 제2항, 3항; 「공직선거법」 제187조 제2항).

(2) 의원 선거 등

18세 이상의 국민은 국회의원의 피선거권이 있다(「공직선거법」 제16조 제2항).

① 선거 절차

정당은 선거에서 선거구별로 선거할 정수 범위 내에서 당내 경선 등(서면 합의에 따른 대체 여론조사) 민주적인 절차에 따라 그 소속 당원을 후보자로 추천한다. 다만, 비례대표자치구·시·군의원의 경우에는 그 정수 범위를 초과해서 추천할 수 있다(「공직선거법」제47조 제1항·제2항 및 제57조의2 제1항).

정당은 비례대표 국회의원선거(비례대표지방의회의원 선거 포함)에 후보자 추천 시 일정 비율 이상을 여성으로 추천해야 한다(「공직선거법」제47조 제3항, 4항, 5항까지). 비례대표 국회의원선거(비례대표 지방의회의원 선거 포함)에 후보자 추천 시 그 후보자 중 '50% 이상'을 여성으로 추천하되, 그 후보자명부의 순위 '매 홀수'에는 여성을 추천해야 한다. 임기 만료에 따른 지역구 국회의원 선거(지역구 지방의회의원 선거 포함)에 후보자 추천 시 각각 전국 지역구 총수의 30% 이상을 여성으로 추천하도록 노력해야 한다.

② 후보자 등록

후보자 등록을 보면, 국회의원·지방의회의원·지방자치단체장 및 교육감 선거는 선거일 전 20일부터 2일간 관할 선거관리위원회에 서면으로 후보자 등록을 해야 하며, 이때 후보자 추천을 받은 사람은 각종 구비서류 및 기탁금을 납부해야 한다(「공직선거법」제49조 제1항·제4항 및 「지방교육자치에 관한 법률」제49조 제1항). 기탁금은 지역구 국회의원선거 1,500만 원, 비례대표국회의원선거는 500만 원이다. 그리고 시·도지사 및 교육감선거 5,000만 원, 자치구·시·군의 장 선거 1,000만 원, 시·도의회의원선거 300만 원, 자치구·시·군의원선거 200만 원이다.

③ 당선인 결정

국회의원의 선거는 지역구 선거와 비례대표 선거로 나뉜다.

첫째, 지역구 국회의원선거의 경우 해당 지역구에서 유효 투표의 다수를 얻은 사람을 선거구 선거관리위원회가 당선인으로 결정한다. 만약 최고득표자가 2명 이상이면 '연장자'가 당선인으로 결정한다(「공직선거법」제188조 제1항; 단독 입후보자의 무투표 당선). 국회의원(지방의회 의원 포함)은 4년제이며 재임이 가능하다. 반면, 지방자치단체장 및 교육감도 4년제이며 재임이 가능하지만, 3번까지만 가능하다.

  후보자 등록 마감 시각에 지역구 국회의원 후보자가 1명이거나 선거일 투표 개시 시각 전까지 후보자가 사퇴·사망하거나 등록이 무효로 돼 지역구 국회의원 후보자 수가 1명인 경우에는 해당 후보자에 대해 투표하지 않고, 선거일에 그 후보자를 당선인으로 결정한다(「공직선거법」 제188조 제2항).

  둘째, 비례대표 국회의원선거는 Ⓐ 임기 만료에 따른 비례대표 국회의원 선거에서 전국 유효 투표 총수의 '100분의 3' 이상을 득표한 정당, Ⓑ 임기 만료에 따른 지역구 국회의원선거에서 '5 이상의 의석'을 차지한 정당에 대해 중앙선거관리위원회가 비례대표 국회의원의석을 배분한다(「공직선거법」 제189조 제1항). 비례대표 국회의원 의석수는 정당별로 제출된 비례대표 국회의원 후보자 명부에 기재된 당선인이 될 순위에 따라 각 정당의 비례대표 국회의원의 당선인을 결정한다(「공직선거법」 제189조 제4항; 법제처, 2024).

2) 미국의 선거제도

(1) 선거권

  투표권 중 미국 시민의 가장 중요한 권리는 선거권이다. 원래 헌법에 따라 21세 이상의 백인 남성 시민만 투표할 수 있었다. 헌법 수정 제14조 및 제15조에 따라 처음으로 아프리카계 미국인에게 확대됐다. 세계법제정보센터(2024b)에 제시된 법령을 중심으로 아래에서 요약·설명한다.

  많은 주에서 널리 퍼진 차별 때문에 아프리카계 미국인은 1965년 존슨 대통령이 투표권법에 서명할 때까지 기본 투표권을 보장받지 못했다. 여성은 수정헌법 제19조가 비준된 1920년까지 투표권이 거부됐으며, 그 이전에는 일부 주에서만 여성이 투표할 수 있었다. 역사적으로 투표권은 확대돼 현재는 18세 이상의 시민은 인종, 종교, 성별, 장애 또는 성적 취향을 이유로 투표권을 거부할 수 없다. 노스다코타를 제외한 모든 주에서 시민은 유권자로 등록해야 하며 등록 절차에 관한 법률은 주마다 다르다.

  연방 선거는 2년마다 11월 첫 번째 월요일 이후 첫 번째 화요일에 실시된다. 모든 하원의원과 상원의원의 약 1/3은 주어진 선거 연도에 재선에 출마한다. 대통령 선거는 4년마다 실시된다. 연방 선거는 주 정부와 지방정부가 관리하며, 선거를 실시하는 구체적인 방법은 주마다 다르다. 미국의 헌법과 법률은 주정부가 선거를 관리하는 방법에 대해 폭넓은 재량권을 부여한다.

미국의 정치 형태는 연방국가이며 독자적인 헌법을 보유하고 있는 독립성이 강한 주정부들이 연방정부하에 통합된다. 연방정부는 대통령을 수반으로 하는 행정부, 연방 법원으로 대표되는 사법부, 상·하원으로 구성된 입법부를 포함해 3부로 나뉘어 있다. 행정부의 수반은 대통령이다. 대통령은 국내적으로는 행정부의 수반인 동시에 육군·해군·공군 최고사령관으로 4년 임기로 한 번 재임할 수 있고 3선은 금지된다. 대통령 선거는 각 주에서 선출된 선거인에 의한 간접선거이다. 하지만, 1800년부터 각 정당은 선거인을 선거할 때 미리 대통령 후보를 지명하므로 실제로는 직접 선거와 같다. 행정 부서는 모두 15개이며 각 부서의 총책임자는 장관으로 대통령이 임명하며 의회의 인준을 받아야 한다. 미국의 행정부에는 외교부가 없다. 외교부는 주부 또는 국무부(Department of States)가 맡으며 우리나라의 행정안전부와 외교부를 합친 부서로 부통령 아래 가장 강력한 부처이다.

(2) 대통령 선거

대통령 선거를 보면, 대통령과 부통령은 최소 35세 이상이어야 하며, 미국에서 태어난 미국 시민권자이고 최소 14년 동안 미국에 거주해야 한다.

① 1단계: 예비선거 및 코커스

대통령 선거는 정당의 예비선거와 전당대회부터 시작된다. 각 정당의 후보자들은 당원들의 표를 얻기 위해 전국을 돌며 캠페인을 벌인다. 선거 연도의 1월 또는 2월의 예비선거(Primaries)와 코커스(Caucuses)로부터 시작된다. 주요 투표 행사인 프라이머리와 코커스에서는 다음 단계의 전당대회에서 국민을 대표할 대의원(Delegate)을 선출한다. 주요 사항은 양대 정당의 최종 대선 후보를 결정하기 위해 아이오주, 뉴햄프셔주, 네바다주, 사우스캐롤라이나주의 결과로부터 시작한다.

코커스는 정당이 주최하는 비공개 행사로 당원들은 일련의 토론과 투표를 통해 최고의 후보를 선택한다. 유권자는 자신이 선호하는 후보를 공개적으로 결정한다. 주최

자는 유효 투표수를 세고 각 후보가 받는 대의원 수를 계산한다. 한편, 예비선거에서는 당원들은 총선거에서 당원을 대표할 최고의 후보에게 투표한다. 예비선거는 각 주요 정당의 유망한 대선 후보에게 투표하기 위해 비밀투표를 사용한다.

② 2단계: 전국 전당대회

양대 정당은 전국 전당대회(National Conventions)를 열어 최종 대선 후보를 뽑는다. 국민을 대표하기 위해 선출된 예비선거와 코커스의 주 대표는 그들이 가장 선호하는 후보를 지지하며, 전당대회가 끝날 때 각 정당의 최종 대선 후보가 공식적으로 발표된다. 대통령 후보는 러닝메이트인 부통령 후보를 선임한다. 대선 후보들은 국민의 지지를 얻기 위해 전국 각지에서 선거운동을 벌인다.

③ 3단계: 총선거

전국 모든 주의 유권자는 한 명의 대통령과 부통령에게 간접적으로 투표하는 총선거(General Election)를 실시한다. 가장 선호하는 대통령 후보와 러닝메이트를 동시에 선택한다. 실제로 유권자가 투표할 때는 선거인단(Electoral College 또는 Electors)에 투표한다. 메인주와 네브래스카주를 제외하고 한 후보가 해당 주 유권자의 과반수 득표를 하면, 그 후보는 해당 주의 모든 선거인단의 유권자 표를 받는다(winner-take-all-elections). 가장 많은 선거인단을 얻은 대통령 후보가 미국 대통령이 된다.

정확한 숫자는 차이가 있지만, 총선거(General Election)마다 미 전역에서 투표소 100,000개 이상이 운영된다. 조기 투표를 허용하는 주에서는 유권자는 선거일뿐만 아니라 수일 전에도 투표할 수 있다. 교회나 학교 등 접근성이 좋은 장소에 투표소가 설치된다.

미국 대통령 선거는 4년마다 11월 첫째 화요일에 치러진다. 전통적으로 후보자는 선거가 열리기 1년 전에 대통령 선거에 출마하겠다는 의사를 공개적으로 밝힌다. 선거를 관장·집행하는 국가 기관은 없기에 지방정부가 수천 명의 행정관 조력으로 선거를 조직한다.

④ 4단계: 선거인단

선거인단(Electoral College 또는 Electors)은 각 주의 인구수에 비례하는 인원이자 각 주의 대표자로 누가 대통령이 될 것인지를 투표하는 사람들이다. 각 주는 의회에서의 대표성을 기반으로 특정한 수의 선거인단이 존재한다. 각 주의 정책에 따라 선출된 선거인단은 미국 전역에서 총 538명(하원 인구비례에 따른 435석 + 상원 50개 주별 2명씩 총 100석 + 워싱턴 D.C. 3석)이다.

각 주, 컬럼비아 특별구 및 일부 미국 영토에는 일반적으로 인구 규모에 따라 결정되는 대의원(Delegate) 수가 다르게 할당된다. 정당 소속의 선거인단인 대의원은 두 가지 주요 유형이 있다. Ⓐ 서약한 대의원(Pledged Delegates)는 예비선거 또는 코커스에서 배정된 후보자를 지지해야 하는 사람이다. 그리고 Ⓑ 비서약 또는 수퍼대표(Unpledged or Super-Delegates)는 지지할 후보자를 자유롭게 선택할 수 있는 사람이다. 이 대의원들은 전국 대회에서 주를 대표하고 각 정당의 대통령 후보를 결정하기 위해 투표한다. 각 선거인은 총선 이후 미 의회에서 1표를 행사하며, 총 538표 중 절반 이상(270명)을 얻은 후보가 대통령으로 선출된다. 워싱턴 D.C.와 48개 주에서는 선거 승자가 해당 주의 모든 선거인단을 받는 승자독식 절차를 사용한다. 메인주와 네브라스카주는 비례 시스템이 있기에 예외이다. 새로 선출된 대통령과 부통령은 1월에 취임한다.

(3) 입법부 선거

연방정부의 모든 입법권은 의회에 주어져 있으며, 연방의회는 상원과 하원으로 나뉘어 있다. 상원은 총 100명으로 임기는 6년이고, 각 주별로 2명의 의원을 선출하며 2년마다 실시되는 선거에서 3분의 1씩 선출한다. 하원은 총 435명으로 임기는 2년이다. 각 주의 인구에 비례해 의원 정수를 배분·선출한다. 의회 선거와 대통령 선거는 4년마다 동시에 치러지지만, 상원의원에 대한 선거는 대통령 임기 중간인 2년마다 치러진다. 이런 의회 선거를 '중간 선거'라고 하며, 집권한 대통령에 대한 중간 평가로 인식한다.

의회 선거를 보면, 헌법에 따라 미국 상원의원은 최소 30세 이상이어야 하고, 최소 9년 동안 미국 시민권을 유지해야 하며, 그들이 대표하는 주의 (법적) 거주자여야 한다. 연방 상원에는 각 주의 선거구에서 총 2명 상원의원이 선출되기에 미 전역의 50개 주에 100명의 의원이 있다. 이들의 임기는 6년으로 선출되며, 2년마다 1/3이 선출된다. 특정 연도에 선출되는 상원 의석 그룹을 클래스라고 한다. 1913년 미국 수정헌법 제17조까지 각 주에서 상원의원의 선출 방법을 선택했는데, 상원의원은 주로 주의 유권자가 아니라 주 의회에서 선출했다.

하원의원은 최소 25세 이상이어야 하고 미국 시민권을 받은 지 7년 이상이어야 하며, 그들이 대표하는 주의 (법적) 거주자여야 한다. 연방 하원(House of Representatives elections)은 총 435명의 의원으로 구성되며 단일 의석 선거구에서 2년 임기로 선출된다. 연방 하원의원 선거는 2년마다 짝수년에 11월 1일 이후 첫 번째 화요일에 치러진다.

의원이 임기 중에 사망하거나 사임하는 경우 특별 하원 선거가 실시된다. 워싱턴 D.C., 미국령 사모아, 괌, 북마리아나 제도, 푸에르토리코, 미국령 버진 아일랜드의 투표권이 없는 대의원도 선출된다. 하원 선거는 대통령 선거 또는 대통령 임기 중간에 2년마다 실시된다. 공식적으로 푸에르토리코 상주 위원으로 알려진 푸에르토리코 하원의원은 대통령 임기와 동시에 4년 임기로 선출된다.

주의 선거구 재조정 위원회는 종종 당파적이기 때문에 선거구는 재임자에게 이익이 된다. 게리맨더링(Gerrymandering; 재선에 유리한 선거구 획정)으로 인해 전체 하원의원의 10% 미만 의석에 대해서만 각 선거에서 경쟁한다. 선거 경쟁이 없기에 90% 이상의 하원의원이 2년마다 거의 재선된다.

(4) 미국의 사법부 선거

사법부는 헌법을 해석하여 법을 적용하는 기능을 한다. 현재 연방 법원은 1개의 대법원과 13개의 고등법원, 94개의 지방법원, 3개의 특별 법원(조세법원, 보훈대상자청구 항소법원, 군사 항소법원)으로 구성돼 있다. 그리고 미국 연방정부를 구성하는 각 주정부는 각각 행정부, 입법부, 사법부를 두고 있어 외교권과 교전권 등을 제외하고는 주권국가가 보유하고 있는 권력의 거의 전부를 보유하고 있는 독립된 존재이다. 연방정부의 권한은 헌법 속에 열거된 사항에 한정돼 있고 그 이외는 모두 주와 국민에게 유보된다.

(5) 지역정부의 선거

연방정부에 부여되지 않은 권한은 주 정부와 지방정부로 나뉜 주정부와 국민에게 있다. 대부분의 미국인은 연방정부보다 주정부 및 지방정부와 더 자주 접촉한다. 운전면허증과 주차 위반 딱지는 말할 것도 없고 경찰서, 도서관 서비스 및 교육은 일반적으로 주정부와 지방정부의 감독을 받는다. 각 주에는 자체 성문 헌법이 있으며, 주정부 헌법은 연방 헌법보다 훨씬 더 정교하다. 예를 들어 앨라배마주 헌법에는 미국 헌법보다 40배 이상 많은 310,296개의 단어가 포함된다. 모든 주정부는 연방정부를 기본 모델로 하며 행정부, 입법부, 사법부의 세 가지 기관으로 구성된다. 미국 헌법은 모든 주가 정부의 공화국 형태를 유지하도록 규정하고 있지만, 3부의 구조가 필수는 아니다.

① 주 행정부

모든 주에서 행정부는 국민이 직접 선출한 주지사가 이끌고 있다. 대부분의 주정부에서 부지사, 법무부 장관, 국무부 장관, 감사관, 위원 등 행정부의 다른 지도자들도 직접 선출된다. 국가는 어떤 식으로든 조직할 권리를 보유하므로 집행 구조와 관련해 종종 차이가 크다.

② 주 입법부

모든 50개 주에는 선출된 대표로 구성된 입법부가 있으며, 이들은 주지사가 제기하거나 의원들이 도입한 문제를 고려해서 법률이 되는 법안을 만든다. 입법부는 또한 주의 예산을 승인하고 세법 및 탄핵 조항을 발의한다. 후자는 연방 시스템을 반영하고 모든 부서가 권한 남용을 방지하는 세 정부 간의 견제와 균형 시스템의 일부이다.

네브래스카주를 제외한 모든 주는 작은 상원과 큰 하원으로 구성된 양원제 입법부가 존재한다. 주의 상원과 하원은 같이 주법을 제정하고 기타 관리 책임을 이행한다. 다만, 네브래스카주의 입법부에 단원제인 유일한 주이다. 주의회의 상원은 일반적으로 보통 4년이 임기이다. 하원은 대부분 'House of Representatives'라고 불리지만, 일부 주에서는 'Assembly 또는 House of Delegates'라고 불린다. 하원의 임기는 보통 2년으로 상원보다 더 짧은 임기를 수행한다.

③ 주 사법부

주 사법부는 일반적으로 하급 주 법원의 항소를 심리하는 주 대법원이 주도한다. 법원 구조 및 사법 임명/선거는 법률 또는 주 헌법에 따라 결정된다. 대법원은 하급 법원에서 저지른 오류의 수정에 중점을 두므로 일반 재판을 열지 않는다. 주 대법원에서 내린 판결은 일반적으로 구속력이 있다. 그러나, 미국 헌법과의 일관성에 대해 의문이 제기되면 미국 대법원에 직접 항소할 수 있다.

④ 지방정부

지방정부는 일반적으로 알래스카의 자치구와 루이지애나의 교구라고도 알려진 카운티와 지방자치단체 또는 도시/마을의 두 계층으로 구성된다. 일부 주에서는 카운티와 타운십으로 나뉜다. 지방자치단체는 주 헌법에 정의된 대로 다양한 방식으로 구성될 수 있으며, 타운십, 빌리지, 자치구, 시 또는 타운으로 다양하게 불린다. 다양한 종류의 지구는 또한 학군이나 소방 지구와 같은 카운티 또는 시 경계 밖의 지방정부에서 기능을 제공한다.

도시, 마을, 자치구(알래스카 제외), 촌락, 군구로 정의된 시 정부는 일반적으로 인구 밀집지역을 중심으로 조직된다. 대부분 미국 인구조사국에서 주택 및 인구 통계. 뉴욕시와 로스앤젤레스에 거주하는 수백만 명의 주민부터 미네소타주 젠킨스에 거주하는 수백 명의 주민에 이르기까지 지방자치단체의 규모는 매우 다양하다.

지자체는 일반적으로 공원 및 여가 서비스, 경찰 및 소방서, 주택 서비스, 응급 의료 서비스, 지방법원, 교통 서비스(대중교통 포함) 및 공공사업(거리, 하수도, 제설, 간판 등)에 대해 책임진다. 반면, 연방정부와 주정부는 수많은 방식으로 권한을 공유하지만, 지방정부는 주로부터 권한을 부여받아야 한다. 일반적으로 시장, 시의회 및 기타 협의회는 국민이 직접 선출한다.

⑤ 주 선거

주의회가 통제하는 주법 및 주 헌법은 주 수준 및 지역 수준의 선거를 규제한다. 주 선거(State elections)에서는 주 차원의 다양한 공무원이 선출된다. 권력 분립은 연방정부뿐만 아니라 주에도 적용되기 때문에 주 입법부와 행정부(주지사)는 별도로 선출된다. 주지사 및 부지사는 일부 주에서는 공동으로, 일부 주에서는 개별적으로 선출된다. 또한 일부는 다른 선거 주기에서 별도로 선출된다.

미국령 사모아, 괌, 북마리아나 제도, 푸에르토리코, 미국령 버진 아일랜드의 주지사도 선출된다. 일부 주에서는 법무장관 및 국무장관과 같은 임원직도 선출직이다. 주 입법부 및 영토 관할 입법부의 모든 구성원은 선출된다. 일부 주에서는 주 대법원 및 주 사법부의 다른 구성원이 선출된다. 일부 주에서는 주 헌법 수정 제안도 투표에 포함된다. 주 선거의 편의성과 비용 절감을 위해 주 대부분의 공직 선거는 연방 대통령 선거 또는 중간선거와 동시에 실시된다.

⑥ **지방선거**

지방 수준에서 카운티 및 시 정부 직책은 일반적으로 특히 입법부 내에서 선거로 채워진다. 행정부 또는 사법부의 공직이 선출되는 정도는 카운티마다 또는 시마다 다르다. 지역 선출직의 예로는 카운티 수준의 보안관과 시 수준의 시장 및 교육위원회 구성원이 있다. 주 선거와 마찬가지로 특정 지역 공직에 대한 선거는 대통령 및 중간 선거와 동시에 실시할 수 있다.

⑦ **미국의 사법담당관 선거**

2002년 5월 미국 법무부, 법무부 통계국 게시판에 발표된 보고서에 따르면, 47개 주에서 수석 검사(주검찰청장 또는 지방검찰청장)를 주민이 선출하며, 3개 주(알래스카, 코네티컷, 뉴저지)에서 임명한다. 텍사스주는 약 155명의 지방검찰청장(District Attorney)을 선출하지만, 델러웨어주는 1명의 주검찰청장(State Attorney)만 선출한다. 하지만, 미 연방검찰청장은 임명된다.

지방자치경찰청장(보안관, Sheriff)은 일반적으로 4년마다 주민에 의해 선출되지만, 일부 주에는 후보자의 특정 자격을 요구하는 법률이 있다. 선출된 보안관은 해당 카운티의 시민, 해당 주의 헌법 및 궁극적으로 미국 헌법에 대해 직접적으로 책임진다.

제3부

정책과 정부

국가, 정부, 정책의 이해
Understanding of State, Government, and Public Policy

제8장
정책과 정책과정

> 정책은 어떻게 어떻게 시작되며, 무엇이 정책이라고 할 수 있는가? 어떤 정책도 도출되지만, 정부는 시민이 인식한 중요한 사회문제를 왜 해결하지 않는가? 정책을 결정하고, 집행하고, 그 결과를 판단하는 방법은 무엇인가?

1. 정책과 정책학

정책과 정책과정에 대한 설명은 박경돈(2024)의 내용을 중심으로 아래와 같이 정리했다.

1) 공공정책의 정의

정책의 정의를 보면, 공공정책은 사회문제를 해결하고 바람직한 상태를 달성하기 위한 목적이나 의도성을 가진 권위 있는 기관인 정부의 결정이자 공적 기능이다. 정부는 다양한 사업과 프로젝트 공공사업 그리고 법령 제정 등의 활동을 수행하는데, 이런 모든 행위가 정책에 포함된다. 정부가 사회문제 해결을 위한 조치는 정책이다. 흔히 거대 수준 또는 상위 수준에서의 대규모 정책이 가시적이므로 이런 수준의 정책만이 정책이라고 이해되기도 한다. 하지만, 소규모 수준의 사업도 정책으로 정책의 범위는 넓다.

어떤 것이 공공정책이라고 할 수 있는지 구분하기 어렵다. 정책은 대통령의 의지 표현과 같은 비공식적이고 문서화 되지 않은 행위로부터 공식화되고 문서로 제시된 법령 승인, 예산의 결정까지 모두 포괄하는 넓은 개념이다. 법령으로 인준된 정책, 의회 등의 승인된 정책, 집행된 정책, 발표만 있는 정책, 권위자가 비공식적으로 언급한 정책 중 학자나 시각에 따라 정책이라고 인정하는 관점에서는 차이가 크다(박경돈, 2024).

반면, 정부의 정책과 달리 회사나 기업이 정한 민간부문도 정책을 결정하고 추진한다. 민간부문의 정책(private policy)은 흔히 방침이라고 한다. 따라서 우리나라에서는 민간부문의 정책은 정책이라고 하지 않으며, 정부의 공공정책만을 정책이라고 부른다. 흔히 정책이라고 하면 우리는 정부기관 또는 정부의 집행을 대리하는 공공기관의 결정과 활동까지 공공정책에 포함된다.

2) 정책학의 태동

사회문제의 해결에 관한 민간부문의 역할에 한계가 대두되자 정부의 개입이 사회적으로 필요하다는 인식이 정책을 활성화하는 계기가 됐다. 1950~70년대에 미국에서는 베트남전의 갈등, 인종 갈등, 인권 유린 등의 다양한 사회문제가 폭발적으로 증가하고 방치됐는데 시장과 민간부문이 자발적으로 해결하기에는 역부족이었다. 따라서 정부 개입과 문제해결에 대한 열망이 커지면서 공공정책이 크게 대두됐다.

정책학의 태동은 1970년의 헤럴드 라스웰(Harold D. Lasswell)의 정책학으로부터 시작되는데, 그동안의 학문적 분야에 각각 흩어진 정책의 통합과 변증법적 통합을 강조했다. 이미 각 분야는 경제정책, 대기정책, 해양정책처럼 정책에 관한 연구가 진행되고 있었다. 이에 라스웰은 '정책과정에 대한 지식(Knowledge Of Policy Process)과 정책과정에서의 지식(Knowledge In Policy Process)'을 창출하기 위해 환경을 고려한 맥락성(contexuality), 문제 해결의 대안 마련을 위한 문제지향성(problem-orientation), 개별 학문의 지식과 기법의 연결을 위한 연합학문성(interdisciplinary)을 지향해 사회문제를 독자적 학문이 아닌 공동의 노력으로 극복하자고 했다(Lasswell, 1970; 박경돈, 2021).

2. 정책과정

정책은 대체로 다섯 단계의 정책과정(Policy Process)을 거친다. 정책순환(Policy Circle), 정책구성(Policy Formation), 정책단계, 정책주기라고도 한다(Anderson, 2003). 정책의 첫 단계인 정책의제 설정 단계부터 정책형성, 정책결정(또는 정책채택), 정책집행, 정책평가의 다섯 단계를 거친다. 정책과정에 관한 일반 이론과 논의는 다른 학문과 비교되는 공공정책 연구의 차별적인 특징이다.

3. 정책의제 설정

1) 의제 설정의 의의

개인 문제(personal problem)가 계속 발생하거나 대규모로 발생하면 이는 사회문제(social problem)가 된다. 사회문제에 대한 문제점이 두드러져 사회적 쟁점(social issue)이 되면 정부는 그 문제를 정부가 해결해야 할 문제로 인식한다. 이것을 정책문제(Policy Problem)라고 한다. 사회적 쟁점이 정부의 논의 대상이나 목록 즉, 정책의제로 받아들이는 과정이 바로 정책의제 설정(Policy Agenda Setting) 과정이다(Anderson,

2003).

정책문제에서 가장 중요한 과정은 정부가 어떤 사회문제를 또는 사회문제의 어떤 측면을 정책문제로 정의하는 데 있다. 정책문제는 구조화돼 있기도 하고 비구조화되기도 한다. 데리(Dery, 1984: 116)와 던(Dunn, 2014: 69-70)이 말하는 정책결정의의 특징은 ① 상호의존성, ② 주관성, ③ 인공성, ④ 불안정성, ⑤ 해결가능성이라고 한다.

① 상호의존성의 관점에서 보면, 정책문제는 다른 정책문제들과 분리되지 않고 상호 얽혀 있다는 점이다. ② 주관성의 관점에서 보면, 정책문제가 객관적으로 존재한다는 사고는 틀렸다는 점이다. 시대, 장소, 대상에 따라 정책문제로 인식하는 데에 차이가 있다는 것이다. ③ 인공성의 관점에서 보면, 정책문제를 구성할 때 사회집단과 밀착돼 정의가 의도적으로 구성됐다는 점이다.

④ 불안정성의 관점에서 보면, 정책문제가 정의되더라도 계속 변한다는 점이기에 문제의 정의는 시간상으로 보면 유동적이다. ⑤ 해결가능성의 관점에서 보면, 정부가 정책으로 실제로 해결할 수 있는 문제만 정의된다는 점이다(Dery, 1984; Dunn, 2014). 결국 사회문제가 정책문제가 돼 이를 해결하려고 문제의 특징적 측면을 정의할 때 문제정의는 불완전하며, 공정하지 않고, 자기 이익에 유리하게 만들어 내며, 시간에 따라 바뀌기도 하고, 해결할 수 없는 문제는 취급하지 않는 점이 정책과정 첫 단계인 정책의제 설정의 딜레마이다.

2) 정책단계와 정부 의도성

정부는 때때로 사회문제를 정부의 문제로 받아들이기도 하지만 그렇지 않기도 한다. 부지불식간 또는 고의로 정부가 정책문제를 누락시키기도 한다는 뜻이다(Saurugger, 2016). 정부는 정책문제를 받아들일 때 문제의 일부분을 받아들일 수도 있으며, 다른 사회문제와 결합해 정책문제로 받아들이기도 한다(Cobb, Ross, & Ross, 1976). 이것을 정책의제 설정 과정이라고 한다. 권력을 가진 정부는 정부가 해결하기 쉽고 해결 가능성이 큰 문제를 정책의제(Policy Agenda)로 채택할 확률이 높다.

때때로 어떤 사회문제는 토론조차 되지 못하고 대중 대부분에 의해 인식되지 않는다. 그 이유는 정부가 고의로 의제의 목록에서 특정 사안을 대두하지 못하도록 강제함으로써 자신들에게 유리하고 불편하지 않은 의제만을 선별하는 행위인 '무의사결정 (Non-Decision Making)'을 하기 때문이다(Bachrach & Baratz, 1962: 952). 정책결정에는 '그렇다'의 ① 인용 결정, '그렇지 않다'의 ② 비인용 결정, 그리고 아무 결정도 하지 않은 결정인 '③ 비결정'이 있다. 비결정 또는 결정 유예도 엄연한 결정인데, 이 비결정을 '의사를 결정하지 못한 비결정 또는 ④ 무의사결정'이라고 할 수 있다. 하지만, 본 절의 무의사결정은 결정의 논의 대상과 대안으로 취급되지도 않은 것이므로 정확히 표현하면 '④ 정책의제 채택 전 제외·배제 결정'이다.

〈표 8-1〉 무의사결정과 의사결정의 비교

정책의제와 정책결정의 단계			
정책의제 채택 전 ➡	정책의제 채택 ➡	정책의제 채택 후 (의사결정 단계)	
④ 무의사결정	의제 논의 + 대안 작성 (정책형성 필요)	① 인용 결정	② 비인용 결정	③ 비결정 / 결정 유예 / 지연
의제 목록에 미포함 / 고의적 배제		그렇다	아니다	아직 모르겠다; (결정 안 됨)

또한, 정부는 권력을 이용해 정책 일부분을 고의로 빠뜨리며 왜곡 변형시키기도 한다. 또 어떤 경우에는 사회적으로 문제가 없는 대중적 이슈가 강하지 않은 문제를 정부 스스로 정책의제화해 관련 정책을 추진하기도 한다. 또한, 특정 정책대상집단 (Policy Target)과 결부해 해당 집단의 이미지가 좋으면 적극적으로 의제를 삼기도 하고 그 반대의 경우라면 누락시키기도 한다(Ingram, 1977).

흔히 대통령의 행위를 통치 행위라고 하며, 이 행위에는 반드시 사회문제의 첨예 및 대중적 문제 또는 쟁점의 강력한 대두라는 특성이 필요 없다. 권력을 가진 대통령은 자기 스스로 특정 문제에 대한 가치를 부여하고 그 문제를 해결하기 위해 정책을 결정하고 추진한다. 이때 일반 대중이 가진 인식과 대통령이 가진 인식 간의 차이가 발생하지만, 정책을 추진하는 주체는 대통령이다. 만약 대중과 괴리된 대통령의 정책의제 설정과 정책결정이 있더라도 이는 우선순위와 정치적 가치의 문제이며 법적 책임의 문제가 아니다.

3) 콥, 로스, 로스의 의제설정모형

정책의제 설정은 과정상 대체로 개인문제가 ① 사회문제 → ② 사회 쟁점(social issue) → ③ 대중의제(Public Agenda) → ④ 정부의제(Governmental Agenda)의 순서로 진행된다. 이에 모든 정책의제설정이 이와 같은 정상적이고 순차적인 단계를 거친다고 이해되지만, 실상은 그렇지 않다(Cobb, Ross, & Ross, 1976). 아래는 콥, 로스, 로스(Cobb, Ross & Ross, 1976)의 의제 설정에 관한 설명이다.

정부 내부에서 정책 관료 간 의제를 설정해 정책문제 및 관련 정보를 공유하던지, 또는 설정된 의제를 대중에게 알려 주는 방식의 의제설정 과정을 거친다. 첫째, 정상적인 4가지 단계의 진행을 '외부주도형'이라고 한다. 이와 달리 비정상적인 과정으로 '동원형'과 '내부접근형'의 두 가지의 정책의제 설정 과정이 있다.

둘째, 동원형의 의제설정 과정은 ① 사회문제 → ④ 정부의제 → ③ 대중의제의 순으로 진행된다. ② 사회 쟁점의 단계를 거치지 않고 ③ 대중의제의 단계를 지나쳐서 먼저 정부가 의제화한 다음 대중이 인식하는 의제가 되는 단계를 거친다.

셋째, 내부접근형의 의제설정 과정은 ① 사회문제 → ④ 정부의제의 순으로 진행된다. ② 사회 쟁점의 단계와 ③ 대중의제의 단계를 거치지 않기에 정부가 특정 문제를 의제화한 다음 대중이 인식하지 못하도록 하는 정책의제 설정의 단계를 건너뛴다(Cobb, Ross, & Ross, 1976).

4) 킹던의 정책창 이론

정책창 이론(Policy Window Theory)은 개인 문제가 사회문제가 된 후 사회 쟁점의 단계를 넘어 정책문제로 받아들이는 과정인 정책의제 설정 과정의 대표이론이다(Kingdon, 1995). 정부가 정책문제로 받아들여 논의하고 결정할 대상이 정책의제이며, 킹던(John W. Kingdon)은 결정의제(Decision Agenda)가 정책창 이론의 의제 설정 과정에서 도출된 마지막 산출물이라고 한다(Kingdon, 1995).

정책의제로 사회문제가 수용되는 과정은 세 가지 흐름(Stream)의 중첩 또는 결합(Coupling)의 결과라고 한다. 최소 1개 이상의 흐름이 중첩 또는 결합하면 정책의제로 받아들여질 가능성이 크다고 한다. 이를 위해 정책창이 열릴 때 최소 1개 이상의 흐름이 필요하다고 한다. 세 가지 흐름은 ① 문제의 흐름(Problem Stream), ② 정책의 흐름(Policy Stream), ③ 정치의 흐름(Politics Stream)이다.

② 정책의 흐름은 설익은 대안이나 해결책의 흐름이다. ③ 정치의 흐름은 특정 의제가 정책의제로 수용되기를 바라는 정책혁신가 등 정치 영역의 활동이다. 정책창(Policy Window)은 공청회, 의회 회기 등과 같이 의제 논의가 활발한 시기이며, 규칙적으로 또는 불규칙적으로 열린다.

만약 정책창이 열릴 때 한 개 이상의 흐름이 강하면 사회문제가 의제화된다. 다만, 정책의 흐름은 스스로 의제화를 시킬 수 없다고 한다. 왜냐하면 대안이나 제안 및 해결책이 아무리 강하고 정교해도 정책창이 열렸을 때 문제 및 정치의 흐름이 없다면 어떤 사회문제가 의제화될 수 없기 때문이다. 어떤 문제는 항상 존재해 우리 주위를 떠돌고, 대안도 제시되며, 정치활동도 활발한데, 정부 의제화가 안 된 이유는 정책창 열림의 시기에 중첩 또는 결합이 없기 때문이라고 한다(Kingdon, 1995).

4. 정책형성

정책형성(Policy Formulation)의 과정은 정책결정에 앞서 정책의제(또는 정부의제 및 결정의제)에 대한 비용과 편익 그리고 가장 바람직한 정책추진 방법 등을 구상하는 단계이다. 정책형성 단계에서는 흔히 정책분석(Policy Analysis)이 많이 요구된다. 정책가치와 정책원리, 정책의 비용과 편익, 정책의 실행가능성과 실행 방안, 정책의 비용 부담자와 수혜자 등에 대한 정책분석이 진행된다(Borras & Edquist, 2013; Hood, 1983; Howlett, 2004).

이에 가장 바람직한 정책이 무엇인지를 고민하고 설계하는 단계이다. 정책의 목표와 정책수단(Policy Instrument or Policy Tool)에 대한 혼합적 설계(정책혼합; Policy Mix)를 작성하는 단계이기도 하다(Capano & Howlett, 2020). 정책형성 단계에서는 산업연

관분석, 비용·편익분석과 같은 다양한 계량기법과 정치 문제에 관한 결과 예측 및 질적 분석과 같은 다양한 비계량적 방법이 동시에 이용된다.

정책분석(Policy Analysis)과 정책평가라는 용어는 정책학 전공자가 아닌 영역에서 혼재된다. 하지만, 정책학에서는 정책분석은 정책과정의 사전, 중간, 사후에 행하는 학술적·기관실무적 평가나 분석을 모두 포함하는 용어이다. 반면, 정책평가는 정부기관(자기 조직 또는 상위 정부기관)에 의해 정책집행 이후에 행해지는 평가라는 점에서 차이가 있다. 따라서 예를 들면, 「국가재정법」 38조에 따른 국가 재원 규모가 300억 이상인 국책사업 등에 대한 예비타당성 평가는 평가의 용어를 지니지만, 다시 말하면 정책결정 이전에 정책대안에 대한 경제성 분석이나 검증에 치중되므로 엄정하게 말하면 정책분석에 해당한다.

5. 정책결정

1) 정책결정의 의의

정책결정(Policy Decision-Making)은 정책채택(Policy Adoption)이라고 한다. 정책결정의 정의에 대한 학자 간 견해 차이는 존재한다(Anderson, 2003). 정책은 문화정책, 사회복지정책 등 상위 또는 대분야의 정책결정으로부터 프로그램 수준의 정책결정까지 나타난다.

2) 정책결정과 합리성

정책결정과 합리성(Rationality)에 대한 논의는 중요하다. 대체로 합리적인 모형에 근거해 정책이 결정된다. 정책결정이 비합리적으로 진행된다고 믿는 학자나 대중은 없다.

하지만, 합리성이 줄이거나 합리성을 보완하는 다양한 차원의 정책결정 방식이 동시에 진행된다. 어느 정도의 합리성이 과연 정책결정에 도움이 되는지에 대한 이견이 분분하다. 합리적 정책결정은 정부 정책의 핵심일 수 있지만, 합리성이 높은 것이 반드시 바람직하진 않다.

정책결정은 기본적으로 의사결정과 유사한 형태이며, 정책결정을 위해서 합리모형, 만족모형, 앨리슨모형, 혼합주사모형, 최적모형, 회사모형, 점증모형 등의 다양한 정책결정모형이 이용된다.

(1) 합리모형

채피(Chaffee, 1980)는 정보의 수집과 사용을 기준으로 다음과 같은 프로세스에 의하면 합리적인 의사결정 과정의 일곱 가지 필수 요인을 아래와 같이 설명했다.

첫째, 정보는 의사결정 이전에 수집되어야 한다. 둘째, 정보는 문제 중심적이며 목표에 따라서 수집되어야 한다. 셋째, 문제를 해결하고 목적에 달성할 필요성과 시급성에 대한 존재를 증거화한 것이 정보이다. 넷째, 문제를 해결하고 목적에 다가설 수 있는 하나 이상의 복수 대안을 고려할 수 있도록 정보가 수집돼야 한다. 다섯째, 정보는 원인과 결과의 인과관계가 항상 논리적·내부적 일관성을 가져야 한다. 여섯째, 정보는 목표를 달성하는 데 고려되는 다양한 대안 중에 가치를 증명한다는 점에서 효과를 극대화할 수 있도록 정보가 수집돼야 한다. 일곱째, 정보는 정보가 기반하는 가치적 전제를 식별할 수 있어야 한다.

이를 종합하면, 합리적 의사결정이란 다음과 같은 전제가 확립돼야 한다. 첫째, 모든 정보가 수집돼야 한다. 둘째, 목표에 우선순위가 정확하게 규정돼야 한다. 셋째, 목표를 달성할 수단과 수단의 이용 방법이 명확하게 드러나야 한다. 넷째, 정보와 목표에 근거해 미래 예측이 정확하게 가능해야 한다. 따라서 완전 정보의 수집과 정확한 미래 예측 그리고 그에 이르는 수단 또는 대안의 우선순위가 순환적이지 않게 결정해야 함을 전제한다면, 실제적인 합리적인 의사결정은 매우 어렵다.

정책결정에서는 합리성의 증진이나 합리성의 정도를 어느 정도까지 도모할 것인지에 대한 사고와 시각을 기준으로 이론이 다양하게 분류된다. 합리모형에서는 현재 사실에 대한 비용편익 효용의 분석, 대안 마련과 우선순위 분석, 미래 발생 가능성 평가 등이 완벽하게 준비되면 합리적 분석이 가능하다.

하지만, 합리모형은 모든 대안 찾기, 비교 우선순위의 선정 및 이행성 확보, 미래 발생에 관한 확실성이라는 측면에서 모든 정보와 비용을 찾고 계량화하여 비교해야 한다. 그러나, 합리모형은 이런 계량화가 불가능한 정책결정모형이다. 즉, 합리모형이 요구하는 추론 과정과 조건을 충족할 수 없는 흠결이 있다.

합리적인 결정 과정을 통해 좋은 정책대안을 선택해도 관료의 집행가능성과 정책대상자의 수용 가능성은 크지 않을 수 있다. 또한, 합리성의 정도는 가능하다면 가장 최고의 수준을 달성해야 하는데, 그 수준이 어느 수준인지 또는 어느 정도가 최고의 합리성인지 판단하기 어렵다. 합리성만을 추구하는 모형으로 정책결정을 하면, 그 자체 및 결정 과정의 단점으로 인해 오히려 불가능한 합리적 결정을 추구하는 오류가 발생할 수 있다. 오류 교정의 방식은 합리성을 보완하는 방식과 합리성을 축소하고 다른 요인으로 대체하는 방식이 있다.

제대로 된 정책결정의 방법은 오류가 있는 합리모형보다 더 고도화된 합리성을 추구하는 방안, 합리성을 줄이더라도 현실 적합성을 높이는 방안, 합리성보다 조직 차원의 타당성과 수용성을 높이는 방안으로 구분할 수 있다.

첫째, 정책의사결정에서 고도의 합리성 추구 방안에는 초합리모형 또는 최적모형이 있다. 둘째, 합리성 완화의 적합성 증진 방안은 만족모형, 점증모형, 혼합주사모형이 있다. 셋째, 조직 차원의 타당성 증진 방안은 회사모형, 앨리슨모형, 쓰레기통모형이 있다. 요약하면, 첫째와 둘째의 방안은 정책의사결정의 합리성을 보완하는 방식이며, 셋째의 방안은 합리성 축소와 합리적 요소의 대체 방식이다.

(2) 초합리모형

초합리모형 또는 최적모형은 합리적 정책결정이 합리적이지 않은 이유는 합리성의 구성 요인이나 결정 단계를 완벽하게 구성하고 있지 않다는 비판에서 시작된다. 아래는 드로(Yehezkel Dror)의 최적모형(Optimal Model) 또는 초합리모형의 설명이다(Dror, 1970; 1983).

첫째, 합리모형은 계량적·객관적 변수에 의한 분석에 부가해 직관, 경험, 전문적 시각 등 기존에 합리적 요소에서 배제된 요소를 포괄한다는 점이 강조된다. 때로는 합리적 정책결정이 오히려 비합리적이라고 할 수 있다. 즉, 합리적 대안, 예측, 분석에서 오류를 발생시키는 요인을 보완하는 것이 바람직하다는 것이다.

아울러 합리모형은 일회적 결정, 단선적 결정이 차후의 결정에 연계되지 않고, 정책환류가 없다는 점이 단점이라고 한다. 이를 위해 정책결정 절차를 더 완결적이고 합리적으로 구축해야 한다. 특히 정책결정 이전의 단계(상위 정책결정의 국면 또는 메타 정책결정 단계; Meta-Policymaking Phase)와 결정 이후의 단계(환류 단계)를 정책설계에 포함해야 한다는 것이다. 합리적 정책결정은 설계 단계와 환류 단계를 엄정하게 구분하지 않은 점을 비판해 초합리모형 또는 최적모형이 등장했다.

(3) 만족모형

만족모형(Satisficing Model 또는 Satisfying Model)은 합리모형에 입각한 정책결정의 단점이 가능한 모든 대안 찾기, 우선순위의 이행성, 미래 발생에 관한 확실성을 과도하게 증진하는 노력이라고 한다. 현실적 분석 방법은 모든 정보와 비용을 찾는 어려운 과정을 거치지 않는 것이다. 제한된 합리성(Bounded Rationality)을 추구해 우선 중요한 소수의 대안을 찾고, 그 대안들 간 순위를 매기고, 미래 발생의 확실성을 높여야 한다. 분석가와 의사결정자는 만족할 만한 수준에서 대안 분석을 멈추고 현실적합성이 높은 결정을 할 수 있다는 점이다(Simon, 1955; 1990; 1997).

(4) 점증모형

점증모형(Incremental Model)은 과거의 결정은 현재 결정에 대한 기반이나 시작점이 된다고 가정한다. 과거 결정이 바람직한 결정인지는 모르지만, 해당 결정은 정책집행을 통해 정책관련자의 수용도가 높은 결정이다. 즉, 이는 민주적 의사결정이다. 기존 결정에서 문제나 비판이 크게 제기되지 않는다면 소폭의 변화를 야기하는 결정이 바람직하다. 약간의 증감을 지향하는 결정은 합의나 동의가 큰 결정으로 바람직한 정치적 의사결정이라고 할 수 있다(Lindblom, 1963; 1965; 1968).

(5) 혼합주사모형

혼합주사모형(Mixed Scanning Model)은 부분적으로 합리모형이며, 부분적으로 점증모형이다. 에치오니(Amitai Etzioni)의 혼합주사모형은 기본적으로 혼합모형이다 (Etzioni, 1967). 합리모형과 점증모형을 단계별로 적용해 더욱 적절성이 높은 정책결정을 추구하는 모형이다. 합리모형과 점증모형의 순차적 적용은 더 우월한 결정을 도출한다고 한다.

혼합주사모형에서는 합리모형이 가진 단점을 그대로 둔 채 해당 모형을 적용할 수 없다. 따라서 첫 번째 단계에서 극단적이고 적극적인 합리모형은 지양하고 포괄적이고 완화된 합리성을 추구한다. 문제 영역이나 분야를 전반적으로 훑어보는 축소된 합리성을 이용하여 문제해결이 필요한 곳을 찾는다. 탐색을 통한 정책문제의 판단이 우선된다. 점증모형의 두 번째 단계는 본격적인 결정의 단계에서 문제 영역이나 분야에 인접한 곳을 면밀하게 분석하거나 과거 해결책을 찾아 결정에 원용한다. 따라서 포괄적 합리모형과 강화된 점증주의 모형을 혼용한 모형으로 하나의 의사결정 모형을 이용할 때의 단점을 보완하고자 하는 혼합모형이다.

(6) 회사모형

회사모형(Firm Model)은 기업이나 사업체의 이윤 추구를 위해 노력하는 합리적 행위자의 결정 과정을 분석한 정책결정 모형이다. 사이어트(Richard Cyert)와 마치(James G. March)가 개발한 모형으로 기업은 본질적으로 이윤의 추구 및 극대화가 목표이므로 합리모형에 입각한 대응을 할 것으로 기대하였다(Cyert & March, 1963).

하지만, 조직 내부를 분석한 결과 그들의 결정 방식은 합리적인 방식보다 정치적인 방식이었다. 조직 문제를 해결하기보다는 문제해결책을 찾는 과정에서 일상적인 조직 절차를 준수하는 행태를 보였다. 문제의 완전한 해결이 불가능하다면 갈등의 불완전한 해결 또는 준해결(Quasi-solution)을 선호했다.

준해결은 문제에 관한 결과를 예측하거나 만족할 만한 결과가 기대되지 않을 때 문제해결을 지연하거나 방치하는 식의 문제 회피적 결정이다. 적극적 해결은 조직정치의 승리자와 패배자가 등장하기에 조직구성원이 만족할 만한 방식이 아니다. 문제해결보다 지속적 대안 탐색, 만족할 만한 수준의 결정, 조직 일상적 행태의 지속 가능성을 위한 정책을 결정한다. 따라서 기업의 이익 극대화보다는 연합과 협상으로 조직구성원의 일상적 활동에 잘 부합하고 누구나 동의와 수렴이 가능한 대안이나 결정을 선호한 것이다.

(7) 앨리슨모형

앨리슨 모형(Allison Model)은 1960년 쿠바가 미사일 기지 건설함에 따라 미국 정부의 기관 참여자가 이를 해결하는 과정을 분석하여 정책결정모형으로 요약한 것이다. 이 모형은 합리모형, 조직과정모형, 관료정치모형의 세 가지 하부 모형으로 구성된다. 미국의 안보 불안 및 국방 위협이라는 정책문제를 해결하려는 공식적 참여자의 활동과 결정 태도를 종합한 것이다. 앨리슨(Graham T. Allison)은 앨리슨모형을 다음과 같이 설명한다(Allison, 1969).

첫째, 합리모형은 미국의 국가안전보장위원회에 참여한 기관 참여자들이 합리적 행위자라고 가정한다. 쿠바 미사일 기지 건설과 위협이 불러올 비용, 대안, 대응 방법의 열거와 우선순위 선정, 해결 방안의 미래적 함의 등을 체계적이고 종합적으로 최대한 분석하고 정책대안을 결정하려고 했다는 점이다.

둘째, 조직과정모형은 개별 정부 기관의 공식적 참여자가 자기 조직이 정책문제를 처리하는 일상적인 방식으로 국가적 안보 위협에 대처한 사실을 설명한다. 각 기관이 통상적으로 사용하는 정보 수집과 해석의 통로와 처리 방식 사용, 기관 독자적 문제의 이해와 해결 방식으로 주요 문제의 해소 결정을 내리려고 했다는 점이다. 이에 어떤 조직도 문제의 완전한 해결보다 자기 조직의 일상화된 정책결정 방식으로 문제를 해결하려니 해결책에 대한 수렴이나 동의가 어려웠다.

셋째, 관료정치모형은 공식적 기관 참여자는 이 위기 문제의 해결을 위해 상호 협상하고, 때론 압력을 가하며, 흥정 및 조정하는 행태를 보인 점이다. 각 기관의 해결책은 문제해결보다 그 결과로 인한 관료적 피해나 비난을 회피하고 조직 이익을 걷는 방식을 최종 정책으로 받아들이려 시도한 점이다. 이처럼 국가의 안보 위협이라는 엄중한 상황에서조차 개별 기관은 합리적이고 공익적 결정보다 기관이나 조직 우위적 결정을 지양해 문제를 다뤘다는 점이 흥미롭다.

(8) 쓰레기통모형

쓰레기통모형(Garbage Can Model)은 결과론적인 주먹구구식 결정을 의미한다. 마치(March, 1994)는 쓰레기통을 다음과 같이 설명한다. 조직의 의사결정은 우연한 기회에 문제, 참여자, 해결책이 한꺼번에 만나면서 나타난다고 한다. 비정형적이고 기대한 결정을 벗어나는 유형인 정책의사결정은 계량화된 모형과 선형 예측의 결과로 발견됐다. 참여자의 에너지와 투입에 관한 빈도 등에 대한 계량적 시뮬레이션을 해서 특정 유형의 조직 의사결정 방식을 찾고자 했지만, 유형화된 결정 방식과 원인을 발견하지 못했다.

반면, 정형적이고 예측적 결론의 도출보다는 우연한 결정의 유형을 목격했다. 문제가 모든 참여자에게 본격적으로 대두되기 전의 결정, 문제의 본질을 벗어난 해결책 결정, 지연적 결정 등이 나타났다. 이런 결정은 문제해결이라는 측면에서 보면, 실질적 해결이 아니지만, 조직 내 정책결정이라는 차원에서 보면 실제적인 결정의 모습이다.

6. 정책집행

정책집행(Policy Implementation)은 앞선 단계인 정책결정에 따라 정부나 공공기관이 정책을 구체적으로 실현하는 과정을 의미한다. 정책결정의 하향적 집행관에 따르면, 정책집행은 정부가 구상한 대로 하위 집행기관이나 정부 관료가 그대로 집행할 수 있다고 생각한다. 따라서 대체로 기계적인 집행관이 하향적 집행관 및 접근법(top-down approach)에 해당한다(Bardach, 1977; Howlett, 2000; Pressman & Wildavsky, 1973).

이와 달리 정책의 상향적 집행관에 따르면 정책은 아무리 잘 설계되거나 구성되더라도 현장에서 현실적으로 적용되기 어렵다고 한다. 이에 정책집행의 담당자인 일선 관료(Street-level Bureaucrat)가 대체로 정책을 재해석하고 재결정하고 변형함으로써 정책이 실질적으로 집행된다고 생각한다(Lipski, 1982). 따라서 형성적인 집행관이 상향적 집행관 및 접근법(bottom-up approach)에 해당한다.

1) 정책집행과 일선관료

일선관료(Street-level Bureaucrat)가 현장에서 느끼는 정책집행의 어려움은 다음과 같다. 립스키(Michael Lipsky)는 그의 저서인 『Street-Level Bureaucracy: Dilemmas of the Personal in Public Services』(1982)에서 고객 반응 이론에 대해 역사적으로 의미있는 연구를 수행했다. 일선 관료와 정책집행 현장에 대한 립스키의 발견은 정책집행에서 주요 지식이 됐다.

첫째, 정책집행을 위한 자원이 만성적으로 부족하다. 둘째, 공공서비스의 수요는 공급을 충족하기 위해 증가하는 경향이 있다. 셋째, 정책집행 정부기관의 내세운 정책목표의 기대치들은 모호하거나 상호 상충하는 경향이 있다. 넷째, 목표 달성을 지향하는 성과는 측정 불가능하지 않지만 매우 어렵다. 다섯째, 정책의 고객은 일반적으로 비자발적이어서 대체적인 결과를 보면, 고객은 관료의 주요 참조집단(reference group)이 아니다. 여섯째, 일선관료는 일반적으로 공공서비스의 제공에서 최소한 어느 정도의 재량권이나 재량권이 있다. 일곱째, 자원이 부족하고 수요가 높은 상황에서 관료는 서비스를 배분한다. 여덟째, 자원 흐름에서 예측 가능성을 더 크게 하려면 일선관료는 시간과 에너지와 같은 업무자원을 관리한다. 아홉째, 일선관료는 적당한 거리 두기, 자율성, 전문성 및 상징성을 유지하고 고객을 통제해 결과적으로 불확실성을 줄인다. 열째, 일선관료는 종종 자기 업무에서 소외되고 심리적 좌절감을 표출한다. 열한째, 일선관료는 대체로 중산층이기에 업무, 절약 등과 같은 중산층 가치에 따라 공공서비스를 배분한다(Frederickson & Smith, 2003).

2) 정책집행 연구의 세대

정책집행의 연구는 1세대, 2세대, 3세대 연구로 구분된다(Howlett, 2004; 2005). 첫째, 정책집행의 1세대 연구는 정책집행에서의 문제점을 확인하고 정책결정과 정책집행 간 괴리가 존재함을 확인하고 정책수단의 효과성에 관한 연구들이다. 둘째, 정책집행의 2세대 연구들은 정책집행의 성공 요인과 실패 요인을 선별에 초점을 둔 연구들이다. 셋째, 정책집행 상황의 변화와 집행 왜곡에 관한 본격적인 연구는 정책집행의 제3세대 연구에서 등장한다. 정책집행의 제3세대 연구는 외부 환경에 초점을 둔 연구들로서 집행 상황의 잠정성, 왜곡성, 가변성 등에 관심을 두어 정책집행의 외부적 맥락성과 역동성을 중시한 연구들이다. 또한, 제3세대 정책집행에 관한 연구는 상향적 접근법과 하향적 접근법의 통합성 지향, 과학적·이론적 정교화에 더 접근했다.

7. 정책평가

정책평가(Policy Evaluation)는 흔히 정책분석과 비교된다. 정책분석은 대체로 정책형성 단계에 필요하며, 그다음은 정책평가 단계에서 필요하다. 분석의 범위를 보면, 정책분석은 정책평가를 포함한다(Hogwood & Gunn, 1984). 정책평가는 정부기관이 결정하고 추진한 정책의 사회적 산출물에 대한 분석이다. 구체적으로 정책의 성과나 결과 그리고 정책 영향력에 대한 분석을 의미한다. 따라서 정부기관이 추진한 정책에 대해 자기 기관 또는 상급 기관이 정책산출물을 평가하는 행위를 정책평가라고 한다(박경돈, 2024).

예를 들면, 중앙행정기관은 자기 부처가 만든 성과관리계획서에 근거해 연도별로 정책의 추진 성과를 해당 기관이 스스로 평가하고 있다. 이때 정책평가 과정에 외부 전문가와 자기 기관의 구성원이 포함될 수 있지만, 기본적으로 정책평가의 주체가 해당 집행기관 또는 정부기관이므로 이는 정책평가에 해당한다.

이와 달리 정책분석은 정책과정의 외부에 있는 학자나 전문가 또는 이해관계자가 이미 추진한 정책에 대해서 다시 분석하는 행위이다. 또한, 정책이 추진되기 전에 정책형성 단계에서처럼 미래의 기대 효과를 잠정적으로 예측할 수도 있다. 따라서 정책집행에 대한 평가적인 목적만을 가진다면 정책평가라고 하고, 정책에 대한 학문적인·비학문적인 평가를 모두 포함하면 정책분석이다(Hogwood & Gunn, 1984). 이와 같은 개념 구분에도 불구하고 현실적으로 또는 타 학문 분야에서는 정책평가가 정책분석이 동일 용어로 대체해서 사용하기도 한다.

8. 정책유형

많은 학자는 세상의 수많은 정책을 유형화하려고 했지만, 아직 모든 정책을 구분하는 이상적인 유형화 방법은 없다. 하지만, 로위(Theodore J. Lowi)는 모든 정책을 네 가지로 구분했는데, 학계에서 로위의 유형화를 많이 채택해 정책 구분으로 이용하고 있다(Lowi, 1964; 1972). 그는 분배정책, 재분배정책, 규제정책, 구성정책의 4가지 정책유형을 제시했다(박경돈, 2024).

첫째, 분배정책은 삶의 질에 기본적·필수적인 광범위한 공적 서비스와 관련된 정책으로 지역적으로 고르게 분포된 서비스와 관련된 정책이다(예: 소방 서비스 정책). 둘째, 재분배정책은 부(富), 재산, 직위, 권리 또는 가치 자산 등의 이전이나 소유 변경을 야기하는 정책이다(예: 복지정책). 셋째, 규제정책은 정책대상자에게 통제, 제한, 제약을 가하는 정책이다(예: 의료면허 획득 및 교부 정책). 넷째, 구성정책은 정치적 활동을 하는 규정이나 기구 구성에 대한 정책이다. 정책을 결정하려는 기구나 제도에 대해 결정하는 정책이 필요하므로 기본적으로 구성정책은 국가 차원의 상위 수준에서 발생하는 정책이다(예: 국가 정치체제의 결정, 선거구 획정 정책 등).

9. 정책참여자

정책참여자는 ① 공식적 참여와 ② 비공식적 참여자로 나뉜다. ① 정책의 공식적 참여자는 법률적으로 또는 제도적으로 정책과정의 참여가 보장된 사람들이다. 행정부, 입법부, 사법부의 공무원 등이 공식적 참여자이다. 대통령, 국회의원과 지방의회 의원, 중앙과 지방자치단체의 공무원, 법관, 헌법재판소 재판관 등이 이에 해당한다(박경돈, 2024).

② 정책의 비공식 참여자는 법률적으로 또는 제도적으로 정책과정에 참여가 보장되

지 않는 사람들이다. 전문가나 교수, 언론매체, 이익집단, 정당은 비공식 참여자이다. 정당은 정권 획득을 위한 정치적 이익집단이다. 정당의 경우, 우리가 생각했던 것보다 공식적 참여자인 의원을 배출한 정당의 수는 작다.

국회의 양대 정당처럼 국회의원을 배출한 정당은 공식적 참여자의 지위를 가지만 일반적으로는 정당은 원내 진출한 의원이 없는 정당이 매우 많기에 비공식적 참여자이다. 국회의원 선거를 상기하면, 투표용지에 전혀 들어본 적 없는 수많은 정당이 등장하지만, 유효득표수가 낮아 1명의 의원 배출에 실패한 정당이 많다. 또한, 사실 투표용지에 등장하지 않는 정당도 훨씬 더 많다.

10. 정책수단

정책수단(Policy Instrument or Tool)은 정책도구라고도 하는데, 정책목표를 달성하기 위해 이용되는 방법을 통칭하는 개념이다. 경제적 정책수단은 규제, 과세, 보조금 지급, 재산권 설정 등이 있다. 복지 정책수단으로 바우처, 직접 서비스, 공동 서비스의 제공, 민간위탁과 민영화 등의 방법이 이용된다. 또한, 새로운 부서나 조직의 개편이나 창설, 재정과 예산의 설정 및 조정·변경 등도 모두 정책수단이다. 대체로 하나의 정책에 복수의 정책수단이 사용된다.

이처럼 정책수단은 유형과 종류가 광범위하기에 때때로 정책목표와 정책수단은 정책집행 관료의 입장에서 혼동된다. 집행관료의 혼란은 정책목표보다 정책수단의 확보 및 유지, 증진에 노력하는 현상을 수반한 경우가 있다. 목표를 망각하고 수단에 집착한 나머지 수단만을 중시하는 경향을 목표-수단대치(Goal-Means Displacement) 또는 목표대치(Goal Displacement)라고 한다.

예를 들면, 경찰관이 과속 차량을 적발해 안전한 교통 운행이라는 목표를 달성하려고 무인과속 단속 카메라라는 수단을 고속도로에 설치했다고 가정하자. 이 경우 무인 카메라 단속 실적이 규정 속도 운행 차량의 증가 및 과속사고 감소와 관련성이 없다고 밝혀지거나 해당 분석 없이 단속 카메라 설치 대수 증가와 관련 예산 확보에 혈안이라면, 이는 목표-수단대치의 전형적 현상이다.

11. 정책산출물

정책집행의 결과물은 정책산출물인데, 이와 같은 산출물도 구분된다(박경돈, 2024).

정책집행의 단순한 수치나 산출량, 적용 대상자 집단 등은 정책성과(Policy Output)라고 한다. 경찰 활동의 범인 검거 인원, 소방 집행의 화재 출동 건수, 대민서비스 집행의 정책수혜자 수 등이 정책성과이다. 결과적으로 정책성과는 정책집행의 결과를 반영한 수치라는 특성이 있다.

둘째, 사회적으로 바람직한 상태에 관한 수치, 지표 등은 정책결과(Policy Outcome)라고 한다. 정책결과는 실질적 성과의 사회적 의미를 반영한 산출물이다. 소방 집행의 화재 출동 건수는 많은 것이 바람직하다고 할 수 있지만, 허위 신고에 의한 출동, 부실한 소방 차량이나 충분하지 못한 소방 인원의 출동은 화재 진압과 화재로부터 안전한 상황에 대한 지표가 아니다. 따라서 특정 인원 이상의 화재 출동 건수 대비 화재 진압 시간, 유효한 화재 출동 건수 대비 진압 건수가 사회적으로 바람직한 상태를 달성한 정책결과일 것이다.

셋째, 최소 6개월 이상 정책결과가 나타나면 이는 정책영향력(Policy Impact)이다. 정책영향력은 비교적 정책집행 후 장기간에 나타나는 산출물이기에 이에 대한 반복적인 조사·분석이 필요하다. 만약 정책결과가 3번 이상 장기간에 걸쳐 조사됐는데, 의도한 정책목표가 증가하거나 감소하여 어떤 경향성을 가지면 정책영향력이 있다고 한다. 한편, 정책산출물은 중간산출물과 최종산출물 등으로도 구분된다.

제9장
정부 체제와 정부조직

1. 정부 체제

> 정부 체제로 연방국가와 단일국가는 어떤 차이가 있는가? 전세계적으로 단일국가보다 연방국가에서는 정부 권력이 상하정부 간 잘 분리돼 있는가? 행정부, 입법부, 사법부라는 3권분립을 가진 정부의 조직구조는 국가마다 똑같은가?

정부 체제는 다양한 하위 국가 및 지역을 연합한 연방제의 국가 체제를 구축한 경우도 있고, 단일 계층 구조의 국가 형태를 구축한 국가도 있다. 이에 연방국가와 단일국가의 구성 및 상호 차이점에 대해 고찰하고자 한다.

1) 연방국가

(1) 연방제의 의의

연방국가는 중앙정부와 지방정부 간 권력 분립을 법적·제도적으로 반영한 정치제도이자 정부 체제이다. 연방제는 국가마다 다른 형태를 지니지만, 다음과 같은 공통적인 특징이 있다(Benz & Broschek, 2013; Hawkesworth & Kogan, 2013).

첫째, 연방제는 중앙정부와 지방정부 간 이원적인 권한을 조건으로 설정하고 있다. 중앙정부가 주권을 가지지만, 동시에 지방정부도 대등한 주권을 가진 국가의 정치체제가 연방국가이다. 따라서 전제적 중앙정부의 출현을 사전에 막을 수 있다.

둘째, 연방제에서는 중앙정부와 지방정부가 권력을 서로 나누어 가지고 있다. 이와 같은 권력 분립은 연방제에서는 중앙과 지방정부 간 영토를 기준으로 유지된다. 권력 분립에 따라 정부들은 상호 독립적이면서 협력적인 관계를 맺고 있으면 중앙정부와 지방정부는 상호 동의하에 어떠한 국가적 행위가 진행될 수 있다.

셋째, 연방국가에서는 각 지역 정부를 아우르는 중앙정부가 있다. 이에 중앙정부는 적절한 수준에서 지역정부와 서로 견제하며 균형을 유지한다. 또한, 중앙정부는 지역정부들 간 갈등과 협력을 중재한다.

넷째, 연방국가에서는 통치 단위가 작은 단위의 하위정부로 세분돼 있다. 많은 사람이 입법과 행정 과정에 자율적으로 참여할 수 있고 이를 유인하는 정부 체제를 가진다(Hawkesworth & Kogan, 2013).

(2) 연방제 모형

한편, 연방제는 계층형, 분리형 그리고 상호의존형의 연방제 모형 등 세 가지 모형으로 나눌 수 있다(Pomper, Baker, & McWilliams, 1983; Schütze, 2009).[1] 첫째, 계층제 모형(hierarchy model)의 연방제 모형(Coercive Federalism)의 국가에서는 중앙정부가 지방정부보다 정책영역 및 정책의 권한과 수단 모든 면에서 우월적인 지위에 있다. 연방정부인 중앙정부는 지역정부, 주 정부로부터 계층적인 상태에 놓여 있으므로 사회구조적으로 충분히 강력한 영향력을 행사할 수 있게 된다(Kincaid, 1990; Pomper, Baker, & McWilliams, 1983).

둘째, 분리형 연방제 모형(Separation Model)이다. 중앙정부와 주정부가 독자적인 두

---

[1] 연방제 모형 중 계층형은 사다리나 삼각형의 국가정치 구조를, 분리형은 구획으로 나뉜 바둑판의 국가 정치 구조를, 그리고 상호의존형의 연방제 모형은 여러 개의 원(정부)으로 그려진 벤 다이어그램(Venn Diagram)의 국가정치 구조를 각각 대표적 정부 체제로 생각하면 이해하기 쉽다.

정부의 권한으로 분리돼 있어서 '이원적 연방제(Dual Federalism)'라고 한다. 실질적으로 독일처럼 중앙정부가 관장하는 정책영역과 주정부가 관장하는 정책영역으로 구분된 국가도 있다(Benz & Broschek, 2013). 이런 연방제 모형의 국가에는 정책의 독점적 권한을 가진 정부는 없다.

셋째, 상호의존형 연방제 모형(Interdependence Model)이다. 연방정부와 주정부 및 지역정부가 상호 중첩적인 역할을 추진하는 연방제 형태이다. 정책적인 중요 문제를 결정할 때 단독 관할권을 가지고 정책을 추진할 수 없어 '협력적 연방제 모형(Cooperative Federalism)'이라고 한다. 실질적으로 중앙정부와 지역정부의 정책영역이 중첩되며 이들 정부의 역할과 활동이 상호 대등한 상태에 있다(Schütze, 2009). 따라서 정책결정 및 사회적 쟁점의 해결을 위해서 다른 계층의 정부들과 협력적으로 문제를 논의해야 한다. 그리고, 정책추진에서 정부 간 관할권의 중첩을 해소하면서 상호 복합적인 연방제가 기능할 수 있도록 중앙정부와 지역정부가 모두 노력해야 한다.

2) 연방국가와 단일국가

정치권력의 집중과 분산에 관련된 논의는 국가 정치제제에서 매우 중대한 문제이다. 특히 국가의 정치체제에 따라서 권력이 집중될 수도 있고 분산된 때도 있다(Benz & Broschek, 2013). 흔히 우리는 연방국가가 단일국가보다 권력이 분산된 국가로 생각한다. 연방국가는 당연히 분권화된 국가이며, 단일국가는 중앙집권화된 국가로 생각하는 경향이 있다. 과연 그러한지 연방국가와 단일국가의 일반적 특징, 그리고 중앙집권화와 분권화를 재정적 차원에서 비교·분석한다.

어떤 국가가 연방제의 형태를 띨 것인가는 단일국가의 형태를 띨 것인가 하는 점은 헌법에 명시돼 있으며, 중앙과 지방 간 권력 분산과 밀접하게 관계된다. 흔히 단일국가에는 중앙정부가 존재하며 그 하위에 지방정부가 지역을 통제하지만, 중앙정부가 실질적으로 모든 정책영역에서 정부 권력을 독점적으로 행사할 수 있는 국가이다. 단일국가는 한 국가 영토 내에 유일하게 인정되는 정부가 중앙정부이며, 지방정부는 중앙정부의 대리인과 같은 역할을 하는 국가를 의미한다. 중앙정부는 지역정부가 결정한 정책을 번복할 수 있기에 일반적으로 중앙정부는 매우 막강한 독점적 권력을 가지고 있다.

〈표 9-1〉 연방국가의 목록

1	아르헨티나	7	캐나다	13	네팔
2	오스트레일리아	8	에티오피아	14	나이지리아
3	오스트리아	9	독일	15	남아프리카
4	벨기에	10	인도	16	스페인
5	보스니아헤르체코비나	11	말레이시아	17	스위스
6	브라질	12	멕시코	18	미국

출처: 국제의원연맹(2024, https://data.ipu.org).

이와 달리 연방국가는 중앙정부와 유사한 형태의 지방정부가 각 지역에서 창설되고, 그와 같은 지방정부는 법률에서 부여되는 막대한 독점 권한을 가질 수 있다. 연방국가는 다수의 정부가 한 영토를 동시에 지배하며 각자에게 부여된 정치권력에 따라 정책을 집행하는 국가이다.

또한, 연방국가의 지역 정부는 연방국가의 중앙정부와 다른 정치적 영향력을 행사할 수 있다. 독일은 주정부와 연방정부의 복수 정치권력이 한 지역을 지배하는 것이 아니라 정책영역별로 중앙정부와 지방정부 간 권한이 배분된 연방국가이다. 독일의 16개 주정부인 랜더(Lander)와 연방정부의 관할 영역과 관할권이 분리돼 주정부의 역할과 기능이 강화된다. 독일은 대표적인 이원적 연방국가이다(Gunlicks, 2003).

독일의 연방국가를 보면, 랜더는 교육과 방송 등의 정책영역에 대한 관할권을 가진다. 반면, 독일의 연방정부는 철도, 항공, 우편, 외교와 국방의 정책영역에서 관할권을 가진다. 역사적으로 보면, 연방국가는 단일국가의 형태로 운영되기를 반대하는 세력 간 협상의 균형적 결과인 경우가 많다.

3) 분권화된 단일국가와 집권화된 연방국가

단일국가나 연방국가는 다양한 정부 형태를 띨 수 있다. 권력이 중앙정부와 지역정부 중 어디에 더 집중되어 있는지 또는 분산돼 있는지에 대한 판단이 쉬운 일은 아니다. 그런데도 흔히 단일국가의 중앙정부는 권력이 크고, 연방국가의 중앙정부는 권력이 약하다고 한다. 과연 그럴까?

정부 권력의 분산 정도를 가장 가시적이고 쉽게 판단할 방법은 정부 간 지출과 수입을 중심으로 한 재정분권화(Fiscal Decentralization)이다. 재정분권화는 지역정부에 의한 재정수입과 지출(public total revenue and expenditure)이 중앙정부와 비교해 높은 수준을 달성한 국가이며, 그 비율은 전 세계적으로 비교할 때 상대적이다.

연방국가의 중앙정부 세입을 보면, 말레이시아는 중앙정부의 재정세입이 총세입의 90%를 차지한다(Shively, 2014). 캐나다, 미국, 스페인의 경우 연방국가로 지역정부(주 정부와 지방정부)의 재정세입 비율이 높다. 반면, 연방국가인 오스트리아는 총 정부의 재정 세입 중 지역정부가 약 15%에 불과한 세입을 차지해 재정이 중앙정부에 집중돼 있다. 따라서 연방국가가 반드시 재정분권화돼 있다는 통상적인 관점은 사실이 아니다.

〈표 9-2〉 OECD 국가의 재정분권화(2022년 기준 정부별 세입)

국가명	지역 정부 세입	국가명	지역 정부 세입	국가명	지역 정부 세입
캐나다 (연방제)	62.4%	체코	29.1%	노르웨이	17.1%
스위스 (연방제)	54.6%	아이슬란드	28.4%	슬로바키아	16.5%
미국* (연방제)	50.1%	폴란드	28.1%	오스트레일리아 (연방제)	15.2%
스페인 (연방제)	46.7%	이탈리아	25.4%	포르투갈	14.0%
덴마크	45.2%	라트비아	25.3%	이스라엘	13.5%
독일 (연방제)	45.0%	네덜란드	24.5%	헝가리	12.4%
스웨덴	41.2%	첼레*	20.9%	뉴질랜드*	10.8%
벨기에 (연방제)	40.4%	리투아니아	20.7%	룩셈부르크	10.4%
멕시코 (연방제)	38.1%	에스토니아	20.0%	아일랜드	8.1%

일본*	37.8%	프랑스	20.0%	그리스	7.0%
핀란드	36.7%	영국	18.7%		
한국	36.2%	슬로베니아	18.4%		

주) (2022년 기준; * = 2021년 자료);
출처: IMF(2024, https://data.imf.org)

단일국가의 중앙정부 재정의 세입을 구체적으로 살펴보면, 이스라엘, 칠레, 영국은 총세입의 90%를 중앙정부가 차지한다(Shively, 2014). 우리나라의 경우 총세입의 65% 이상이 중앙정부의 세입이다. 반면, 단일국가인 덴마크와 스웨덴의 경우 총세입의 60% 정도가 중앙정부의 세입이며, 지역정부의 세입은 40%를 초과한다. 즉, 덴마크와 스웨덴의 지역정부 세입은 연방정부의 최고 수준에 육박한다.

이에 단일국가가 반드시 중앙집권화돼 있다는 것은 사실이 아니다. 이와 같은 정부 세입을 기준으로 분권화를 종합하면, 분권화된 단일국가, 분권화된 연방국가, 집권화된 연방국가, 분권화된 연방국가의 네 개 유형이 존재할 수 있다. 이에 어떤 정부 체제가 집권화 및 분권화가 바람직한지는 국가의 구성, 국민의 인식, 정책집행과 통치의 방식, 역사적 경로와 협치 수준, 국가적 특수성 등에 따라 다르다.

〈표 9-3〉 정부 체제와 분권화 구분

구분	단일국가	연방국가
재정분권화	덴마크, 스웨덴	캐나다, 스위스, 미국, 스페인, 독일, 벨기에
재정집권화	그리스, 아일랜드, 뉴질랜드, 한국	오스트리아, 말레이시아

2. 정부조직

> 전 세계적으로 정부는 어떤 기관을 포함하는가? 국가 간 유사한 기관과 조직구조를 가지나? 국가마다 차이가 있다면 정부 조직구조 중 무엇이 다른가?

1) 정부의 구조

일반적으로 한 국가 내에서 가장 큰 권위를 보유한 존재나 집단은 정부이다. 정부조직은 대체로 '3권분립'으로 잘 알려진 행정권, 입법권, 사법권을 가진 행정부, 입법부, 사법부의 세 기관으로 구성된다. 하지만, 국가마다 차별적인 정부조직을 구축하고 있다.

형식적이든 실질적이든 행정부, 입법부, 사법부는 거의 모든 국가에서 존재하지만, 사법부와 헌법재판소가 공존하는 국가(예: 한국), 선거위원회(Election Commission)와 행정부로부터 분리된 헌법기관을 독립적으로 두는 국가가 있다. 따라서 헌법재판소와 선거위원회를 합치면 5권 분립의 기관은 행정부, 입법부, 사법부, 헌법재판소, 선거위원회가 정부의 구성 기관으로 열거할 수 있다. 하지만, 우리나라에서 감사원은 독립된 헌법기관이 아니다.

감사원

감사원의 역할은 헌법*에 따라 보장된다. 제97조 ~ 제100조는 제4관 감사원에 해당하는 헌법 조문이다. 구체적으로 감사원 관련 헌법 조문은 제97조(대통령 소속 아래의 감사원), 제98조(임기 보장과 중임), 제99조(세입·세출의 결산을 매년 검사), 제100조(조직·직무 범위 등 감사 관련 사항의 법률 위임)이 수록돼 있다.
그럼에도 불구하고 감사원은 행정부 소속 정부기관이다. 감사원법 제2조(지위) "① 감사원은 대통령에 소속하되, 직무에 관하여는 독립의 지위를 가진다. 제5조(임명 및 보수) ① 감사위원(임기 4년, 1회 중임)은 원장의 제청으로 대통령이 임명한다."라고 하여 감사원 소속 공무원은 행정부로부터 실질적으로 독립할 수 없는 특별한 기관이다.

* 「지방자치법」 제21조(주민의 감사 청구)와 「지방자치법 시행령」 – 「주민의 감사 청구 등의 서식에 관한 규칙」에 따라 그 지방자치단체와 그 장의 권한에 속하는 사무에 대해 주무부장관과 시·도지사에게 주민이 감사를 청구할 수 있다(참조 – 7장의 '주민의 감사 청구').

* 출처: 법제처(2024). 「대한민국 헌법」. 국가법령정보센터.
** 출처: 법제처(2024). 「지방자치법」. 국가법령정보센터.

(1) 헌법재판소

헌법재판소는 헌법에 관한 쟁점을 다루는 최고 고등법원이다. 주요 권한은 쟁점이 되는 법률이 실제 위헌인지 여부, 즉 헌법에 따라 확립된 원리, 권리 및 자유에 관한 법률이 충돌하는지에 관한 결정이다. 독립된 국가 기관으로서 최초의 전담 헌법재판소(Independent Constitutional Court)는 1919년 오스트리아 제1공화국의 오스트리아 헌법재판소이다(Stelzer, 2011). 오스트리아는 새 헌법의 발효와 함께 헌법재판소에게 연방국가의 법률적 검토 권한을 부여했다(Lagi, 2012).

이런 오스트리아 헌법재판소는 1920년부터 명목상 유지될 뿐 실질적인 위헌법률 심리는 열리지 않았다. 하지만, 많은 국가는 입법부 법안의 합헌성만을 별도로 심리하는 독립된 특별 정부기관이 필요하다는 논리를 수용했다. 오스트리아의 헌법재판소 개소와 관련 제도가 다른 국가에 소개되면서 리히텐슈타인(1925), 그리스(1927), 스페인(1931년), 독일(1949년) 등 여러 유럽 국가도 헌법재판소를 설립했다(Lagi, 2012).

아직도 많은 국가에서는 별도의 헌법재판소가 없다. 위헌적 법률에 관한 심리를 진행하는 법원을 '헌법 법원(Constitutional Court)'이라고 하며, 심리 방식과 관련된 사법 체계는 두 가지이다(Lagi, 2012).

첫째, 헌법에 관한 사법적 검토 권한을 일반 법원의 체계(예: 연방 대법원이나 대법원)에 위임하는 것이다. 최고 법원인 대법원(supreme court)이 헌법의 사법적 검토에 관한 최종 결정권을 가진다. 헌법적 최종 검토권이 대법원에 부여되면 법원 체계의 최고 법원은 헌법 법원이 된다. 세계에서 가장 오래된 헌법 법원은 미국 대법원이다. 그 이유는 독립된 헌법재판소는 아니지만, '마버리 대 매디슨 사건(Marbury v. Madison)'에서 의회가 만든 법률의 위헌성을 심리해 해당 법률이 위헌적이라는 사유로 효력을 무효화한 세계 최초의 법원 판결이기 때문이다(Chemerinsky, 2019).

마버리 대 메디슨 사건(Marbury v. Madison)

전임 대통령 시기에 임용된 마버리(William Marbury) 판사가 1801년 대통령 지명자(Thomas Jefferson)의 국무부 장관 지명자인 매디슨(James Madison)으로부터 임용장을 교부받지 못하자 행정집행명령(a writ of mandamus)을 통해 이를 교부하라는 소송을 내었다.

마셜(John Marshal)의 연방대법원은 미 연방의회가 제정한 법원조직법(Judiciary Act)이 하급법원의 심리를 거치지 않도록 규정했기에 미 연방 헌법에 위헌이며, 이 조직법에 근거한 행정집행명령도 함께 위헌이라고 하면서 마버리의 권리구제의 필요성을 인정하면서도 대법원에 낸 소송을 각하했다.

그 결과, 미 연방행정부로부터 연방사법부의 독립을 지켜냈고, 의회가 만든 법률에 대한 위헌법률심판(법률검토 또는 헌법재판; Judicial Review)을 전세계적으로 파급하게 된 계기가 된다.

출처: Chemerinsky(2019).

둘째, 다수의 국가를 보면, 일반 법원의 체계에는 헌법 법원이 없고, 그 대신 별도의 헌법재판소가 존재한다(Ramos, 2006). 전 세계적으로 총 64개국이 독자적 헌법재판소 또는 이와 유사한 별도의 헌법 심리 법원을 운영한다. 헌법재판소를 운영하는 국가를 가나다 순으로 총망라하면 아래와 같다. 특히, OECD 국가 중 11개국에 헌법재판소가 존재한다.

〈표 9-4〉 헌법재판소를 운영하는 국가

가봉(Gabon)	아제르바이잔(Azerbaijan)
과테말라(Guatemala)	알바니아(Albania)
남아프리카(South Africa)	앙골라(Angola)

니제르(Niger)	에콰도르(Ecuador)
대만(Republic of China(Taiwan)	오스트리아(Austria)
대한민국(Republic of Korea)	요르단(Jordan)
도미니카 공화국(Dominican Republic)	우간다(Uganda)
독일(Germany)	우즈베키스탄(Uzbekistan)
라트비아(Latvia)	우크라이나(Ukraine)
러시아(Russia)	이란(Iran)
레바논(Lebanon)	이집트(Egypt)
루마니아(Romania)	이탈리아(Italy)
룩셈부르크(Luxembourg)	인도네시아(Indonesia)
리투아니아(Lithuania)	잠비아(Zambia)
몰도바(Moldova)	조지아(Georgia)
몰타(Malta)	짐바브웨(Zimbabwe)
몽고(Mongolia)	차드(Chad)
미얀마(Myanmar)	체코 공화국(Czech Republic)
베냉(Benin)	칠레(Chile)
벨기에(Belgium)	카자흐스탄(Kazakhstan)
벨라루스(Belarus)	코소보(Kosovo)
보스니아 헤르체고비나(Bosnia and Herzegovina)	콜롬비아(Colombia)
북마케도니아 공화국(Republic of North Macedonia)	콩고민주공화국(Democratic Republic of the Congo)
불가리아(Bulgaria)	쿠웨이트(Kuwait)
세르비아(Serbia)	크로아티아(Croatia)
수리남(Suriname)	키르기스스탄(Kyrgyzstan)
스페인(Spain)	태국(Thailand)
슬로바키아(Slovakia)	투르키예(Turkey)
슬로베니아(Slovenia)	페루(Peru)
시리아(Syria)	포르투갈(Portugal)
싱가포르(Singapore)	폴란드(Poland)
아르메니아(Armenia)	헝가리(Hungary)

(2) 선거위원회

선거위원회(Election Commission)는 모든 국가에서 선거의 운동, 과정, 그리고 결과를 감독하는 기관이다. 선거위원회의 정식 명칭은 어느 계층의 정부에 존재하는지에 따라 다르다. 선거위원회, 중앙선거위원회, 또는 주선거위원회, 선거이사회(election board), 선거의회(election council), 또는 선거법원(election court) 등으로 다양하게 불린다. 선거위원회는 독립적, 혼합적, 사법적, 행정적 특성을 가지는 다양한 유형의 기관으로 국가마다 다르다. 선거위원회는 선거 업무의 관할 경계를 획정한다.

연방국가에는 각 하위정부에 별도의 선거위원회가 존재할 수 있다. 선거위원회는 선거가 질서 있게 집행되도록 할 의무가 있다. 선거위원회는 독립 모형, 부처 모형, 혼합 모형, 행정부 모형, 사법 모형의 5개 유형으로 구분할 수 있다. 아래는 위키피디아(wikipedia, 2024)와 각국의 선거관리위원회 웹페이지에 존재하는 설명을 요약한다 (https://aceeeo.org/ and http://www.aaeasec.org).

① 독립 모형

독립 모형(Independent Model)에서 선거위원회는 행정부와 독립적이며 자체 예산을 관리한다. 독립적인 선거위원회가 있는 국가는 한국을 비롯해 호주, 캐나다, 폴란드, 영국 등의 OECD 국가와 루마니아, 방글라데시, 인도, 요르단, 나이지리아, 파키스탄, 남아프리카 공화국, 스리랑카, 태국이 포함된다. 이들 국가 중 우리나라와 남아공과 같은 국가에서는 선거위원회의 독립성이 헌법에 따라 보장된다.

우리나라의 헌법 제114조 ~ 제116조는 제7장 선거관리에 관한 내용이 수록돼 있어 선거관리위원회에 관한 규정이다. 제114조(선관위의 구성과 위원 역할), 제115조(각급 선거관리위원회의 선거사무), 제116조(선거 경비 등)에 관한 내용이 있다. 헌법에 따라 선거위원회의 독립성이 다소 보장된다고 할 수 있다. 우리나라는 선거위원회의 명칭이 (중앙 및 지방의) 선거관리위원회로 중앙선거관리위원회의 장은 사법부 인사나 교육계 인사의 우대 조항에 따라 대법관 출신의 판사가 주로 임용되고 있다.

선거관리위원회법

- 제4조(위원의 임명 및 위촉)
- ① 중앙선거관리위원회는 대통령이 임명 3인, 국회 선출 3인과 대법원장 지명 3인의 위원으로 구성함.
- 중앙선거관리위원회 아래 시·도선거관리위원회, 구·시·군선거관리위원회, 읍·면·동선거관리위원회의 3계층의 위원회가 존재(선거관리위원회는 시·도, 구·시·군, 읍·면·동의 3개 계층으로 구분). 하위 선관위의 위원은 바로 상급 선관위에서 위촉
- ① 시·도선거관리위원회는 총 9인의 위원회로, 정당추천 3인, 지방법원장 추천 3인(법관 2인 포함) + 중앙선거관리위원회가 학식·덕망이 있는 자 3인을 위촉
- ② 구·시·군선거관리위원회는 총 9인의 위원회로, 정당추천위원 3인, 시·도선거관리위원회가 법관·교육자 또는 학식과 덕망이 있는 자 6인을 위촉
- ③ 읍·면·동선거관리위원회는 정당추천 3인, 구·시·군선거관리위원회에서 법관·교육자 또는 학식과 덕망이 있는 자 4인을 위촉
- 제8조(위원의 임기)에는 각급선거관리위원회위원의 임기는 6년(다만, 구·시·군선거관리위원회 위원의 임기는 3년과 1회 연임)
- 선거로부터의 독립성이 보장하는 이와 같은 법령에도 불구하고 우리나라의 선거관리위원회는 독립적인지에 대해 의문이 있음. 즉, 각급 선거관리위원회 중 중앙선거관리위원회에 사무총장, 시·도선거관리위원회에 처장(2·3급), 구·시·군선거관리위원회에 국장(4급)을 두지만, 선관위 사무를 실질적으로 처리하는 일반직 공무원이 행정부로부터 독립적으로 운영하는지 의문이 남음.

출처: 법제처(2024). 「선거관리위원회법」. 국가법령정보센터.

② 부처 모형

부처 모형(Branch Model)에서 선거위원회는 종종 입법부, 사법부처럼 '선거부'라고 불린다. 일반적으로 행정부나 입법부가 임명하는 위원이 있는 헌법상 인정되는 별도의 정부 부처이다. 선거 부처가 있는 국가로는 볼리비아, 코스타리카, 파나마, 니카라과, 베네수엘라 등 개발도상국이다.

③ 혼합 모형

혼합 모형(Mixed Model)에는 선거 관련 정책을 결정하는 독립 이사회가 있지만, 정

책집행은 일반적으로 감시·감독의 수준이 다른 개별 독립 이사회와 행정부 간 협력으로 선거가 관리된다. 이러한 모형의 국가는 카메룬, 프랑스, 독일, 일본, 세네갈 및 스페인이 포함된다. 우리나라도 선관위원회의 위원이 있지만, 선거에서 행정부의 조력이 꼭 필요하므로 혼합 모형과 독립 모형의 중간 형태라고 할 수 있다.

④ 행정 모형

행정 모형(Executive Model)에서 선거위원회는 행정부 일부로 내각 장관의 지휘하에 있다. 중앙행정기관의 대리인 역할을 하는 지방행정기관을 포함한다. 이 모형의 국가는 덴마크, 싱가포르, 스웨덴, 스위스, 튀니지이다. 미국은 연방 선거, 주 선거, 지역 선거는 각 주 정부의 행정부에 속한 관할 선거위원회가 책임을 진다.

⑤ 사법 모형

사법 모형(Judicial Model)에서 선거위원회는 특별 '선거법원'이다. 선거법원이 선거를 면밀하게 감시·감독하며 궁극적으로 책임을 진다. 이러한 모형이 있는 국가에는 아르헨티나, 브라질 및 멕시코가 포함된다.

2) 정부 인력의 국가 간 비교

국가가 어떤 정치적 체제를 지니는지와 관계없이 공공부문(public sector)에서 국민이 필요한 공적 서비스와 재화의 생산·공급 기능을 수행하는 집단은 매우 중요하다. 이와 같은 기능을 우선 수행하는 집단이 공무원이다. 공무원뿐만 아니라 공공부문의 종사자도 같이 이와 같은 서비스나 재화의 공급에 관여한다. 공무원은 공공부문의 재화와 서비스의 공급에서 중요한 지위를 차지하기에 정책집행의 중요 행위자이다. 특히 공공재의 생산 결정(Provision)에서 특히 중요한 위치를 차지한다. 공무원을 포함한 공공부문의 종사자가 생산하고 공급하는(Production) 재화나 서비스는 사기업의 재화나 서비스보다 더 노동집약적인 특성이 있다. 유엔(UN, 2023)에 의하면, 전세계 정부는 대체로 약 열 가지 기능을 수행한다고 하면서 '정부 기능별 분류(COFOG)'를 〈표 9-5〉와 같이 제시했다.

〈표 9-5〉 유엔(UN)의 정부 기능별 분류(COFOG)

유엔(UN)의 정부 기능별 분류(COFOG)	Classification of the Functions of Government(COFOG level 1)
1. 일반 서비스(행정, 외교, 국가채무)	1. General Public Services
2. 국방	2. Defence
3. 공공질서 안전	3. Public order and safety
4. 경제(중소기업, 경제 성장, 과학기술, 고용, 농림어업, 교통)	4. Economic Affairs
5. 환경 보호	5. Environment protection
6. 주택공동체	6. Housing and community amenities
7. 보건의료	7. Health
8. 여가문화종교	8. Recreation, culture and religion
9. 교육훈련	9. Education(includes training)
10. 사회보장	10. Social protection

정부 인력, 즉 공무원이 누구인지 또는 누구를 포함해야 하는지에 관한 의견은 분분하다. 흔히 국가 간 비교에서 공무원의 규모는 중요한데, 누가 공무원인지에 관한 기준과 측정 방법이 결정돼야 한다. 흔히 정부에 소속된 공무원은 공공재를 공급한다. 하지만, 민간기관에 소속된 인력도 소속과 관계없이 국가에 중요한 공공재를 공급하는 기능을 수행한다. 이에 정부기관 소속인지의 여부와 관계없이 기능과 업무 형태에 따라 공무원 및 공공부문 종사자로 분류되기도 한다.

공무원 수에 대한 근본적인 한계는 공무원을 공공부문의 규모로 판단하는 데에 다양한 문제가 있다는 점이다. 우선 국제 비교를 위해 '공무원이 누구인지' 결정할 수 없기 때문이다. 급여의 차원에서 보면, 국가로부터 정규 봉급을 받는다고 모두 공무원은 아니다. 사인도 공무를 행하면 급여를 받을 수 있지만, 공무원은 아니다. 영국의 의사는 공무원으로 정부의 급여를 받지만, 국가 간 비교에서 공무원으로 분류할 수 없다.

또한, '공무 수행 기능이나 연금'의 측면에서도 공무원이 누구인지 결정할 수 없다. 연금이 적립되지 않는 공공부문 종사자는 지위상 공무원이 아니지만, 기능상 공무원일 수 있다. 한국개발연구원(KDI)과 같은 국책연구기관에 근무하는 종사자나 연구원은 국가적 업무나 기능을 수행하므로 민간인이지만 국제 기준에 따르면 공무원으로 분류된다. 해당 연구기관의 예산 대부분과 종사자의 급여는 모두 정부의 세금으로 충당된다.

또 다른 예로 우리나라의 사병은 정부로부터 급여를 받고 이 비용은 세금으로 충당된다. 국방이라는 공적 업무를 수행하므로 공무원이라고 할 수 있지만, 공무원 연금에서 제외된다. 부사관이나 장교 등 직업군인이 아닌 사병은 필수공공재인 국방서비스를 제공하지만, 국가 간 비교 시 공무원이 아닌 민간인으로 분류된다. 사병은 국방이라는 공무를 수행하지만, 공무원 연금에 가입되지 않아 공무원이 아니다.

사병을 공무원으로 분류하면, 우리나라의 공무원 수는 다른 국가보다 매우 많다. 그런데도 민간인인 사병이 공채를 통해 정규 공무원으로 임용되면 그의 신청에 따라 국방의 공무수행 기간은 공무원 근무기간으로 인정받는다. 사병이 공무원에 포함되는지 또는 비정규직 공공부문 종사자가 공무원에 포함되는지에 따라 국가 간 공무원의 규모는 현저히 차이가 난다.

이처럼 공무원 수에 관한 전 세계적인 비교에는 지표가 근본적으로 한계를 지닌다. 공무원 수를 측정하기 위해 전 세계적으로 통용되는 지표들이 다수 존재한다. 하지만, 이러한 지표를 이용해서 모든 국가의 인력을 산정에는 근본적인 한계에 봉착했다. 공무원 수에 대한 지표의 근본적인 한계에 따라 대안적인 지표들을 고려할 수 있다. 첫 번째 대안적인 지표는 공무원의 규제와 권력과 관련한 지표를 새롭게 설정할 수 있다. 〈표 9-6〉은 박경돈(2008a)의 연구를 중심으로 한 대안적 지표의 고려에 관한 내용을 정리한 것이다.

국제 비교를 위한 공무원의 수와 공무원 규모는 차별적으로 이해될 수 있다. 단순히 공무원을 합친 숫자를 공무원 규모라고 하지 않는다. 공무원 규모의 비교를 위한 지표는 다음과 같은 요소를 고려하여 제시할 수 있다. 이는 큰 정부 또는 작은 정부 논의의 기준이 된다.

첫째, 공무원이 수행하는 기능의 정도, 권력 또는 영향력의 크기, 그리고 그들 권력에 대한 '시민 인식'에 따라 공무원 규모의 적정성 여부가 결정된다. 공무원의 기능 수행의 정도, 권력 또는 영향력의 크기, 그리고 그들 권력에 대한 시민 인식에 따라 공무원 규모의 적정성 여부가 결정된다. 즉, 공무원의 적정 규모는 한 국가의 역사적·

<표 9-6> 공무원의 규모 기준

SNA93 기준	데이터 카테고리	범주	OECD의 CEPD 설문지 지표	저자의 제안		
				현 지표 (정부)	대안 지표	
일반정부	1	정부기관	하위 부문(i)	협의의 공무원(i)	공공부문 분류 위원회 기준	최광의의 공무원 [(i) +(ii) +(iii) +(iv)]
		정부기업				
		사회보장기금				
	2	정부기관에 의해 통제되는 민간 비시장 비영리기관	하위 부문(ii)	일반 정부의 공무원	광의의 공무원 [(i) +(ii) +(iii)]	
가계를 대상으로 하는 비영리 기관	3	정부기관에 의해 통제되지 않는 비시장 비영리기관				
	4	시장 비영리기관				
기업과 준기업의 일부	5	전체예산의 50% 이상을 공공재원으로 조달하는 영리 기업 및 준기업				
	6	공기업 및 준 공공기업	하위 부문(iii)			
	7	조달(외주 계약 포함)	하위 부문(iv)			
	8	법적 독점의 면허				

출처: 박경돈(2008a); Inter-Secretariat Working Group on National Accounts(1993)의 SNA(System of National Accounts).

문화적·정치적·경제적 배경에 따라 다르게 인식된다. 통일된 국제 기준도 국가마다 다르게 적용이 되며, 어떤 지표는 정부 규모의 측정에 사용되지 않는다. 따라서 정부 공무원의 관여 정도, 기능, 그리고 영향력의 크기가 공무원의 규모를 의미한다.

문화적 측면에서 정부를 바라보는 국민의 심리적인 상황과 문화 편향을 연구한 분석한 연구도 있다. 또한, 시민이 인식하기에 공무원의 권력이 강하거나 그들이 행사하는 규제의 양과 질이 강력하다면, 공무원의 규모는 실제로 작을지라도 그 영향력과 규모는 크다고 느낀다. 따라서 수혜자나 피규제자 중심에서 보면, 공무원 규모에 대한 논쟁의 초점은 국민 인식에 따라 그 규모가 다르게 인식된다는 점이다.

둘째, '정부 지출이라는 재정력'의 측면에서 보면, 정부의 규모를 측정할 때 공무원

수보다는 GDP 대비 정부 지출로 측정한다. 정부가 민간부문 대비 개입하는 영역과 분야가 많을수록 큰 정부로 인정하는 것이다.

셋째, '공공재 생산의 정도와 질'에 따라 공무원의 규모를 파악할 수 있다. 사회, 경제, 문화의 영역에서 사적재보다 훨씬 더 많은 공공재가 생산되면 시장 역할은 줄어들어 공무원 규모가 대단히 커 보인다. 민간 영역에 대해 관여하는 상대적 정도인 정부의 공공재 생산 비중이 크다면 공무원 규모는 크다고 느낀다. 따라서 단순한 공무원의 수보다는 공무원의 정책집행 결과에 따른 공공재의 제공 규모가 국가 간의 공무원 비교에 더 적합한 기준이라고 한다.

넷째, 공무원의 규모를 산정할 때 '공무원들 노동 시간의 합'을 새로운 지표를 고안할 수 있다. 노동자 수로 측정된 인력 규모보다 실제로 근무한 시간인 노동시간을 고려한 새 지표는 조직별·기능별로 계산할 수 있다. 비정규직 및 정규직의 공무원을 모두 포함해 실제 근무 시간을 총합한다면 국가 간 비교가 가능한 지표이다. 예를 들면, 비정규직 공무원 여러 명이 소속 부서 내 정규직 노동자의 1개월 치 업무를 달성했는지를 비교 기준으로 이용할 수 있다. 정규직 노동 시간(full time equivalence: FTE)이 주요 비교 지표이며, 이를 활용해 국가 간 공무원 규모를 비교할 수 있다. 공무원의 형식적 숫자보다는 정규 공무원의 업무량을 국가 간 비교에 사용하는 것이다.

공무원의 기능, 영향력, 규제나 권력, 문화나 인식, 재정력, 공공재 생산의 양과 질, 근무 시간의 총합의 차원에서 공무원의 관여 정도가 크다면 공무원 수와 규모는 다르게 인식되고 이는 큰 정부와 작은 정부의 논의로 연결된다.

3. 한국의 정부

한국 정부는 어떻게 구성되고, 구성원의 규모는 어떤가? 입법부, 행정부, 사법부의 인력 규모는 차이가 큰가? 읍면동은 몇 개이며, 공무원 규모는 어떤가?

1) 중앙정부와 인력

공무원을 지리적 위치와 정부 계층제에 따라 구분할 수 있다. 중앙행정기관과 지방행정기관의 공무원으로 구분할 수 있다. 중앙행정기관의 공무원은 중앙부처 소속 공무원(국가공무원)이며, 지방행정기관의 공무원은 지방자치단체인 지방정부에 소속된 공무원(지방공무원)이다.

정부조직관리정보시스템(2024)에 따르면, 전체 공무원은 다음과 같이 요약된다. 총 공무원이 약 120만 명이면(2023년 6월 말 현재), 행정부의 국가공무원이 약 64%(76만 명)이며 지방공무원이 33%(39만 명)를 차지한다. 국가공무원 중 초중고 대학 등에 소속된 교육공무원이 약 48%(36만 명)이기에 국가공무원의 약 50%, 전체 공무원의 31% 정도를 차지한다(www.org.go.kr). 행정부와 비교해 입법부는 총공무원의 0.53%, 사법부는 1.5% 정도로 매우 적다. 따라서 행정부 공무원은 총공무원의 96%, 나머지 헌법기관에 근무하는 공무원이 4%로 나타나, 인력 규모를 기준으로 보면 엄청난 행정부 우위의 국가이다. 또한, 행정부 공무원 중 국가직 행정부 공무원은 63%, 지방직 행정부 공무원은 33%로 국가직 대 지방직은 약 2:1의 비율에 가깝다고 할 수 있다.

국가공무원의 정원이 큰 순서에서 작은 순서로 나열하면, 일반직(57만 명) - 교원(36만 명) - 경찰직(14만 명) - 소방직 공무원(7만 명)의 순이다. 행정부를 제외한 국가직 공무원의 정원이 큰 순서에서 작은 순서로 나열하면, 사법부(1.8만 명) - 입법부(4천 명) - 선거관리위원회(3천 명) - 헌법재판소(0.4천 명)의 순이다.

한편, 국가공무원은 더 세분해 분류할 수 있다. 국가공무원을 ① 경력직 공무원과 ② 특수경력직 공무원으로 구분한다.

첫째, ① 경력직 공무원은 ⓐ 일반직 공무원과 ⓑ 특정직 공무원으로 구분된다. ⓐ 일반직 공무원은 행정, 기술, 연구 등에 근무하는 통상의 공무원이다. ⓑ 특정직 공무원은 교육, 경찰, 소방, 군대, 헌재, 정보, 외교, 교정 등에 근무하는 공무원과 검사, 법관, 헌재의 헌법연구관 등이 이에 속한다.

둘째, ② 특수경력직 공무원은 ⓒ 정무직 공무원과 ⓓ 별정직 공무원이 있다. ⓒ 정무직 공무원은 장관, 차관, 인구 50만 이상의 시나 도에 존재하는 정무부시장, 정무부지사 등 선거의 결과에 따라 임용되는 공무원이다(최근의 시대 용어로 이들은 '어쩌다 공무

<표 9-7> 공무원 정원 현황(2023.06.30 기준)

구분			인원(명/%)	일반직	교원직	소방직	경찰직
행정부(계) (95.73%)			1,146,044	571,995	364,054	66,786	143,209
			(47.78%)	(30.41%)	(5.58%)	(11.96%)	
	국가직(계) (63.08%)		755,171	181,978	363,355	66,786	143,052
			(15.20%)	(30.35%)	(5.58%)	(11.95%)	
	지방직	계	390,873	390,017	699		157
			(32.65%)	(32.58%)	(0.06%)		(0.01%)
		지방자치	316,129	315,273	699		157
			(26.41%)	(26.33%)	(0.06%)		(0.01%)
		교육자치	74,744	74,744			
			(6.24%)	(6.24%)			
입법부			4,188				
			(0.35%)				
사법부			18,075				
			(1.51%)				
헌법재판소			348				
			(0.03%)				
선거관리위원회			2,977				
			(0.25%)				
계(헌법기관)			25,588				
			(2.14%)				
총계			1,197,220				

원'인 '어공(임시공무원)'이라고 하며, ⓒ 경력직 공무원은 '언제나 공무'인'늘공'(직업공무원)에 속한다). ⓓ 별정직 공무원은 공무원의 행정 및 특정 업무의 수행 또는 지원을 위한 공무원으로 국회의원 보좌관, 국립대 조교 선생님(교육공무원의 호봉 기준 별정직 7급 상당) 등이 이에 속한다.

통상 공무원은 통상 3계층으로 구분되는데, 선출직 공무원(대통령, 시장, 군수, 교육감 등), 정무직 공무원(장관, 정무부시장 등), 사무직 공무원(1급~6급), 일선 공무원(일선관료; 7급~9급)으로 구분된다(박경돈, 2024).

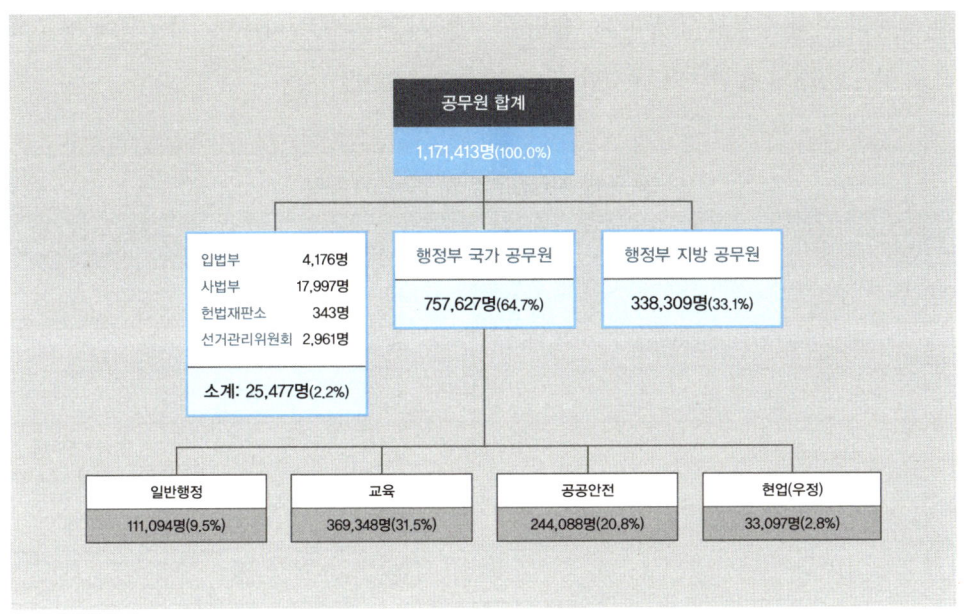

출처: 정부조직관리정보시스템(2023; https://org.go.kr).

[그림 9-1] 공무원 정원

2) 지방정부와 인력

한국의 지방자치단체는 「지방자치법」 제2조(지방자치단체의 종류) ①항에서 지방자치단체는 "1. 특별시, 광역시, 특별자치시, 도, 특별자치도; 2. 시, 군, 구"의 두 가지 종류로 구분한다. 따라서 읍면동은 필수적인 지방자치단체가 아니다. 이들 두 부류의 지방자치단체만 동법 제3조(지방자치단체의 법인격과 관할)에서 법률에 의해 법인격을 가진 지방자치단체로 인정받는다. 즉, 권리와 의무에서 법적 주체가 되며 자기 고유의 자산을 보유한다.

우리나라의 지역 정부를 자치단체 수준에서 개괄적으로 고찰하면 다음과 같다. 전반적으로는 한국의 지역정부는 (광역) 시도, 시군구, 읍면동의 '3계층 정부 체제'를 유지하고 있다. 구체적인 지역정부의 개수를 살펴보면, 2022년 말을 기준으로 e-나라지표의 지역정부는 시도는 17개, 시군구는 260개, 읍면동은 3,524개다. 시군구 수를 시도의 수로 나누면, 시도에 평균적으로 약 15.3개의 시군구가 존재한다. 한 단계 아래 계층의 지역 정부를 고찰한다. 읍면동 수를 시군구 수로 나누면, 시군구에 평균적으로 약 13.6개의 읍면동이 존재한다(e-나라지표, 2024).

〈표 9-8〉 지역정부의 총 수(2022년 기준)

자치단체(지역정부)		2013년	2022년	증감
시/도		17	17	
	- 특별시·광역시·특별자치시	8	8	
	- 도	8	8(*7)	
	- 특별자치도	1	1(*2)	강원특별자치도 (2024)
시/군/구(행정시, 행정구 포함)		262	260	-0.8%
	- 시	75	75	
	- 군	83	82	-1.2%
	- 자치구	69	69	
	- 행정구	33	32	-3.0%
	- 행정시	2	2	
읍/면/동		3,488	3,524	1.0%
	- 읍	216	234	8.3%
	- 면	1,196	1,177	-1.6%
	- 동	2,076	2,113	1.8%

출처: e-나라지표(2024, https://www.index.go.kr/enara).

4. 미국의 정부

한국과 지역정부 구조와 미국의 지역정부 구조는 차이가 있는가? 미국은 과연 연방정부처럼 지역정부에서도 철저하게 삼권분립 체제를 유지하는가?

1) 군정부와 지방정부

주권(Sovereignty)이란 관점에서 보면, 미국에서는 주정부와 지역정부의 수가 연방정부보다 더 많은데, 관료적 구조는 중앙정부와 주정부 간 유사하다. 차이점은 연방정부보다 주정부의 기관 예산에 대한 입법 통제가 더 직접적이며, 지방정부에 대한 공무원 노조의 영향력이 커서 연방정부와 차이가 있다. 지역정부의 활동은 경찰 보호, 교육, 위생과 같은 기본 서비스 제공에 중점을 둔다. 한편, 소규모 지역정부는 관료적 역량 개발과 직업적 전문성이 부족할 수 있다. 반면, 지역정부의 규모가 커질수록 국가 및 국가 기관의 구조와 유사해진다.

미국의 주정부를 제외한 지방정부는 일반 목적과 특별목적에 따라 정부의 명칭이 다르다. 우선, 일반 목적의 정부는 군정부(county government)와 지역자치 정부라고 할 수 있으며, 그 현황은 다음과 같다. 주정부의 하위정부인 군정부는 미국에 3,034개가 있으며, 딜러웨어주, 워싱턴DC, 로드아일랜드주의 3개 주에서는 군정부가 없다.

시정부(municipality)는 도시정부(city government)라고도 하며, 인구 집중지역에 공적 서비스를 제공하기 위해 만든 정부다. 타운십정부(township)에는 일반적인 목적을 가진 정부로 시정부보다 소규모다. 타운십정부에는 타운(town), 메인주의 플랜테이션(plantation), 뉴햄셔주의 로케이션(location)이 포함된다.

시정부는 타운십정부 및 타운 정부와는 다르다. 시정부는 19,372개가, 타운십정부는 16,629개가 존재한다. 이 둘을 모두 도시정부에 포함하면 36,001개가 도시정부의 수다. 총 50개의 주정부를 감안하면, 평균 720개의 도시정부가 1개의 주에 존재한다.

한편, 특별 목적을 가진 정부도 존재한다. 13,726개의 교육지구(school district)의 정부가 있으며, 교육지구의 정부는 계속 감소하고 있다. 독립적인 특별지구정부(independent special district)도 존재하는데, 총 정부의 수는 34,683개이다. 소방, 상수도, 장묘, 홍수 통제, 토양 보존, 관개용수, 하수도, 공원, 자연자원, 주택과 같은 특별지구정부가 존재한다. 대부분은 단 1개의 목적을 충족하기 위한 정부이며, 2개 이상의 목적을 충족시키는 특별지구정부도 2,500개 정도 된다. 총 50개의 주정부를 감안하면, 약 694개의 특별지구정부가 1개의 주에 존재한다(50개 주 및 컬럼비아특별구의 136개 카운티와 미국 영토의 100개 카운티와 유사정부 포함). 특별지구의 수는 계속 증가하고 있다. 특별지구의 정부에는 특별한 목적을 달성하기 위한 역량 있는 전문가가 해당 정부의 수장을 맡는 경우가 많다.

2) 지역정부의 특성과 권한

미국의 정부를 묘사하는 주요 단어가 파편화(fragmentation)이다. 어떤 경우에는 상위 정부인 2개의 군이 하위 정부인 1개의 도시정부를 나눠 정부 계층화를 이루기도 한다. 단일 도시정부라도 소방, 상하수도, 공원 지구에 다르게 구획되기도 한다. 이와 같은 복잡한 정부 계층과 특별지구가 혼재된 상황을 파편화라고 한다. 미국 지역정부의 관할권은 한국처럼 행정구역이 배타적으로 구분되지 않으며 특수지구와 지역정부의 대부분 관할권이 일치되지 않는다.

미국 거주민의 처지에서 보면, 미국의 주정부, 군정부, 시정부, 타운정부, 특별지구정부가 행정적으로 서로 엇갈리면서 겹치기도 하고, 심지어 2개 주에 속하는 도시정부(예: Kansas city 등은 동일한 도시의 거주민이지만 도시가 2개 주에 걸쳐 있어 다른 주의 주민이 됨)도 있다. 일반 정부와 특별지구의 정부의 관할권이 일부분 겹치면서 일부분 겹치지 않기에 미국인은 자기가 사는 곳이 어느 지구 정부와 일반 정부의 관할권에 속하는지를 알아야 할 필요가 있다.

이와는 별도로 주정부와 지방정부 간 이미 잘 정립된 규칙이 존재하는데, 그것은 대법원 판사인 딜런의 원칙(Dillon's Doctrine)이다. 지방자치단체는 주정부가 아니라 지방의 입법부에서 권한과 권리를 얻는다는 것이다. 이에 '홈룰(Home Rule)'이라고 하는 지방우선규칙이 존재하며, 미국 역사상 지방정부는 더 큰 자율성을 추구해 왔다. 지방우선규칙은 일반 법률, 주의 헌법 규정 또는 주민 발의나 주민투표를 통한 주정부의 전체 이익으로 지정된 특별 영역이 아니면, 지방정부는 모든 영역에서 정책을 결정하고 집행할 능력을 우선 지닌 것으로 보장된다는 것이다.

지방우선규칙이라고 한 홈룰은 구조적 홈룰, 기능적 홈룰, 재정적 홈룰의 세 가지 유형이 존재한다(Pelissero, 2002: 40). 첫째, '구조적 홈룰(Structural Home Rule)'은 지방정부가 현존 정부를 확대하거나 추가적 정부를 구성하는 권한을 부여받은 것이다. 둘째, '기능적 홈룰(Functional Home Rule)'은 지방정부가 제공하는 공공서비스의 수준이나 혼합에 관한 선택 권한을 부여하는 것이다. 셋째, '재정적 홈룰(Fiscal Home Rule)'은 지방정부가 자기 기관의 세입을 높이는 방안에 관한 권한을 부여하는 것이다(Pelissero, 2002: 40).

구조적 홈룰은 조직 구성에 관한 자율권을 부여한 것이다. 기능적 홈룰은 공공서비스 공급에서의 포트폴리오에 관한 자율권을 부여한 것이다. 재정적 홈룰은 재정수입을 위한 재정분권화의 기초가 되는 과세에 관한 자율권을 부여한 것이다. 요약하면, 조직, 서비스, 재정에 관한 권한을 지역 정부에 넘겨 지역분권화를 달성하고자 한 의지가 잘 드러난다.

3) 미국 지역정부의 유형

펠리세로(John P. Pellissero)는 미국의 지방정부를 시장-의회형 정부, 의회-도시관리자형 정부, 위원회형 정부의 세 가지 정부로 나뉜다고 한다(Pellissero, 2002). 시장-의회형 정부는 더 세분화해 강시장형과 약시장형으로 구분했다. 세분화된 유형으로 구분하면, 강시장형 시장-의회형 정부, 약시장형 시장-의회형 정부, 의회-도시관리자형 정부, 위원회형 정부의 총 4가지 유형의 정부이다(Blair, 1986). 아래는 펠리세로(Pellissero, 2002)와 블레어(Blair, 1986)의 미국 지역정부에 대한 설명을 요약·정리한 것이다.

> 미국의 나코그도치스(Nacogdoches)시에는 위원회-관리자 형태의 정부가 있다. 이러한 형태의 정부에서 선출된 시 위원회는 시 정부 운영 정책을 수립한다. 시의 행정 책임은 시 위원회에서 임명한 도시관리자에게 있다. 시 위원회는 의장(시장)과 위원 4명을 포함해 다섯 명의 위원으로 구성된다.
> 시의 선출직 임원은 5명의 위원인데, 4개의 지역구(Ward)에서 각각 선출되는 위원 1명씩 총 4명과 전체 선거구에서 선출되는 1명의 위원으로 구성되며, 모두 재임 기간은 2년이다.
>
> 출처: 나코그도치스 시의 홈페이지(2024, https://www.visitnacogdoches.org)

(1) 시장-의회형 정부

주민은 시장과 의원을 모두 직접 선거로 선출한다. 시장과 의원의 권력 배분에 따라 두 가지의 다양한 지방정부 행태가 나타난다. 시장-의회형 정부(Mayor-Council Form of Government)에는 유형과 무관하게 도시관리자(또는 행정관리실장이나 행정부시장)가 없다.

(1)-A. 강시장-의회형 정부

강시장형 시장-의회형 정부(Strong Mayor-Council Form of Government)는 공공정책의 결정 권한이 의회에 주어지고, 정책집행은 시장의 책임하에 추진한다. 시장은 도시 전체의 유권자로부터 선택됐으며, 시의원은 지역구 유권자로부터 선택된다. 2권분립이 강하며 시장에게 행정부를 관장할 강력한 책임이 부여된다. 시장은 모든 부서의 장을 임명하며 정책 입안과 형성은 시장이 책임지며, 의회의 책임은 정책결정 또는 정책에 대한 승인권만 있다. 강시장은 시의회의 조례나 정책결정을 부결 또는 무효화(veto)할 수 있다.

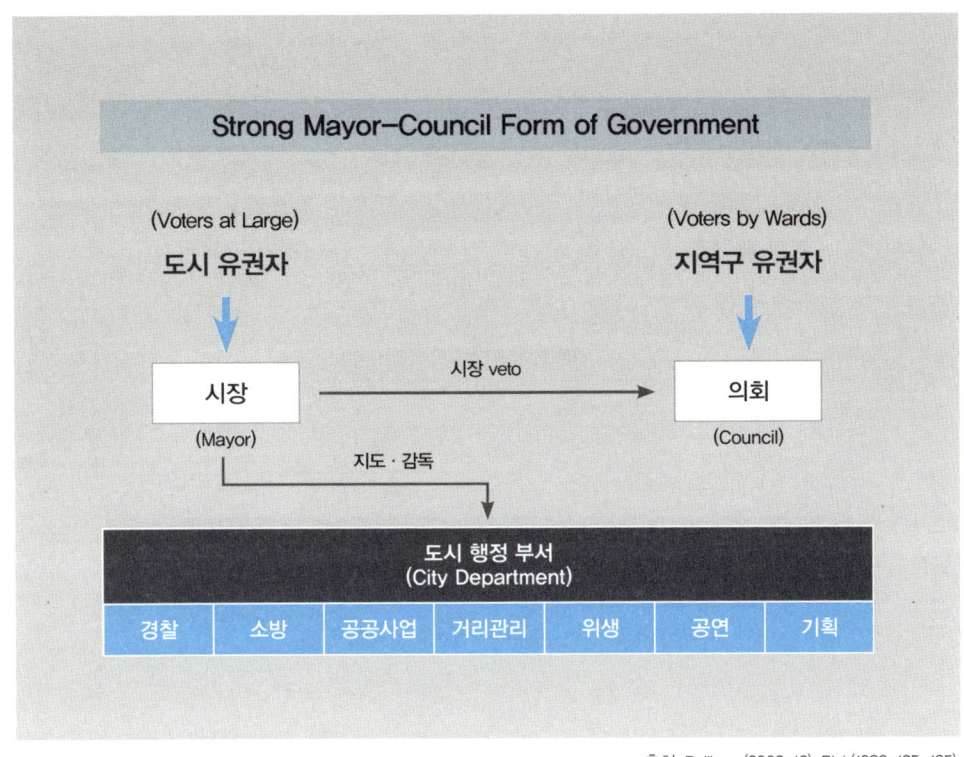

[그림 9-2] 강시장-의회형 정부

(1)-B. 약시장형 시장-의회형 정부

약시장형 시장-의회형 정부(Weak Mayor-Council Form of Government)의 운영은 시의회가 주도한다. 시의회가 행정부를 지도하고 관리하며, 도시행정부의 관료를 임명한다. 시장은 시의회의 의원이다. 이에 시장은 시의회의 의장이 되며, 도시정부의 상징적 최고지도자의 역할을 한다. 대개 도시 인구 1만 명 이하의 소규모 시정부가 약시장-의회형 정부의 유형을 띤다.

[그림 9-3] 약시장-의회형 정부

(2) 의회-도시관리자형 정부

의회-도시관리자형 정부(Council-Manager Form of Government)는 오하이오주에서 1913년에 최초로 시작됐다. 그때까지 미국의 지방정부는 시장과 의원만으로 구성된 정부의 혼합 유형이었는데, 효율성의 측면에서 비판받았기에 전문가인 도시관리자가 필요했다. 도시관리자는 정부가 기업가적 스타일에 따라서 운용될 수 있으며, 더 나은 효율성을 추구해야 한다고 했다. 이 정부에서 의원과 시장은 모두 도시 유권자 전체로부터 선출된 사람이다.

의회-도시관리자형 정부의 시장은 행정부의 수반이다. 하지만, 도시를 직접 관리하지 않는다. 시의회의 일원으로 의회에서 투표의결권을 행사할 수 있다. 시장과 의원 간의 차이가 없는 의원내각제 같은 유형이다. 하지만, 시장은 의원내각제의 총리나 각료의 지위나 역할을 하지 않는다.

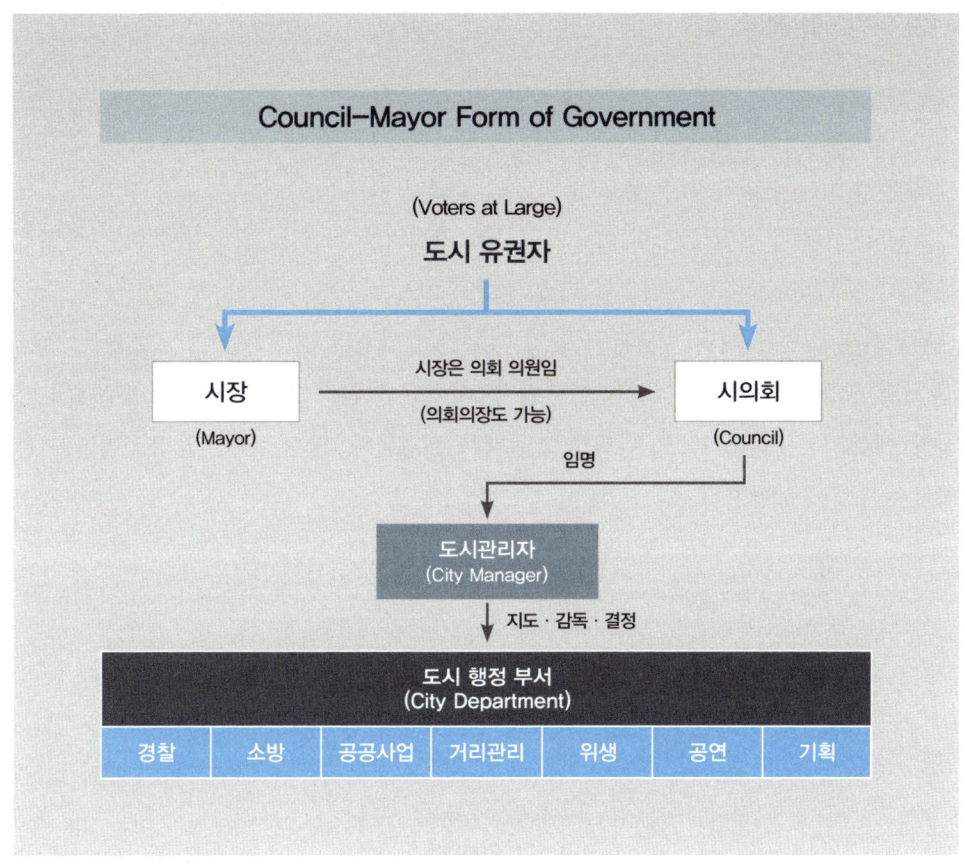

[그림 9-4] 의회-도시관리자형 정부

도시의 정책과 행정은 일차적으로 도시관리자가 책임진다. 우리나라의 기획관리실장, 정무부시장, 또는 경제부시장 등에 해당한다. 도시관리자는 시의회에 의해서 임명된다. 의회에서 임명된 도시관리자가 도시행정부의 정책을 관장한다. 의회 결정에 따른 정책집행은 도시관리자에게 책임이 부여된다. 시의회는 도시관리자를 통해 정치적·정책적 결정을 최종적으로 책임진다.

또한, 시의회는 도시관리자를 거치지 않고는 직접 도시행정의 업무나 각 부처 업무에 관여하지 않는다. 한편, 시장은 실질적으로 도시행정부를 이끄는 수반이 아니기에 다소 괴리돼 있다. 도시정부의 33% 정도가 의회-도시관리자형 정부이다.

(3) 위원회형 정부

미국의 위원회형 정부(Commission Form of Government)는 시의 입법부와 행정부가 따로 구분되지 않은 점이 특징이다. 선거주민인 전체 유권자는 단 1개 도시 위원회(Commission)의 구성원을 직접 선출한다. 즉, 주민이 도시를 이끌 시장과 의원 전원을 위원회의 위원(Commissioner)으로 선출한 정부이다.

위원회의 위원은 의회 의원과 시장의 역할인 입법권과 집행권을 행사할 뿐만 아니라 개별 행정부의 장으로 역할을 수행한다. 시의회 의원과 시장은 도시행정부서의 정책영역에서 각 부서를 지도·감독하고 정책을 결정한다. 도시정부의 약 3% 미만이 위원회형 정부에 해당한다.

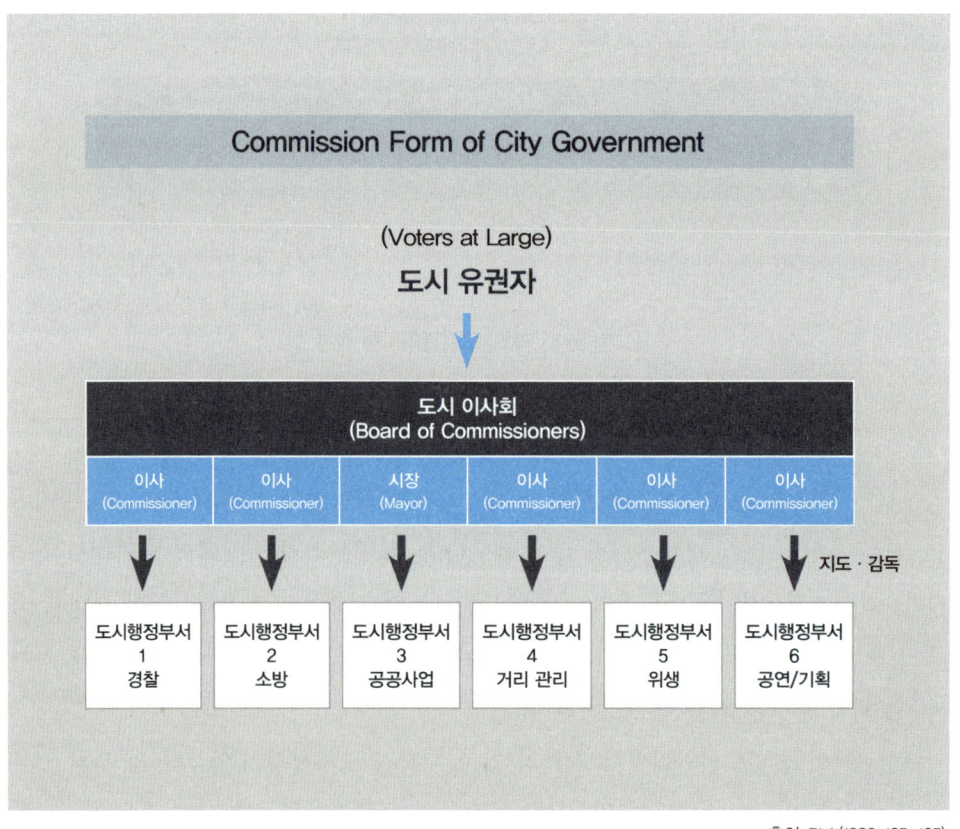

[그림 9-5] 위원회형 정부

4) 시장 - 의회형 정부와 의회 - 도시관리자형 정부 간 비교

시장-의회형 정부, 의회-도시관리자형 정부, 위원회 정부의 3가지 유형이 존재한다. 하지만, 위원회형 정부는 3% 미만의 극소수이므로 2개의 정부 유형을 비교했다. 시장-의회형 정부는 강시장형 시장-의회형 정부와 약시장형 시장-의회형 정부를 포함한 공통의 특징을 의회-도시관리자형 정부와 〈표 9-9〉에서 비교한다.

〈표 9-9〉 시장-의회형 정부와 의회-도시관리자형 정부

특징	시장-의회형 정부	의회-도시관리자형 정부
의회의 규모	대규모	소규모
업무의 특성	전임 정규직 업무	비정규직 업무
보상	고급여	저급여 또는 무상 노동
회의	빈번함	빈번하지 않음.
정당의 역할	정당주의와 비정당주의	비정당주의(non-partisan)
위원회	많음	거의 없음
직원	대규모	소규모
다양성	지향	거의 없음
대표성 유형	위임형	신탁형
선거구민 서비스	사례 중심	사례중심적이 아님
정책결정의 기능	정치옹호자-적용자 중심	정치대응자-적용자 중심
갈등수준	높음	낮음

출처: Pelissero(2002: 188).

제10장
정부와 관료 행태

1. 관료제의 형성

> 근대 관료제는 언제, 어떻게, 무엇을 위해 형성됐는가? 관료제는 어떻게 변화해 왔는가?

관료제(Bureaucracy)는 독일과 프랑스와 달리 영국에서 민주주의를 방해한다고 거론됐다(Bagehot, 1966). 대규모 관료제가 있는 지역에서는 자율적인 조직의 기능이 활성화되지 않는다고 주장했다. 배조트(Walter Bagehot)는 관료들이 일상적인 업무가 목표달성을 위한 수단이 아닌 목적이라고 생각한다고 한다. 이에 관료제는 질적인 차원에서 보면 적절한 통치의 부재이지만, 양적인 차원에서 보면 과도한 통치라는 특징이 있다고 했다.

관료제는 13세기 근대국가의 형태가 갖춰지기 시작한 프랑스에서 본격적인 행정조직이 형성되면서 발달됐다. 관료는 공공재를 제공하고 세금을 징수하며 공공행정을 효과적으로 집행하기 위한 중앙집권 체제를 유지하기 위한 조직이 필요했다(Shively, 2014). 근대국가의 관료제는 세속적인 절대군주제를 지키고 중앙집권화된 절대왕정

체제를 유지하기 위한 국가의 행정조직으로서 세습관료제가 강화됐다(Burns, 1980; Kamenka, 1989).

하지만, 이와 같은 왕정체제의 유지라는 관료제 활성화의 목적과는 달리 영국의 관료제는 점차 점차 왕실에서 벗어나기 시작했다. 그 이유는 왕정 체제의 복속에 따른 효율적 기능의 관리 체제와 업무 추진이 필요하였으므로 역설적으로 예측 가능하고 안정적이며 신속한 행정 업무를 추진해야 할 필요성도 함께 커졌기 때문이다. 러시아, 프랑스, 독일의 관료제는 계몽사상과 프랑스 혁명의 영향력으로 인해 더 합리적이면서 더 몰개성적이고 몰감정적인 방향으로 변화됐다(Burns, 1980).

2. 베버의 관료제

베버가 지향한 관료제의 이상적 모습은 무엇인가? 베버는 왜 관료제가 오래 존속한다고 봤는가? 우리는 왜 베버와 달리 관료제를 비판하는가?

1) 관료제의 특징

정부를 흔히 우리는 관료제 조직이라고 한다. 관료제는 조직적인 병리 현상을 가진 대규모 조직을 의미한다. 관료제의 대표적인 조직으로서는 공기업, 거대 기업, 천주교 교구, 은행과 같은 계층제적 구조를 가진 기관을 의미한다. 따라서 정부를 관료제라고 지칭한다면, '정부관료제(Government Bureaucracy)'라고 할 수 있다.

절대 왕권 아래의 세습관료제 또는 가산관료제와 달리 프러시아 군대의 기계적 효율성을 보고 베버(Max Weber; 1864~1920)는 관료제라는 조직구조를 정리했다(Weber, 1998). 카멘카(Eugene Kamenka)는 세습관료제는 귀속적·정실주의적이고, 합리적이기보다는 전통적 방식으로 정부를 관리하며, 보편주의보다는 특수주의에 부합하며,

대중을 위하기보다는 신분사회에 부합하는 인간적 대우를 중시하는 관료 체제라고 한다(Kamenka, 1989).

반면, 베버의 근대 관료제는 그 당시에 가장 바람직하고 혁신적인 조직구조로서 이 체제가 제대로 확립되면 100년 동안 파괴하기 어려운 조직구조라고 했다. 이 구조는 왕권의 자의적 권력 행사와 대중의 행정 안정성을 동시에 추구한 체제이다. 그리고, 이제 현대 국가를 관료국가(Bureaucratic State)라고 부르기도 한다(Wilson, 1986).

베버(Weber, 1998)가 설명하는 관료제는 다음과 같은 특징이 있다.

첫째, 분업의 원리(Division of Labor)이다. 자기 영역에서 계속 평생토록 근무 함으로써 전임화를 달성하고 전문직업적 능력(Professionalism)을 강화한다.

둘째, 계층제의 원리(Hierarchy)이다. 전문직업적인 경력의 사다리를 따라 자기의 경력을 계속 축적함으로써 더 높은 위치의 상층부를 향해 진급할 수 있다.

셋째, 문서주의(Red-tape)이다. 관료제 업무에 대한 절차와 승인, 공지 등을 문서로 함으로써 업무의 책임성 부여와 성과평가가 가능하다. 문서를 받은 개인은 언제든지 부당한 일을 당할 때 문서에 의해 권리를 주장할 수 있으며, 보장받아야 한다. 관료의 구두적 전달에 의한 자의적인 해석의 가능성을 막아 국민 생활의 행정적 안정성을 꾀하는 방법이다. 관료와 국민 간 문서에 지나친 집착은 형식주의를 낳으므로 현대에는 이와 유사어로 사용된다.

넷째, 관할권(Jurisdiction)의 원리이다. 관료는 자기가 해야 할 일과 관계 없는 일을 명확히 함으로써 관료 간 업무의 충돌을 방지할 수 있다. 상층부의 관료는 언제든지 자신의 업무 영역이 아닌 다른 부하 직원의 영역에까지 개입할 수 있기에 부당한 개입을 막아야 하는 것이다. 또한 불명확한 경계상의 업무를 더욱 명확히 하는 방법으로 업무 추진에서 관료 간 알력과 갈등을 줄일 수 있다.

다섯째, 실적제(Merit System)의 원리이다. 업무 실적을 평정해 우수한 관료는 계층제의 사다리를 이용해 진급하고 평생 그 업무에 종사할 수 있어야 한다.

여섯째, 평생재직권(Life-time Tenure)의 부여이다. 업무적 안정성을 가지고 대 국민적 서비스의 예측가능성을 담보하려면 관료의 업무는 시대마다 또는 권력자에 의해 흔들려서는 안 된다. 따라서 관료가 평생 일할 수 있는 권리를 보장한다.

2) 관료제의 구조적 우월성

관료제의 모든 특징을 통괄하는 단어는 기계적 합리성(Technical Rationality) 또는 절차적 합리성(Procedural Rationality)이다. 관료제가 하는 모든 일은 예측 가능해야 하고(Calculability 또는 Predictability), 국민이 기대한 바대로 결과가 도출될 수 있어야 한다. 관료제는 계층제적 구조를 가지고 기계적 합리성 또는 도구적 합리성(Instrumental Rationality)인 절차와 과정을 순차적으로 충족시켜 나가야 한다(Weber, 1998).

정부의 업무 처리가 비록 더디더라도 법률상 규정된 절차와 방식을 순서대로 지켜 나가는 것이 국민의 동의에 기반하므로 결과적으로 관계자의 수용성이 높다. 이렇게 도출된 결정은 가장 합리적이며 또 가장 효율적이라고 할 수 있다. 베버는 효율성을 직접 거론하지 않았지만, 이런 업무 추진의 방식이 가장 높은 합리성(Rationality)을 지키는 조직 운영의 방식이며, 결과적으로 가장 신속하고 효과적인 조직 운영의 방식이라는 것이다.

3. 조직관

관료제라는 조직을 바로 보는 관점은 무엇인가? 어떤 시각에서 관료제 조직을 바라보는 것이 정부 이해와 정책 도출에 도움이 되나?

스콧(William G. Scott)에 따르면, 조직을 연구한 모든 기존 조직이론이 갖는 관점이나 시각(Scott, 1988)에 대해 합리성과 개방성의 두 가지 기준을 이용해 네 가지 유형의 이론군으로 분류했다(이창원, 2012).

조직이 합리적 실체임을 강조하는 관점의 극단에는 비합리적 실체가 아니라 자연적 실체라는 관점이 존재한다. 다른 기준인 개방성의 반대 극단에는 폐쇄성이 있다. 이에 두 가지 기준의 네 가지 이론군을 제시하면, 폐쇄적-합리적, 폐쇄적-자연적, 개방적-합리적, 개방적-자연적 이론이 존재한다(이창원, 2012). 아래는 스콧(Scott, 1988)의 조직관에 대한 설명을 요약·제시한다.

1) 폐쇄적 - 합리적 조직관

조직의 성공을 위해 바람직한 최선의 길(One Best Way; Taylor, 2004)이 존재한다는 가정에 기반한다. 다른 조직을 신경 쓰지 않고도 자기 조직의 효율성, 합리성을 극대화한다면 최고의 생산성을 달성할 수 있다는 이론가들이다. 초창기 조직이론은 기계적 효율성, 절차적 완결성, 최선의 작업 방식을 발견·이용하여 조직 성과의 극대화가 가능하다고 봤다.

테일러(Frederick W. Taylor)의 『과학적 관리론(Scientific Management)』(2004), 베버(Max Weber)의 관료제론 등이 여기에 해당하는 이론이다. 환경 무관의 조직내실화, 계량적 업무설계와 작업 방식의 발견을 위한 과학의 이용, 노동자에 대한 상급자의 지도, 보상 중심의 인센티브 설계, 생산성 극대화의 작업환경 구현 등이 이 조직관의 핵심이다. 다분히 조직문제의 해결에 대한 가부장적 가정이 중심이며, 제대로 된 업무설계와 재설계(Businesss Redesign, Reengineering)가 중요하다. 현대의 경영과학, 산업경영학적 접근법이 아직도 유효하게 명맥을 잇고 있다.

2) 폐쇄적 - 자연적 조직관

폐쇄적-자연적 조직관의 발견은 호손 실험(Hawthorne Experiment)으로부터 실시된다. 폐쇄적-합리적 조직관을 다양한 직장이나 기업 현장에 증명하고 강화하려고 했다. 1928년부터 1932년까지 메이요(Elton Mayo)에 의해 진행된 연구로 미국의 웨스턴 일렉트릭(Western Electric)사에 근무하는 여공을 대상으로 조도 변화와 직무동기 변화와 그로 인한 작업 생산성 간 관계를 찾고자 한 것이 이 조직관의 시작이다(Mayo, 1949). 즉, 과학적 관리 방식을 기업에서 적용하고 생산성 극대화 방안을 도출하려고 하였다.

근로자는 조도가 밝게 변화할 때 반응하여 생산성이 증대되었으나 결과적으로 이런 성과는 과학적 사실이 아닌 것으로 밝혀졌다. 반복된 실험을 통해 피실험 대상자는 실험 개입이라는 조명 밝기 변화를 인지하고 이에 대응해 자기에게 유리한 행동을 함으로써 특정 조도를 유지했음이 밝혀졌다(실험 효과의 오류). 이같은 여공의 대응에는 공식 조직이 아닌 언니와 같은 비공식 집단의 리더가 작업자의 행태 변화를 이끈다는 사실을 찾았다. 결국 최고도의 합리적 조직 내 설계나 작업 환경 조성보다 비금전적 보상, 업무 동기 등의 다양한 인간 본연적, 자연적 요소가 조직생산성 증대에 더 기여함을 밝혔다.

3) 개방적 - 합리적 조직관

개방적-합리적 이론은 조직이 언제나 환경에 가장 적합하다고 할 수 있는 구조로 변경해야 함을 강조하였다. 개방적-합리적 조직관의 이론가는 조직 외 환경을 중시하며 이에 대한 합리적 행태와 대응을 강조했다. 조직 외 환경이 소용돌이치고 급변하며 자원 등이 부족하다면 이에 잘 대응하는 적절한 조직으로 변화해야 생존할 수 있다.

조직환경에 대응한 변화는 조직적합성(Organizational Fit)이 가장 중요하다고 한다. 환경 변화와 괴리되지 않는 조직의 변화와 설계는 조직성공의 핵심 열쇠라고 한다. 따라서 환경적 요구 사항은 조직의 사활이 걸린 주요 영향요인으로 이에 자발적이고 적극적으로 부응해야 한다는 것이다. 따라서 조직은 조직 외 환경의 종속변수이다.

4) 개방적 - 자연적 조직관

개방적-자연적 조직관은 조직 외 환경에 종속되면서도 환경을 변화시킬 수 있는 조직도 가능하다고 한다. 핵심 자원의 보유 정도에 따라 환경을 지배할 수도 있다. 개방적-자연적 조직이론에서는 가장 효과적인 조직구조는 환경에 대한 상황적 접근 방법(Contingency Approach)인 전략적 선택의 중요성을 강조하고 있다.

환경이 변함에 따라 조직에 중요한 변수를 고려하여 조직구조를 전면적으로 변경할

지 또는 유지할 지에 관한 수준을 결정해야 한다는 점이다. 즉, 안정된 환경이라고 간주되면 조직구조를 관료제와 같은 기계적인 구조로 유지해야 한다. 반면, 매우 요동치는 환경이라고 간주되면, 조직구조를 유기적인 구조로 변경하는 것이 적합하다고 주장한다(Burns & Stalker, 1961).

동시에 조직 내외의 변수를 고려할 때 조직의 환경 적합성과 환경변화 가능성에 대한 전략이 결정되는 것이다. 페퍼와 샐란식의 자원의존이론(Resource Dependence Theory)에서 의하면 인력, 자금 등 환경의 핵심자원을 조직 내로 유입하면 조직이 환경을 변화시키고 선택할 수 있다고 한다(Pfeffer & Salancik, 1977).

4. 정부 관료의 동기부여

> 정부 공무원을 일하게 만드는 방법은 무엇이며, 과연 그 관료들은 열심히 일할 것인가? 계속 일하도록 만드는 방법의 한계는 무엇인가?

정부 관료는 출세형, 현상유지형, 열광형, 옹호형, 정치형 관료로 구분된다(Downs, 1967). 다운스(Anthony Downs)는 출세형 관료나 현상유지형 관료는 모두 진급 등 자기 이익에 관심이 크면서도 출세형은 외부로 드러나는 자기 이익에, 그리고 현상유지형 관료는 조직 내 자기 이익의 유지를 지향한다고 한다. 관료 중 열광형은 정책목표의 추구에, 옹호형은 공공 이익의 증진과 자기 조직의 이익 동시적 증진에, 정치형은 공익과 관련된 가치와 요인의 증진에 목표를 두고 활동한다. 따라서 비슷한 것 같지만, 정부 관료의 신념, 태도, 그리고 가치관과 행태 등은 정책의 의제화·결정·집행에 결정적인 영향을 미친다. 이와 같은 정부 관료의 동기부여에 관계된 이론을 훑어본다.

1) 동기부여이론

동기(motive)는 움직이는 'move'라는 단어에서 나온 개념으로 조직구성원의 자발적인 움직임을 끌어내는 조직적인 제도 도입이 중요하다. 동기부여이론(motivation)은 고전적 이론과 현대적 이론으로 나뉜다. 고전적 동기부여이론을 고찰하면 다시 내용이론, 과정이론, 상황이론으로 나뉜다.

(1) 내용이론

내용이론에는 맥그리거의 XY이론, 샤인의 사회적 인간모형, 매슬로우의 욕구계층이론, 앨더퍼의 ERG 이론, 허즈버그의 동기위생이론(욕구충족2요인론) 등을 포함한다.

첫째, 내용이론(Content Theories)은 무엇을 충족할 때 관료의 동기가 부여될 수 있는지에 관한 이론군이다. 매슬로(Abraham H. Maslow)는 동기를 좌우하는 요인이 계층제를 이룬다고 한다. 한마디로 욕구 5계층론인데, 생리, 안전, 사랑, 존경, 자아실현의 욕구라는 5단계의 욕구를 하위 단계부터 순차적으로 충족시키면 다음 단계의 욕구로 진행한다고 주장한다(Maslow, 1943).

이때 매슬로는 하위 단계의 욕구가 모두 충족하는 상황에서 그 상위의 욕구로 진행한다고 설명하지 않았다. 그보다는 어느 정도 꽤 충족되면 상위의 욕구가 발로된다고 한다(If a need is fairly well satisfied, the next need is emerged). 이처럼 관료는 욕구가 존재하는데 순차적인 욕구 충족은 바람직하며 일반적인 현상이라고 한다.

하지만, 욕구의 증진에 대한 설명은 있지만, 욕구의 동시적 발현과 충족, 욕구의 후행 현상에 대한 설명은 없어 이에 대한 비판과 새로운 수정이론이 등장했다. '좌절하면 후행하고 만족하면 진행한다(Satisfaction-Progression & Frustration-Regression)'는 앨더퍼(Clayton R. Alderfer)의 ERG 이론이다. 앨더퍼의 이론을 아래에서 요약·기술한다(Alderfer, 1969).

첫 번째 욕구는 존재의 욕구(Existence Needs)이다. 모든 물리적 및 생리적 욕구, 예를 들면, 주거, 식음료, 옷, 안전 등과 같은 욕구를 포함한다. 매슬로의 1단계와 2단계 욕구가 포함된다.

두 번째 욕구는 관계 욕구(Relatedness Needs)이다. 사회적 존경과 외부적 존중을 포괄한다. 동료나 가족, 친지 등의 외부 사람과의 관계를 의미한다. 사랑과 존경 등의 욕구가 여기에 해당하며, 매슬로의 3단계 욕구와 4단계 욕구 일부가 포함된다.

세 번째 욕구는 성장 욕구(Growth Needs)이다. 자기 존중과 자아실현의 욕구이다. 개인을 둘러싼 환경에서 자아 존중과 자기 발전을 위한 노력이 동기가 된다. 매슬로의 4단계와 5단계를 포함하며, 창의적이며 효율적인 업무 추구와 자아실현이 나타나며 이를 충족하는 욕구가 포함된다.

매슬로우의 욕구계층론에 대한 비판

인간 본성에 대한 매슬로(Maslow, 1943)의 견해는 욕구 기반 이론(Need-based Theory)이다. 그는 사람을 만족하거나 만족을 감소할 수 있는 생물학적 욕구를 가진 유기체로 가정한다는 점에서 필요 기반 이론이다(McSwite, 1997). 욕구의 위계는 매우 기본적인 생존에서 경제적 관심을 거쳐 더 높은 수준의 심리적 만족인 자아실현으로 이동한다. 인간은 쾌락과 고통의 경제를 통해 충족되는 가장 기초적인 생물학적 욕구에 따라 움직인다는 가정은 소비나 욕망의 충족 사회에 부합한다.

하지만, 매슬로의 연구에 대한 비판은 다음과 같다(Ray Zeng, 2004).

첫째, 어떤 욕구 단계의 충족이라는 행복이 지속되지 않기에 언제든 욕구단계가 파괴되거나 사라질 수 있다. 새로운 재화 구입이나 장기근속에 따른 승진은 지속적인 행복을 가져오지 않는다. 이런 개인적 성공은 자기 발전의 부분이지만, 인간의 정신은 욕구 기반 접근 방식보다 더 복잡하다. 매슬로적 접근 방식은 위기 시의 개인 심리에 따른 불행 때문에 그 단계를 미충족하는 현상에 관한 분석을 무시한다고 비판할 수 있다.

둘째, 상하위 욕구 단계와 무관하게 어떤 욕구의 단계에서도 다른 단계의 모습이 동시에 나타난다. 자아실현적 인간은 이른바 경제인과 다르다면 단계적으로 성공한 것으로 간주되지만, 한 개인은 동시에 두 가지 인간의 모습이 나타난다. 경제적 인간은 이기적이고 경쟁적이며 공격적이지만, 자아실현적 인간은 협력적이고 사려 깊고 유쾌하다(White, 1972: 13). 자아실현의 설명에 관한 근거가 무엇인지 불분명하지만, 매슬로는 자신이 경험적으로 검증한 이론모형이라고 한다. 이런 경험적 분석도 매슬로가 추구한 타당성을 도출하지 못했다. 자아실현적 인간도 본질적으로 경제적 인간의 특성과 모습을 혼재한다. 자아실현의 인간도 단지 자신의 몫을 위해 싸우는 경제적 인간과 동일하다.

셋째, 계층적으로 연계되지 않는 복수의 상하위 욕구 단계가 동시에 병존할 수 있다. 욕구의 위계가 상식처럼 단계적이지 않다. 우리는 매우 낮은 수준의 이익을 위해 싸우면서도 동시에 모두 숭고한 대의를 위해 자아실현할 수 있는 인간이다. 따라서 매슬로의 욕

> 구계층이론은 인간 행태의 단계에 관해 설명할 뿐 인간 정신에 따른 병행적 활동은 거의 설명하지 못한다.

(2) 과정이론

과정이론에는 애덤스의 공정성이론, 브룸의 기대이론, 포터와 롤러의 기대이론 등을 포함한다.

둘째, 동기부여의 내용론에 관한 연구 이후에 과정이론(Process Theories)이 나타난다. 애덤스(J. Stacy Adams)의 공정성이론이 대표적이다(Adams, 1963). 과정이론은 인간의 행동이 어떻게 동기 유발이 되는가에 중점을 둔다. 공정성이란 우리가 다른 사람과 비교해 공정한 대우를 받는다는 믿음이며, 공정성과 불공정성에 관한 지각 형성 과정과 공정성이나 불공정성을 지각한 인간의 반응이다.

불공정성을 해소하고 공정성을 추구하기 위한 행동에는 ① 투입 또는 산출을 변화시켜 조정하는 것, ② 투입과 산출에 대한 본인의 지각을 바꾸는 것, ③ 준거인물을 바꾸는 것, ④ 조직을 벗어나는 것 등이 있다. 공정성이론은 조직에서 공정한 보상이 얼마나 중요한지를 인식시켜 줬다는 점에서 그 의의가 크다. 고도의 보상을 제공하는 내용이론보다는 공정하게 보상을 제공하는 것이 정책관료의 동기부여에 주요한 동인이 된다는 것이다.

브룸(Victor H. Vroom)의 기대이론도 전통적 욕구이론과 동기이론을 보완하는 과정이론으로 발달하게 됐다(Vroom, 1964). 즉, 이 이론은 욕구 충족과 직무 수행이 직접적으로 관계가 있다는 주장을 비판하면서 욕구·만족·동기 유발의 체계에 기대감이라는 개념까지 추가한 것으로 동기 유발의 과정을 집중적으로 설명하고 있다. 첫째, 일정한 노력을 기울이면 근무 성과를 가져올 수 있으리라는 가능성에 대한 인간의 주관적인 확률과 관련된 믿음을 '기대감(Expectancy)'이라고 한다.

둘째, 개인이 지각하기에 어떤 특정한 수준의 성과를 달성하면 바람직한 보상이 주어지리라고 믿는 정도를 '수단성(Instrumentality)'이라고 한다. 기대감이 노력과 성과 간의 관계에 대한 믿음이라면 수단성은 성과와 보상 간의 관계에 대한 믿음이다.

셋째, 어느 개인이 원하는 특정한 보상에 대한 선호의 강도를 '유의성(Valence)'이라고 한다. 즉, 유의성은 직무상에서 받을 수 있는 보상에 대해 그 개인이 느끼는 보상의 중요성을 의미한다. 이러한 선호의 강도는 개인이 보상을 받지 않았을 때보다 받았을 때 더 선호를 느끼게 되면 정(+)의 유의성을 갖고, 무관심하거나 싫어하면 부(-)의 유의성을 갖는다.

넷째, 행동의 소산인 결과가 있다. 결과적으로 노력에 따른 보상의 과정에서 달성의 가능성이 있다면 노력할 것이라는 점이다(Vroom, 1964).

2) 공적 서비스의 동기부여이론

공적 서비스의 동기부여이론(Public Service Motivation Theory: PSM)은 국민, 사회, 국가에 봉사 의지를 가진 이타적 동기부여와 공익에 대한 헌신적 기여가 공무원에게 나타난다고 주장한 이론이다(Perry & Wise, 1990). 페리(James Perry)와 와이즈(Lois Recascino Wise)는 공적 서비스의 동기(Public Service Motive)를 아래와 같이 세 가지 차원의 동기로 나눴다.

그들의 공직자의 동기를 합리적(Rational), 규범적(Normative), 정감적(Affective) 동기의 세 가지로 구분했다. 공무원은 사회적 공평성 및 형평성, 정의감 및 사회적 책임과 같은 공공 가치와의 일체감으로 인해 특별히 동기를 갖는다고 한다.

첫째, 합리적 동기는 이기적 동기이다. 공무원도 자기 효용의 극대화 추구라는 합리적 계산에 따라 공직에 봉사한다는 점이다. 공무원의 활동은 정책수립과 집행에서 자기 욕구를 충족하고 자신에게 이익이 될 때 동기부여된다는 점이다.

둘째, 규범적 동기는 이타심에 근거한 동기이다. 국민 전체 이익을 위한 봉사자로서의 의무감, 사회적 약자를 위한 정의감 등의 실현을 위해 동기 부여된다는 점이다. 공적 의무감과 이타심, 정의감 등을 이유로 정책과정에 적극적으로 참여한다면 규범적 동기의 발현이다.

셋째, 정감적 동기는 합리적 계산과 이익 또는 공적 의무감이 아닌 개인 감정과 애착으로 인한 동기이다. 사회봉사의 개인 감정, 국가에 대한 애정이 공무원의 동기를 자극한다는 점이다. 일반적으로 공직자는 공공 가치에 기여하고자 하는 특별한 개인의 정서적 동기가 있다고 한다(고길곤·박치성, 2010).

기존 동기부여 연구는 동기의 구성 요소로 금전적 보상, 인센티브, 휴가 등 동기부여의 내용론적 관점을 중시해 왔다. 조직구성원이 필요한 무엇을 제공하고 충족하는 것이 그들을 자극해 활동하도록 유도하며 조직성과 극대화에 도움이 되는지를 분석했다. 이와 같은 외재적 동기부여 방법은 공사 부문 종사자 모두에게 잘 적용된다고 했다(Crewson, 1997; Houston, 2000). 이에 1980년 초반부터 시작된 민간부문의 효율성 중심 논리인 신공공관리론(New Public Management: NPM)을 조직관리 방안으로 계속 공공부문에 적용해 왔다.

하지만, 공공부문에 민간부문의 능률성과 효율성 중심의 교정방식이 복지부동한다고 비판받는 공무원을 동기부여할 수 있는지 비판받는다. 대조적으로 페리와 와이즈의 공적 서비스 동기부여론은 공무원에만 한정된 동기가 아니라 결국 사기업 종사자도 동일하게 가진 동기라고 비판받는다. 이와 같은 비판에도 불구하고 동기부여의 외재성과 내재성의 강조는 어느 정도 융합 차원에서 민간부문과 공공부문에 차별적으로 적용될 수 있는지에 관한 실증적 연구가 활발히 진행되고 있다.

3) 반동기부여이론

반동기부여이론(Anti-Motivation Theory)은 동기부여의 외재성과 비자발성에 대한 비판을 담은 이론이다. 아래는 마컴(James W. Marcum)의 동기부여에 대한 비판을 제시하였다(Marcum, 2000).

첫째, 동기부여는 현실의 조작화에 불과하다고 비판한다. 동기부여를 적용하는 전략에는 실질적인 동기부여가 없다고 한다. 동기부여를 할 때는 제일 처음 동기부여가 발생하도록 하는 행위라고 착각하는데, 실상은 동기부여 이전에 특정 행동의 원인에 대한 그 이전의 행위 촉발 기제(initiative)가 항상 존재한다고 본다. 따라서 동기부여의 행위로부터 관료가 동기부여되는 것이 아니라 그 이전의 어떤 상황과 결부되어 발생한 행동이 동기부여의 효과로 착각하는 것이다.

둘째, 동기부여는 결과론적으로 연속적이지 않다고 한다. 동기부여로 인한 행위가 동일한 강도로 계속 발생하지 않아 심리학의 재강화이론을 적용한다면 실패라는 점이다. 따라서 시간이 갈수록 또는 중복적으로 적용할수록 동기부여의 효과성은 감소한다.

셋째, 동기부여는 항상 가부장적인 가정에 입각한 전략이라는 점에서 비판받는다. 위에서 아래로의 동기부여 제공이 조직구성원을 자발적으로 움직이도록 하기에는 너무 편협하고 기계적인 가정이다. 진정한 동기부여는 아래로부터의 자발적 동력이다.

넷째, 보상 기제에 의존성이 너무 높은 점이 동기부여의 단점이다. 항상 높은 보상에 따라 움직이는 인간을 가정하는데, 이는 동기부여의 진실한 모습이 아니다. 보상이 없더라도 움직이는 조직구성원이 자발적인 인간이며, 진정으로 동기부여된 인간의 모습이라는 점에서 동기부여의 효과는 비판된다.

다섯째, 동기부여의 계속적 실행은 인간적이고 자연적인 업무에 관한 관심을 파괴한다. 더 나아가 오히려 자발적인 참여를 방해할 수 있다. 따라서 동기부여가 제시하는 당근과 채찍의 접근법보다는 오히려 학습과 참여가 더 중요함을 인식하고 이를 조직구성원에게 적용해야 한다. 이에 동기부여는 간헐적인 적용이 가능할 뿐 일상적으로 사용한다면 부정적인 결과를 가져온다는 것이다.

5. 정부 관료의 정책판단과 리더십

> 정부 공무원의 갈등 있는 업무를 추진할 때 어떻게 판단해야 하는가? 이들을 이끌어 가는 리더는 누구이며, 어떻게 이끌어 가는가? 리더가 이끄는 것보다 부하가 자발적으로 일하는 방법이 더 바람직한가?

1) 정부 관료의 정책판단 근거

정부 관료는 국가를 위해 공적인 업무를 추진할 때 선출직 공직자가 아니기에 그들의 판단은 늘 자기의 이익에 기반한다고 비판받을 수 있다. 그럼 어떤 기준에 따라 정책적 결정을 내리는 것이 타당할까? 아래는 박천오(2012)의 설명을 중심으로 요약·정리한다.

첫째, 정부 관료의 판단 기준은 '선출직 공직자의 의견'이다. 정부 관료는 공채나 임용시험을 통해 입직한 자들로 그들 스스로 판단하는 것은 시민의 의견과 견해의 차이를 보일 수 있다. 시민이라는 허상은 누구를 의미하는지 모르고 때때로 의견이 상호 상충적이기 때문에 시민의 의견을 받아들여 정책적 결정을 하는 것은 어렵다. 이에 시민으로부터 선출된 공직자가 지닌 의견에 기반해 정책을 결정하는 것이 가장 바람직하다고 한다. 대리인의 어떤 모형을 따르든, 즉 대리인의 위임형 모형이든 신탁형 모형이든 선출직 공직자인 대통령, 시장, 군수, 교육감 등은 국민의 선택을 받고 그들의 의견을 정책에 반영할 것으로 기대되는 검증받은 자이다. 이에 하위 관료인 공무원은 선출직 상위공무원(Political Master)의 의견을 정책적으로 추진하는 것이 바람직한 행위가 된다는 것이다.

정무직 공직자의 인사 검증과 윤리성

1. 우리나라의 공직 예비후보자 자기검증 질문서

우리나라의 고위직 공무원 등을 위한 질의서는 〈공직 예비후보자 자기검증 질문서〉*로 총 64페이지로 구성돼 있다. 구성은 '1. 기본 인적 사항 – 2. 국적·출입국 및 주민등록 – 3. 병역 의무 – 4. 범죄 경력 및 징계 – 5. 재산 관계 – 6. 납세 의무 이행 등 – 7. 학력·경력 – 8. 연구 윤리 – 9. 직무 윤리 – 10. 공직자로서의 품위 – 11. 기타'다. 구체적으로 질문서를 보면, 예를 들어 "'음주운전'이나 '음주 측정 거부'로 경찰에 단속될 당시의 근무처·직위와 경찰조사 시 진술한 직업을 말씀해주십시오"라고 하여 구체적이지만 허위로 진술할 가능성이 높은 유효하지 않은 질문이 포함돼 있다. 폭넓은 조사를 위한 사전조사의 의미를 지닐 수 있지만, 공직자의 부진정 기술에 따른 법적 책임이 부과되지 않았기에 부실한 진술을 방치하고 있다. 청문회 등에서 개인 역량으로 질의서에 답변이 모호한 영역을 정치적으로 타개할 수 있다. 「국회에서의 증언·감정 등에 관한 법률」 제14조에 따르면 국정감사나 국정조사에서 선서한 증인이 위증하면 1~10년 징역형이 가능하지만, 「인사청문회법」에서는 처벌 규정이 없다.

2. 미국의 국가안보 지위를 위한 질문지〈SF86〉

이 질문서는 고위공직자 검증용이며, 총 136페이지에 걸쳐 다양한 질문을 하고 있다. 서문에는 미국 형법(제18조, 1001조)은 주요 사실을 고의로 위조하거나 은폐할 경우 벌금 또

> 는 최대 5년의 징역형을 받을 수 있는 중범죄라고 규정하고 있다. 통상 e-QIP라고 하는 전자문서를 이용해 로그인(log-in)해 SF 86** 문서를 작성한다. 총 16개의 섹션(section)으로 나뉜다.
> 사회보장번호, 미국 여권 정보, 시민권, 거주지, 학력, 고용 활동 및 실업, 징집 기록, 지인, 결혼 상태, 친척, 해외 활동, 외국 사업의 전문 활동 및 연락처, 심리적·정서적 건강, 약물 불법 사용 또는 약물 사용, 재무 상황에 대한 섹션 질문이 있다. 우리나라 검증서와 다르게 철저하게 개인적인 질의 사항에만 국한된 질문서이다. 결국 정밀한 공적 검증 즉, 세금, 부동산, 범죄 관련 행위 등은 정부 기관에서 SF 86의 개인 정보를 토대로 직접 검증한다는 점이다. 다만, 미 국내의 정부기관에 검증이 어려운 사항(해외 사업, 징병, 적법 약물 사용 등)만 개인의 활동을 함께 기록하도록 요구한 점이 특징이다.
>
> *출처: 대통령실(2024).
> **출처: US Office of Personnel Management(2024).

둘째, 정부 관료의 판단 기준은 '기관 외부의 이익집단이나 시민의 의견'이다. 정책 관료는 선출직 공직자가 모든 정책을 결정하는 포괄적 신탁형 모형에 입각하지 않고 있다는 전제에서 시작한다. 선출직 공직자는 특정 업무의 특정 정책에 관한 결정만을 시민으로부터 위임받은 자들이다. 따라서 더 본격적이고 중대한 결정은 직접 시민의 견해를 대변하는 것이 바람직하다고 한다. 시민보다 더 공정한 결정자는 없기에 그들의 입장을 위한 위원회의 의견, 시민 설문 등의 결과를 정책에 반영하는 것이 바람직하다는 것이다.

셋째, 정부 관료의 판단 기준은 '자기 자신의 전문적 판단이나 역량'이다. 주요 정책을 결정하는 관료는 오랜 기간 해당 업무에 종사한 베테랑이다. 선출직 공직자는 자기의 이익과 지역 이기주의 및 정치 이념에 따른 그릇된 결정을 할 가능성이 크다고 한다. 시민이나 이익집단도 동일한 문제가 발생하는데, 자기 집단의 이익과 사익에 근거하여 정책 의견을 제시할 수 있다고 한다. 이에 가치중립적이고 업무에 계속 관여한 공무원 자신의 이념 중립적인 양심과 업무 지식은 올바른 결정을 내릴 수 있는 가장 좋은 기준이 된다고 한다. 하지만, 이런 관점 역시 관료 자신의 이익이나 판단이 시민이나 선출직 공직자의 의견과 다르다면, 이는 독단적인 결정과 과도한 권한의 행사로 비춰진다.

결론적으로 정부 관료의 판단 기준은 '선출직 공직자의 의견', '기관 외부의 이익집단이나 시민의 의견', '자기 자신의 전문적 판단이나 역량'의 세 가지에 근거해 판단할 수 있다. 하지만, 이들을 혼용해 적용하거나 모두 다 적용할 경우 상충되는 의견을 조정하고 타협할 수 있다면, 그런 정책적 판단이 가장 바람직하다고 할 수 있다.

2) 관료의 리더십 이론

공무원의 리더십은 일반적인 조직의 리더십 이론으로 설명할 수 있다. 리더십 또는 지도력은 공무원의 어떤 계층이나 관료의 계급에서도 사용돼야 한다. 조직 내외에서 리더십을 발휘하려면 하위 직급자의 존재가 항상 필요하다. 그런 의미에서 중견 이상의 간부들은 리더십을 보유해야 한다.

하지만, 기관 내부뿐만 아니라 관료제나 정부 조직의 외부에서도 리더십을 발휘해야 한다면, 제일 말단의 휴먼 서비스를 제공하는 공무원이라도 리더십을 확보할 필요가 있다. 예를 들면, 경찰공무원의 경우 행정 지도를 하면서 대민적 리더십을 발휘할 필요가 있다. 읍면동 사무소의 관리들도 민원과 협력하는 사업을 추진할 때 리더십을 발휘해야 한다.

리더십은 현대적 리더십과 고전적 리더십으로 나뉜다. 고전적 리더십은 크게 세 가지로 나뉜다. 고전적 리더십은 자질론 또는 특성론에서 유형론 또는 행태론으로, 그리고 상황론 또는 환경론으로 변화됐다. 아래는 이창원(2012)의 저서 내용을 중심으로 다양한 논문을 함께 분석적으로 아래에서 요약했다.

3) 고전적 리더십

(1) 자질론 또는 특성론

리더는 흔히 일반인과 다른 외형적 특성이 있다고 본다. 리더는 키가 크고 장골이며 목소리가 큰 등의 일반인을 초월하는 모습과 자태를 지닌다고 본 것이다(Stogdill, 1950). 저 사람을 보니 '리더의 감이 된다 또는 리더답다'는 표현 방법은 리더의 겉모습을 보고 평가한 것이다. 외관상 다르게 두드러져 보이는 사람이 리더라면, 특이한 옷을 입고 두드러진 장신구를 쓰거나 키 큰 사람은 반드시 리더이다. 하지만, 이와 같은 시각이나 이론은 리더의 용모에만 초점을 둔 것으로 바람직하지 않다. 이런 기준에 따르면, 키 작은 나폴레옹은 리더가 될 수 없다. 이를 리더십 '특성론(Trait Theory)'이라고 한다.

그 후의 이론가들은 리더의 용모적 특성에 집중한 특성론보다는 그들이 가진 자질이나 습성에 관심을 둔다(Stogdill, 1950). 리더는 외관상 구분되는 특징보다 내면적 우월함이나 의지, 성실성, 정신력 등에서 차이가 있다고 한다. 그들은 일반인보다 집요하고, 전략적이며, 성실하고, 미래를 예견하며, 더 나은 판단을 하고, 용기가 있는 등의 특별한 능력이 있다는 것이다. 이와 같은 역량을 가진 리더를 찾는 이론이 '자질론'이다. 리더는 특별한 자질을 지닌 사람이다. 이에 자질론 또는 특성론에서는 리더의 역량이나 자질, 외형적 특징의 공통 분모를 찾고자 했다.

그렇다면 현대인은 리더의 용모나 자질에 관한 관심은 전혀 없는가? 아직도 리더를 뽑는 선거에서 우리는 지도자가 될 만한 풍채나 태도, 끈기가 있었는지를 평가한다. 선거에 입후보한 어떤 시장은 능력도 없고 얼굴이 너무 간신배 같다고 평가할 때, 아직도 우린 리더의 외형적 모습과 역량을 보고 평가하고 있다. 따라서 고전적 리더십 이론가가 찾고자 한 리더의 공통점을 우린 아직도 선거에서 고수하고 있다.

(2) 유형론 또는 행태론

앞선 이론군처럼 리더는 과연 일반인과 다른지에 대한 의문이 발생한다. 리더가 지닌 용모나 습성 등은 일반인도 지니고 있다. 이에 새로운 부류의 연구자는 리더 그 자체의 특질보다 리더가 어디에 관심을 두고 조직을 이끌어 가는지(유형론) 또는 어떤 행동을 보이는지(행태론)에 관심을 두고 그런 행동을 찾고자 했다(Likert, 1979).

리더는 흔히 조직의 리더를 의미한다. 그렇기에 리더는 조직의 성과나 효과성을 높이기 위해 노력하는 사람이다. 조직관리를 위한 리더십의 발현으로 고도의 조직 성과를 창출하는 사람이 리더이다. 이에 리더는 조직 업무 또는 조직구성원이라는 두 가지 차원 중 어느 한쪽에 더 관심과 추진력이 높은 사람이다. 이런 관점을 가진 부류의 이론을 '리더십 유형론'이라고 한다. 리더의 관심을 기준으로 분류한 리더십 이론이다.

리더가 특정 유형으로, 즉 인간 중심적 리더와 과업 중심형 리더로 구분되며, 그들은 행동으로 옮긴다. 리더가 조직 성과나 효과성을 높이려면 부하와의 관계를 잘 맺고, 조직 업무를 잘 처리하는 사람이 되어야 한다. 다수의 연구는 성공한 리더가 어떤 리더십을 발휘하는지 분석한 결과, 리더는 부하, 이해관계자 등과 인간관계를 잘 형성하는 사람이거나 업무에 탁월한 조직력과 역량을 발휘하는 사람임을 발견했다. 인간을 어떻게 다루는지 또는 업무를 어떻게 처리하는지에 대한 리더의 행동을 연구하면서 '리더십 행태론'이 등장했다. 동시에 인간 중심, 관계 중심의 리더십 유형과 과업 중심, 구조 주도 중심의 리더십 유형으로 크게 나누면서 리더십 유형론이라고 부른다(Likert, 1961; 1979). 위의 논의를 요약하면, 결국 리더의 관심사의 분류에 초점을 둔 리더십 유형론이나 실제 행태에 초점을 둔 리더십 행태론은 동일하다.

(3) 상황론 또는 환경론

리더가 인간관계나 업무 성과에 어느 한 측면만을 중시하는 것이 조직 성과나 효과성에 도움이 되는가? 리더는 조직환경의 변화와 무관하게 자기가 가진 인간 중심형 리더십이나 과업 중심형 리더십을 그대로 유지하는 것이 효과적인 리더십의 발현 방법인가? 이와 같은 질문에 대해 리더십 환경론은 조직이 처한 여건이나 맥락, 시기에 따라 리더십의 발현이 달라야 한다고 했다. 이에 리더십 환경론 또는 상황론이 등장했다(Fiedler, 1967). 리더십의 상황이론에는 피들러의 상황론적 리더십 이론, 허시와 블랜차드의 리더십 상황이론 등을 포함한다.

리더십 환경론 또는 상황론은 조직의 어떤 상황에 초점을 뒀을까? 조직이 처한 상황은 통상 조직환경이라고 하며, 조직 내외의 환경을 의미한다. 위의 리더십 행태론은 인간 또는 업무라는 두 가지 요인에 관심을 두고 리더십의 발현 유형이 다르다고 했다. 따라서 상황론에서 말하는 상황이나 환경은 당연히 인간 또는 업무의 상황이다. 이 두 가지 상황은 조직환경 중 조직 내 환경의 일부분에 국한되며 특별한 조직 내 환경을 의미한다(Hersey & Blanchard, 1982).

첫째, 조직 상황이 바뀐다는 의미는 리더를 따르는 부하의 역량이나 능력이 증진되거나 증진될 수 없는 상황과 결부된다. 둘째, 업무의 상황이 조직에서 바뀐다는 의미는 부하가 수행할 업무의 강도, 난이도, 구조화 정도가 쉽거나 어려운 상황과 결부된다.

부하의 상황과 업무의 상황이 변화되는 조합에 따라 상황적 유리성, 부하의 성숙도(Readiness)와 준비도(Maturity), 부하-리더 간 소통 정도(Leader-Member Exchange) 등에서 차이가 있음을 판단할 수 있다. 이에 리더의 리더십 발현은 인간관계를 중시할 것인지 또는 업무를 강조할 것인지를 달리해야만 리더십의 효과성이 제대로 조직에 실현된다고 본다.

조직이나 업무의 초창기 단계, 부하의 준비도가 낮거나 상황적 유리성이 낮은 단계에서는 업무 중심적 리더십이 인간 중심적 리더십보다 효과가 더 크다. 예를 들면, 회사 입사 초년생에게 알아서 자유롭게 발표 자료를 준비하라고 하는 인간 중심적 리더십은 조직성과 실패로 귀결될 것이다. 오히려 가르치고, 이끌어 주는 업무 중심적 리더십이 더 바람직하다. 회사의 본부장급 인사에게 틀에 박힌 과업을 주거나 사사건건 간섭하는 CEO의 리더십, 즉 업무 중심적 리더십은 인간 중심적 리더십보다 조직성과의 실패로 귀결될 것이다. 오히려 역량있는 구성원에게 권한을 부여하거나 위임하고 자발성을 끌어내는 인간 중심적 리더십이 더 바람직하다. 이와 같은 리더십의 상황론은 엄정한 의미에서 고찰한 조직 상황이 아니라 업무 상황과 부하 상황이기에 업무의 특성과 리더-부하 간 관계가 리더십 발현 조건의 핵심 기준이다.

4) 현대적 리더십

현대적 리더십은 너무나 다양해 모든 리더십을 설명할 수 없다. 동시에 수많은 현대적 리더십은 학문적으로 제대로 검증이 되지 않기 때문에 거래적 리더십(Transactional Leadership)과 변혁적 리더십(Transformational Leadership)을 중심으로 설명하고자 한다(Bass, 1985; Bass & Avolio, 1993; Bass & Bernard, 1985).

(1) 거래적 리더십

거래적 리더십은 리더와 부하 간 계약 관계에 근거한 리더십을 의미한다. 현대 사회는 기업의 리더십이 많이 존재하므로 자발적 거래를 통한 리더십 관계의 설정이 다수 출현해 있다. 거래적 리더십의 핵심 요소는 계약과 보상관계이다.

우수한 조직 성과를 낳은 개인 또는 부하에게 제공할 인센티브와 보상을 중심으로 리더십 및 부하-리더 관계가 설정된다고 한다. 적절하고 충분한 보상은 리더십의 발현 조건이다.

하지만, 조직에 대한 물리적인 계약 관계보다 심리적 계약(psychological contract)이 더 중요하다는 이론이 등장했다. 보상에 따른 리더십 관계가 설정되더라도 진정으로 소속 조직을 자기 기관으로 받아들이지 않는다면 조직 헌신과 발전을 위한 협력은 피상적이고 형식적일 뿐이다. 따라서 외형적·외관적 계약을 넘어선 내면적이고 진정한 계약의 수용 여부가 리더십 발현의 효과에 중요한 조건이 된다.

(2) 변혁적 리더십

변혁적 리더십은 부하의 역량을 뛰어넘는 결과를 발생시키는 리더십을 의미한다(Avolio, Waldman, & Yammarino, 1991). 조직에서 요구된 기대 수준을 넘어서 리더와 공유된 비전을 만드는 리더십이다. 이 리더십의 요소는 다음의 네 가지, 즉 'Four I's'이다. 부하를 대상으로 한 개별적 배려(Individual Consideration), 이상적 영향력(Idealized Influence; Charisma), 영감적 동기부여(Inspirational Motivation), 지적 자극(Intellectual Stimulation)이다. 이 요소와 원칙의 결합은 조직 기대를 넘어선 성과를 창출하게 된다고 본다(Avolio, Waldman, & Yammarino, 1991).

변혁적 리더십은 경영 철학으로, 직원 개인이 성장하고 혁신하는 새로운 방법을 스스로 개발하도록 격려하고 영감을 주어 종국적으로 미래의 조직성공을 향한 행태 개선을 목표로 한다(Bass, 1985). 변혁적 리더십의 예를 제시하면, 2002년 한일 월드컵 대회에서의 4강에 진출한 한국팀과 히딩크 감독의 리더십을 거론할 수 있다.

앞선 거래적 리더십과 비교할 수 있다. 거래적 리더십은 보상이나 계약에 적합한 기대 성과를 창출하는 반면, 변혁적 리더십은 부하가 기대 이상의 성과를 낳도록 동기 유발하고 변화시키는 목적이 있다. 현대 사회의 급격한 조직환경 변화에 대처하기 위해서는 적정 수준의 대응적 성과 창출을 넘어설 때 성공하는 조직이 될 수 있다.

하지만, 기본적으로 부하의 기대 이상의 동기 유발도 달성에 대한 기대감과 보상에 근거한다는 점에서 변혁적 리더십을 보상적 리더십의 일종으로 보는 학자도 많다.

5) 리더십 대체의 추종심

　정부의 어떤 조직이든 리더십에 관한 관심과 중요도가 높아지는 것만큼 리더에 대한 실망감도 크다. 리더는 특별한 인적 역량을 가진 사람이라는 사고로부터 리더는 누구나 할 수 있는 역할이라는 관점이 대두됐다. 켈리(Robert Kelly)는 『추종자에 대한 찬사(In Praise of Followers)』(1988)를 통해 리더십은 누구나 가능하다고 한다. 아래는 켈리의 추종심(followership)에 대한 내용을 요약한다.

　켈리(Kelly, 1988)는 효과적인 추종자 정신(Effective Followership)의 가정으로 거의 모든 관리자가 리더이자 동시에 추종자(followers)라고 한다. 리더십(leadership)과 추종자 의식(followership)의 구분은 역할(roles)의 구분에 불과하다는 것이다. 정부기관이나 조직의 발전을 위한 역할을 누가 수행하는지에 관한 시각을 갖는다면 누구나 리더가 될 자질을 보유해야 한다. 흔히 좋은 리더와 효과적인 추종자 사이의 행태에는 유사성이 존재한다.

　이에 효과적인 추종자의 자질(qualities of effective followers)은 조직성공에 지대한 영향력이 있음을 주장한다. 성공의 영향력을 위한 자질을 켈리는 다음의 네 가지로 구분해 설명한다. 첫째, 자기관리(self-management)이다. 좋은 추종자는 독립적인 사고를 보유하고 추종자 자신을 리더와 동등하게 생각한다. 또한, 조직과 팀의 목표를 평가하는 시도(try to appreciate the organization or team goals)를 한다는 것이다.

　둘째, 조직몰입 또는 조직헌신(Organizational Commitment)은 좋은 추종자의 자질이다. 조직몰입은 조직을 자기와 동일시하고 애착을 가지는 구성원의 행태이다. 자신의 이해보다는 더 큰 조직적 이해에 대한 믿음이 중요하다. 집단 목표에 관한 관심과 개인 야망도 조직 목표와 일치되는 방향으로 노력해야 한다고 한다. 이런 행태는 조직 내에서 전파력이 있어(contagious) 조직 내 다른 구성원에 대한 긍정적인 효과(positive effect on others)를 창출한다고 한다.

　셋째, 효과적인 추종자의 자질은 우수한 능력이 있으면서도 관심 초점에 대한 집중이 중요하다(competence and focus). 높은 업무 기준을 보유하고(hold themselves to high standards), 학습 과정에 계속 몰입해야 한다고 주장한다. 또한, 추종자이지만 조직구성원의 발전을 자신의 책임으로 인식하는(see their development as their responsibility) 것이 중요하다.

넷째, 효과적인 추종자의 자질은 용기(courage)이다. 이런 의식은 정직(honest), 타인에 대한 배려(think for themselves), 고도의 윤리성(highly ethical), 솔직함과 진솔함(candid)에 기반한다. 조직 내의 문제에 대해서는 과감한 발언과 행동이 요구된다는 것이다. 이에 추종심을 도식화하면, 능동적이고 독립적·비판적 사고를 하는 자가 효과적인 추종자이다.

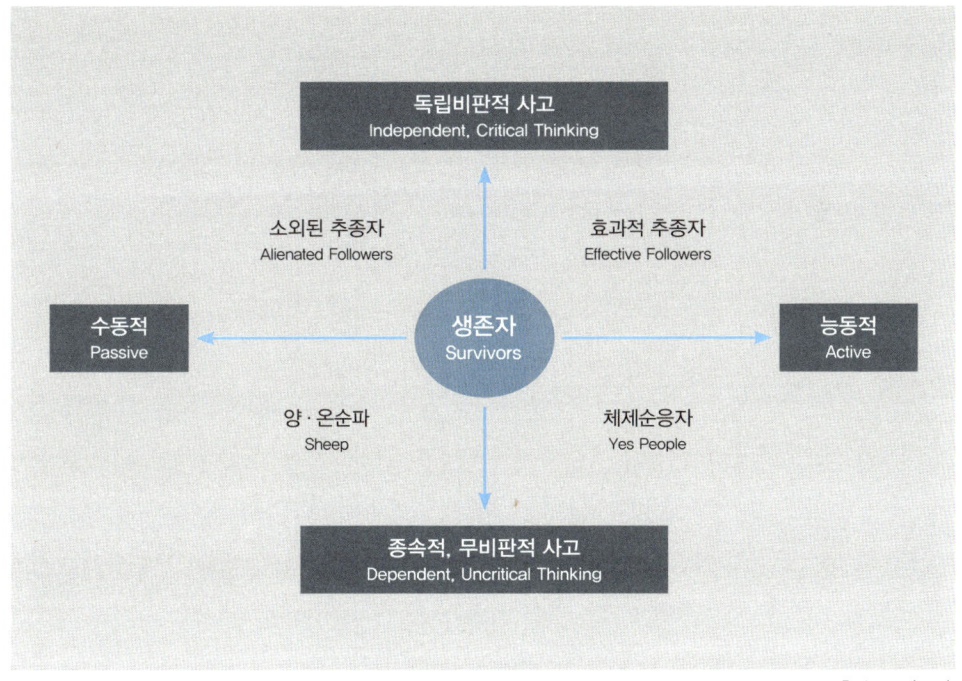

출처: Kelly(1982).

[그림 10-1] 추종자의 구분

효과적인 추종자의 육성(cultivating effective followers)에는 리더 역할뿐만 아니라 추종자 역할에 대한 존경이 전제돼야 한다. 이를 위해 조직은 사례 제시를 통해 좋은 추종자가 되도록 유도해야 한다고 주장한다. 추종자 기술의 개발을 위한 의식적 자세를 가지고 리더 역할의 수행에서 혼자 업무를 수행할 수 있다는 가정을 버려야 한다고 주장한다.

종국적으로 모두가 효과적인 추종자의 자질을 가지면, 리더 없는 조직을 형성하거나(leaderless groups), 리더 역할의 공유하고 순환 리더(Rotating Leaders)가 될 수 있는 것이다.

리더십 역할 공유(Rotating Leaders)가 타당한 이유는 어떤 리더는 조직에 비효과적이므로 추종자도 리더로서의 경험을 통해 추종심의 기술 및 역할을 개발해야 하기 때문이다. 특히 리더가 아닐 때도 추종자로서 리더십이 약한 리더를 보완하는 방법을 습득할 때 효과적인 조직이 될 수 있다고 한다.

참고 문헌

[국외 문헌]

Achen, C. H. and Bartels, L. M. (2004). *Blind retrospection: Electoral responses to drought, flu, and shark attacks*. Working Paper Princeton University and Vanderbilt University.

_____. (2017). *Democracy for realists: Why elections do not produce responsive government*. Princeton University Press.

Adams, J. S. (1963). Toward an Understanding of Inequity. *Journal of Abnormal and Social Psychology*, 67, 422–436.

Agrawal, A. (2000). Small is beautiful, but is larger better? Forest-management institutions in the Kumaon Himalaya, India. *People and forests: Communities, institutions and governance*, 57–86.

Agrawal, A. and Goyal, S. (1997). *Group size and collective action*. Econometric Institute.

Alderfer, C. P. (1969). An empirical test of a new theory of human needs. *Organizational behavior and human performance*, 4(2), 142–175.

Alexandros, S. (2005). *Iran: A Brief Study of The Theocratic Regime*. Thessaloniki, Greece.

Allen, R. W., Madison, D. L., Porter, L. W., Renwick, P. A. and Mayes, B. T. (1979). Organizational politics: Tactics and characteristics of its actors. *California management review*, 22(1): 77–83.

Allison, G. T. (1969). Conceptual models and the Cuban missile crisis. *American Political Science Review*, 63(3): 689–718.

Allsop, R. (2014). *Liberalism: A Short History*. Institute of Public Affairs.

Anderson, B. (1998). *The spectre of comparisons: Nationalism, Southeast Asia and the world*. Verso.

_____. (2010). The nation and the origins of national consciousness. *The Ethnicity Reader: Nationalism, Multiculturalism and Migration*, 61.

Anderson, J. (2003). *Public Policymaking: An Introduction*, Houghton.

Andrews, R. and Miller, Johnston, K. (2013). Representative bureaucracy, gender and policing: The case of domestic violence arrests in England. *Public Administration*, 91(4), 998–1014.

Appleby, P. H. (1952). *Morality and administration in democratic government*. Barton Rouge: The Louisiana State University Press.

Arendt, H. (1951). *The Decline of the Nation-State and the End of the Rights of Man: The origins of totalitarianism*.

Aron, R. (1968). Democracy and Totalitarianism. Littlehampton Book Services. p. 195. ISBN 978-0297002529.

Avolio, B. J., Waldman, D. A. and Yammarino, F. J. (1991). Leading in the 1990s: The Four I's of Transformational Leadership. *Journal of European industrial training*, 15(4).

Axtmann, R. (2004). The state of the state: The model of the modern state and its contemporary transformation. *International Political Science Review*, 25(3), 259-279.

Bachrach, P. and Baratz, M. S. (1962). Two Faces of Power. *American political science review*, 56(4), 947-952.

Bagehot, W. (1966). *The English constitution* (Vol. 28). Cornell University Press.

Baiocchi, G. (2001). Participation, activism and politics: the Porto Alegre experiment and deliberative democratic theory. *Politics and Society*, 29(1), 43-72.

Barajas-Sandoval, E., Botero-Pinzón, H., and Botero, J. C. et al (2022). Gender Inequality and the Rule of Law, *Hague Journal on the Rule of Law*, 1-13.

Barber, B. (1984). *Strong Democracy, Participatory Politics for a New Age*, trad. fr. 1997, Démocratie Forte.

Bardach, E. (1977). *The implementation game: What happens after a bill becomes a law*. MIT Press.

Bass, B. M.(1985). *Leadership and Performance Beyond Expectations*. New York: Free Press.

Bass, B. M. and Avolio, B. J. (1993). *Transformational leadership: A response to critiques*.

Bates, R. H. and Shepsle, K. A. (1995). Demographics and institutions. In Frontiers of Economics Conference (in honor of Douglass C. North), Washington University, St Louis.

Beeman, D. R. and Sharkey, T. W. (1987). The use and abuse of corporate politics. *Business Horizons*, 30(2), 26-30.

Beetham, D. (1991). Max Weber and the legitimacy of the modern state. *Analyse and Kritik*, 13(1), 34-45.

Bell, J. E. and Staeheli, L. A. (2001). Discourses of Diffusion and Democratization, *Political Geography*, 20(2), 175-195.

Benz, A. and Broschek, J. (2013). *Dimensions and dynamics of federal regimes. Federal dynamics: Continuity, change and the varieties of federalism*, 70-90.

Berkman, M. B. and O'connor, R. E. (1993). Do women legislators matter? Female legislators and state abortion policy. *American Politics Quarterly*, 21(1), 102-124.

Bertelli, A. M. and Grose, C. R. (2011). The lengthened shadow of another institution? Ideal point estimates for the executive branch and congress. *American Journal of Political Science*, 55(4), 767-781.

Bierstedt, R. (1950). An analysis of social power. *American sociological review*, 15(6), 730-738.

Blair, G. S. (1986). *Government at the grass-roots*(4th ed). CAlifornia: Palisades Publishers.

Blair, R. (2004). *Urban Service Delivery: Basics of Program Implementation for Municipal*

Administration. class output.

Blais, A. and Massicotte, L. (1996). Electoral Systems. In Leduc, Niemi and Norris (eds.), *Comparing Democracies: Elections and Voting in Global Perspective*, London: Sage Publications.

Böckenförde, M., Hedling, N. and Wahiu, W. (2011). *A practical guide to constitution building*, International Institute for Democracy and Electoral Assistance.

Boix, C. and Stokes, S. C. (2003). Endogenous democratization. World politics, 55(4), 517–549.

Boix, C., Miller, M. and Rosato, S. (2013). A complete data set of political regimes, 1800–2007. *Comparative political studies*, 46(12), 1523–1554.

Bollen, K. (1993). Liberal democracy: Validity and method factors in cross-national measures. *American Journal of Political Science*, 1207–1230.

Bolton, A. and Thrower, S. (2016). Legislative capacity and executive unilateralism. *American Journal of Political Science*, 60(3), 649–663.

Borras, S. and Edquist, C. (2013). The choice of innovation policy instruments. *Technological Forecasting and Social Change*, 80, 1513–1522.

Brennan, J. F. and Jaworski, P. (2022). *Markets without limits: Moral virtues and commercial interests*. Routledge.

Brooks, R. E. (2005). Failed states, or the state as failure?. T*he University of Chicago Law Review*, 1159–1196.

Broughton, S. and Palmieri, S. (1999). Gendered contributions to parliamentary debates: The case of euthanasia. *Australian Journal of Political Science*, 34(1), 29–45.

Brower, R. S. and Abolafia, M. Y. (1997). Bureaucratic politics: The view from below. *Journal of Public Administration Research and Theory*, 7(2), 305–331.

Buchanan, J. M. and Tullock, G. (1965). The calculus of consent: *Logical foundations of constitutional democracy* (Vol. 100). University of Michigan press.

Buchanan, P. G. (1996). *State, Labor, Capital: Democratizing Class Relations in the Southern Cone*. University of Pittsburgh Press.

Bulmer, E. (2017). *Constitutional Monarchs in Parliamentary Democracies*. International IDEA Constitution-Building Primer.

Burkhart, R. E. and Lewis-Beck, M. S. (1994). Comparative democracy: The economic development thesis. *American political science review*, 88(4), 903–910.

Burns, T. (1980). Sovereignty, interests and bureaucracy in the modern state. The *British Journal of Sociology*, 31(4), 491–506.

Burns, T. and Stalker, G. M. (1961) *The Management of Innovation*. London: Tavistock.

Capano, G. and Howlett, M. (2020). The knowns and unknowns of policy instrument analysis: Policy tools and the current research agenda on policy mixes. *Sage Open*, 10(1), 1–13.

Capers, K. J. and Smith, C. W. (2021). Race, ethnicity and immigration: Assessing the link between passive and active representation for foreign-born clients. *Journal of Public Administration Research and Theory*, 31(4), 704–722.

Carman, C. (2010). The process is the reality: Perceptions of procedural fairness and participatory democracy. *Political Studies*, 58(4), 731–751.

Carpenter, F. M. (1979). *Treatise on invertebrate paleontology*. University of Kansas; Geological Society of America.

Carpenter, W. S. (1936). Politics: Who Gets What, When, How. By Harold D. Lasswell.(New York: Whittlesey House. 1936. Pp. ix, 264.). *American Political Science Review*, 30(6), 1174–1176.

Carter, N. (2007). Workplace democracy: Turning workers into citizens?. (eds.) Zittel, Thomas and Fuchs, Dieter. *Participatory Democracy and Political Participation: Can participatory engineering bring citizens back in?*. Routledge.

Caza, B. Tiedens, L. and Lee, F. (2011). Power becomes you: The effects of implicit and explicit power on the self. *Organizational Behavior and Human Decision Processes*, 114(1), 15–24.

Chaffee, E. E. (1983). *Rational decisionmaking in higher education*. National Center for Higher Education Management Systems.

Chamberlin, J. (1974). Provision of collective goods as a function of group size. *American political science review*, 68(2), 707–716.

Cheibub, J. A. (2007). *Presidentialism, parliamentarism and democracy*. Cambridge University Press.

Chemerinsky, E. (2019). *Constitutional Law: Principles and Policies* (6th ed.). New York: Wolters Kluwer. ISBN 978-1-4548-9574-9.

Christenson, R. M. (1972). Ideologies and modern politics. (No Title).

Claassen, C. (2020). Does public support help democracy survive?. *American Journal of Political Science*, 64(1), 118–134.

Cleary, R. E. and Henry, N. (1989). Managing public programs: balancing politics, administration and public needs. (No Title).

Cobb, R., Ross, J. K., and Ross, M. H. (1976). Agenda building as a comparative political process. *American political science review*, 70(1), 126–138.

Cochran, C. E. (1974). Political science and the public interest. *The Journal of Politics*, 36(2), 327–355.

Cole, M. (2006). *Democracy in Britain*. Edinburgh: Edinburgh University Press.

Conquest, R. (2001). *Reflections on a ravaged century*. WW Norton and Company.

Coppedge, M. J., Gerring, J., C. H. and Knutsen, et al. (2022). *V-Dem [Country-Year/ Country-Date] Dataset v12*. Varieties of Democracy (V-Dem) Project.

Coppedge, M., Lindberg, S., Skaaning, S. E. and Teorell, J. (2016). Measuring high level democratic principles using the V-Dem data. *International Political Science Review*, 37(5), 580–593.

Corwin, E. S. (1914). The basic doctrine of American constitutional law. *Michigan Law Review*, 12(4), 247–276.

Crewson, P. E. (1997). Public-service motivation: Building empirical evidence of incidence and effect. *Journal of public administration research and theory*, 7(4), 499–518.

Crowley, J. E. (2006). Moving beyond tokenism: Ratification of the equal rights amendment and the election of women to state legislatures. *Social Science Quarterly*, 87(3), 519–539.

Cyert, R. M. and March, J. G. (1963). *A behavioral theory of the firm*. Englewood Cliffs, NJ Prentice-Hall, Enc.

Dahl, R. A. (1957). The concept of power. *Behavioral science*, 2(3), 201–215.

_____. (1961). *Who Governs?: Democracy and Power in an American City*. Yale University Press.

_____. (1983). *Dilemmas of pluralist democracy: Autonomy vs. control*. Yale University Press.

Dahlerup, D. (1988). From a small to a large minority: Women in Scandinavian politics. *Scandinavian political studies*, 11(4), 275–298.

Dery, D. (1984). *Problem Definition in Policy Analysis*. Lawrence: University Press of Kansas.

Diamond, L. (1999). *Developing democracy: Toward consolidation*. JHU press.

Dickson, E. S. and Shepsle, K. A. (2001). Working and Shirking: Equilibrium in Public-Goods Games with Overlapping Generations of Players. *Journal of Law, Economics and Organization*, 17(2), 285–318.

Donno, D. (2013). Elections and democratization in authoritarian regimes. American *Journal of Political Science*, 57(3), 703–716.

Doorenspleet, R. (2000). Development and Democracy: Power and Problems of Empirical Research. In European Consortium on Political Research Joint Sessions of Workshops. Copenhagen.

Driver, J. (2009). The history of utilitarianism. Stanford Encyclopedia of Philosophy.

Dror, Y. (1970). Prolegomena to policy sciences. *Policy Sciences*, 1(1), 135–150.

_____. (1983). *Public policy making reexamined*. Chandler publishing Company.

Dryzek, J. S. (1990). *Discursive Democracy: Politics, Policy and Political Science*. Cambridge University Press.

DuBrin, A. J. (2009). *Political behavior in organizations*. Sage.

Dunn, W. (2014). *Public policy analysis*. (5th ed.). Pearson Education Limited.

Easton, D. (1953). *The political system*. New York: Knopf.

_____. (1965). A Framework for Political System Analysis. Chicago: University of Chicago Press.

Ebbinghaus, B. (2012). *Comparing Welfare State Regimes: Are Typologies an Ideal or Realistic Strategy*. European Social Policy Analysis Network, ESPAnet Conference, Edinburgh, UK, September 6.

Elliott, J. E. (1994). Joseph A. Schumpeter and the theory of democracy. *Review of Social Economy*, 52(4), 280–300.

Emerson, R. M. (1962). Power-Dependence Relations. *American Sociological Review*, 27(1), 31–41.

Esping-Andersen, G. (1990). *The three worlds of welfare capitalism*. Princeton University Press.

Etzioni, A. (1967). Mixed-scanning: A third approach to decision-making. *Public administration review*, 385–392.

Eulau, H., Wahlke, J. C., Buchanan, W. and Ferguson, L. C. (1959). The role of the representative: Some empirical observations on the theory of Edmund Burke. *American Political Science Review*, 53(3), 742–756.

Farrant, A. (2011). *Hayek, Mill and the Liberal Tradition*. Taylor and Francis.

Fiedler, F. (1967). *A Theory of Leadership Effectiveness*. New York: McGraw-Hill.

Frederickson, H. G. (1997). *The spirit of public administration*. Jossey Bass.

_____. (2003). The Public Administration Theory Primer. Boulder, 32CO: Westview Press. Gilmour, Robert S. and Laura S. Jensen. 1998. "Reinventing Government, Accountability, Public Functions, Privitization and the Meaning of 'State' Action," *Public Administration Review*, 58, 247–58.

_____. (2005). Happened to. *The Oxford handbook of public management*, 282.

Frederickson, H. G. and Smith, K. B. (2003). *The public administration theory primer*. Boulder, Colo.

Frederickson, H. G., Smith, K. B., Larimer, C. and Licari, M. J. (2018). *The public administration theory primer*. Routledge.

French, J. R., Raven, B. and Cartwright, D. (1959). The bases of social power. *Classics of organization theory*, 7(311–320), 1.

Friedrich, C. J. (ed.). (1954). *Totalitarianism: proceedings of a conference held at the American Academy of Arts and Sciences*, March 1953. Harvard University Press.

Frohlich, N. and Oppenheimer, J. A. (1970). I get by with a little help from my friends. *World Politics*, 23(1), 104–120.

Fromm, E. (2013). *To have or to be?*. A&C Black.

Gerring, J., Wig, T., Veenendaal, W., Weitzel, D., Teorell, J. and Kikuta, K. (2021). Why monarchy? The rise and demise of a regime type. *Comparative Political Studies*, 54(3–4), 585–622.

Gherghina, S., Close, C. and Carman, C. (2023). Parliamentarians' Support for Direct and Deliberative Democracy in *Europe: An Account of Individual-Level Determinants. Comparative Politics*, 55(2), 219–238.

Gift, T. and Krcmaric, D. (2017). Who democratizes? Western-educated leaders and regime transitions. *Journal of Conflict Resolution*, 61(3), 671–701.

Gilardi, F. and Dlabac, O. (2019). Spillover Effects in Women's Political Representation Decrease over Time. Working Paper.

Ginsburg, T., Cheibub, J. A. and Elkins, Z. (2013). Beyond presidentialism and parliamentarism. Coase-Sandor Institute for law and economics research paper no. 668, University of Chicago Law School.

Gleiber, D. W. and Shull, S. A. (1992). Presidential influence in the policymaking process. *Western Political Quarterly*, 45(2), 441-467.

Goodnow, F. J. (2017). *Politics and administration: A study in government*. Routledge.

Gunlicks, A. (2003). *The Länder and German Federalism*. Manchester University Press.

Habermas, J. (1975). *Legitimation crisis* (Vol. 519). Beacon Press.

Håland, A. L. B. (2021). Protests As a Building Block to Deliberative Democracy?: A Quantitative Study on the Relationship Between Protests and Deliberative Democracy in 30 European Countries.

Hamilton, M. E. (2014). Is Participatory Democracy the Answer?: Participatory Budgeting and Development in Brazilian Municipalities (Doctoral Dissertation, UC San Diego).

Hawkesworth, M. and Kogan, M. (2013). *Encyclopedia of Government and Politics*: 2-volume set. Routledge.

Held, D. (1992). Democracy: from city - states to a cosmopolitan order?. *Political studies*, 40, 10-39.

Hermann, D. H. (1983). Max Weber and the concept of legitimacy in contemporary jurisprudence. *DePaul L. Rev.*, 33, 1.

Hersey, P. and Blanchard, K. H. (1982). *Management of Organizational Behavior: Utilizing Human Resources*. Englewood Cliffs, NJ: Prentice-Hall.

Hogwood, B. W. and Gunn, L. A. (1984). *Policy analysis for the real world* (vol. 69). Oxford: Oxford University Press.

Hood, C. (1983). *The tools of government*. Chatham, NJ: Chatham House.

Houston, D. J. (2000). Public-service motivation: A multivariate test. *Journal of public administration research and theory*, 10(4), 713-728.

Howlett, M. (2000). Managing the 'Hollow State': Procedural policy instruments and modern governance. *Canadian Public Administration*, 43(4), 412-431.

_____. (2004). Beyond good and evil in policy implementation: Instrument mixes, implementation styles and second generation theories of policy instrument choice. *Policy and Society*, 23(2), 1-17.

Hughes, M. M. and Paxton, P. (2018). The political representation of women over time. In *The Palgrave handbook of women's political rights* (pp. 33-51). London: Palgrave Macmillan UK.

Huntington, S. P. (1991). Democracy's third wave. *Journal of Democracy*, 2, 12.

_____. (2012). *The third wave: Democratization in the late 20th century* (Vol. 4). University of Oklahoma Press.

Ingram, H. (1977). Policy Implementation through bargaining: The case of federal grants-in-aid. *Public Policy*, 25, 499-526.

Inter-Secretariat Working Group on National Accounts. (1993). System of National Accounts 1993. Commission of the European Communities, International Monetary Fund, Organisation for Economic Co-operation and Development, United Nations, World Bank.

Iversen, T. and Soskice, D. (2015). Information, inequality and mass polarization: Ideology in advanced democracies. *Comparative Political Studies*, 48(13), 1781-1813.

Johannsen, L. (2000, April). Democratization and development: Modernization and political institutions. In Presentation at the ECPR Joint Session of Workshops. Copenhagen (pp. 14-19).

José, S. R. (2021). *Innovative Citizen Participation and New Democratic Institutions Catching the deliverative wave*. OECD.

Kamenka, E. (1989). *Bureaucracy*. Oxford, New York, NY : B. Blackwell.

Kanter, R. M. (1977). Some effects of proportions on group life: Skewed sex ratios and responses to token women. *American journal of Sociology*, 82(5), 965-990.

Kathlene, L. (1994). Power and influence in state legislative policymaking: The interaction of gender and position in committee hearing debates. *American Political Science Review*, 88(3), 560-576.

Kelly, R. (1988). In Praise of Followers. *Harvard Business Review*, November 1988.

Kettl, D. F. (1988). Government by proxy and the public service. *International Review of Administrative Sciences*, 54(4), 501-515.

_____. (1988). Performance and accountability: The challenge of government by proxy for public administration. *The American Review of Public Administration*, 18(1), 9-28.

_____. (1993). *Sharing Power: Public Governance and Private Markets* (Washington, DC: The Brookings Institution).

Kim, J., McDonald III, B. D. and Lee, J. (2018). The nexus of state and local capacity in vertical policy diffusion. *The American Review of Public Administration*, 48(2), 188-200.

Kincaid, J. (1990). From cooperative to coercive federalism. The Annals of the *American Academy of Political and Social Science*, 509(1), 139-152.

King, C. L. (ed.). (1912). *The initiative, referendum and recall* (Vol. 43). American Academy of Political and Social Science.

Kingdon, J. W. (1995). *Agendas, alternatives, and public policies* (2nd ed.). New York Harper Collins.

Knutsen, C. H. (2010). Measuring Effective Democracy. *International Political Science Review*, 31(2), 109-128.

Kotzian, P. (2011). Public support for liberal democracy. *International Political Science Review*, 32(1), 23-41.

Kuyper, J. W. (2018). The instrumental value of deliberative democracy–Or, do we have good reasons to be deliberative democrats?. *Journal of public deliberation*, 14(1), 1–35.

Cronin, T. E. (1989). *Direct democracy: The politics of initiative, referendum, and recall*. Harvard University Press.

Lagi, S. (2012). Hans Kelsen and the Austrian Constitutional Court (1918–1929). *Co-herencia*, 9(16), 273–295.

Lamont, M. (2001). Culture and identity. In *Handbook of sociological theory* (pp. 171–185). Boston, MA: Springer US.

Lasswell, H. D. (1970). The emerging conception of the policy sciences. *Policy sciences*, 1(1), 3–14.

_____. (2018). *Politics: Who gets what, when, how*. Pickle Partners Publishing.

_____. (1936). *Who Gets What, When and How?* New York: McGraw-Hill.

Leichter, H. M. (1979). *A comparative approach to policy analysis: health care policy in four nations*. Cambridge University Press.

Li, R. P. and Thompson, W. R. (1975). The" coup contagion" hypothesis. *Journal of Conflict Resolution*, 19(1), 63–84.

Likert, R. (1961). *New Patterns of Management*, New York: McGraw-Hill.

_____. (1979). From production-and employee-centeredness to systems 1–4. *Journal of management*, 5(2), 147–156.

Lindblom, C. E. (1963). *A strategy of decision: Policy evaluation as a social process*. New York: Free Press of Glencoe.

_____. (1965). *The Intelligence of democracy*. New York: Free Press.

_____. (1968). *The policy-making process*. Prentice-Hall.

Lindseth, P. L. (2016). The perils of 'as if' European constitutionalism. *European Law Journal*, 22(5), 696–718.

Lipset, S. M. (1959). Some social requisites of democracy: Economic development and political legitimacy. *American political science review*, 53(1), 69–105.

_____. (1981). *Political Man: The Social Bases of Politics*, Baltimore: Johns Hopkins University Press.

Lipset, M. S., Seong, K. R. and Torres, J. C. (1993). A Comparative Analysis of the Social Requisites of Democracy, *International Social Science Journal*, May, 155–175.

Lipsky, M. (1982). *Street-level bureaucracy: Dilemmas of the individual in public service*. Russell Sage Foundation.

Longley, R. (2022). Totalitarianism, Authoritarianism and Fascism. Thought Co, Dec. 5, 2022, thoughtco.com/totalitarianism-authoritarianism-fascism-4147699.

Lowi, T. J. (1964). American business, public policy, case studies, and political theory. *World Politics*, 16, 677–715.

_____. (1972). Four systems of policy, politics and choice. *Public Administration Review*, 32, 298–310.

Lynd, R. S. and Lynd, H. M. (1937). *Middletown in transition: A study in cultural conflicts*. Harcourt, Brace and Cpmpany.

Mankiw, N. G. (2020). *Principles of economics*. Cengage Learning.

Marcum, J. W. (2000). Out with motivation, in with engagement employee relations. *National Productivity Review: The Journal of Organizational Excellence*, 19(4), 57–60.

Maslow, A. H. (1943). A Theory of Human Motivation. *Psychological Review*, 50, 370–396.

Mayes, B. T. and Allen, R. W. (1977). Toward a definition of organizational politics. *Academy of management review*, 2(4), 672–678.

Mayo, E. (1949). Hawthorne and the western electric company. *The social problems of an industrial civilisation*, 1–7.

McSwite, O. C. (1997). Jacques Lacan and the theory of the human subject: How psychoanalysis can help public administration. *American Behavioral Scientist*, 41(1), 43–64.

Meyer, M. W. (1987). The growth of public and private bureaucracies. *Theory and Society*, 215–235.

Michels, A. M. (2006). Citizen participation and democracy in the Netherlands. *Democratization*, 13(02), 323–339.

Mill, J. S. (1861). *Representative Government*. Batoche Batoche Books (reprinted Kitchener 2001).

Mills, C. W. (1981). *The power elite* [1956]. New York: Oxford University Press.

Milward, H. B. and Provan, K. G. (2000). Governing the hollow state. *Journal of public administration research and theory*, 10(2), 359–380.

Moe, T. M. and Caldwell, M. (1994). The institutional foundations of democratic government: A comparison of presidential and parliamentary systems. *Journal of Institutional and Theoretical Economics* (JITE), 150(1), 171–195.

Mounk, Y. (2018). The people vs. democracy: Why our freedom is in danger and how to save it. In *The People vs. Democracy*. Harvard University Press.

Mukand, S. W. and Rodrik, D. (2020). The political economy of liberal democracy. *The Economic Journal*, 130(627), 765–792.

Newland, C. (1994). Managing from the future in council–manager government. *Ideal and practice in council–manager government*, 263–83.

Norris, P. and Inglehart, R. (2001). Cultural obstacles to equal representation. *J. Democracy*, 12, 126.

Nousiainen, J. (2001). From semi‐presidentialism to parliamentary government: Political and constitutional developments in Finland. *Scandinavian Political Studies*, 24(2), 95–109.

Nozick, R. (1974). *Anarchy, state and utopia*. John Wiley & Sons.

Nozick, R. (2013). Distributive justice. In *Modern Understandings of Liberty and Property* (pp. 179–

260). Routledge.

Nussbaum, M. (2001). The enduring significance of John Rawls. *The Chronicle of Higher Education*, 47(45), B7.

Olson, M. (1965). *The logic of collective action*. Cambridge, MA. Harvard University Press.

_____. (2012). The logic of collective action [1965]. *Contemporary Sociological Theory*, 124.

Osborne, D. and Gaebler, T. (1993). *Reinventing government: The five strategies for reinventing government*. Penguin.

Ostrom, E. (2007). Collective action and local development processes. *Sociologica*, 1(3), 0–0.

Oxford University Press. (2021). *Democracy*. Retrieved 24 February 2021.

Palanza, V. and Sin, G. (2013). Veto Bargaining and the Legislative Process in Multiparty Presidential Systems. *Comparative Political Studies*, 47(5), 766–792.

Pecorino, P. (1999). The effect of group size on public good provision in a repeated game setting. *Journal of Public Economics*, 72(1).

Pelissero, J. P. (ed.). (2002). *Cities, politics and policy: A comparative analysis*. CQ Press.

Perrow, C. (2019). The analysis of goals in complex organizations. In *Management Control Theory* (pp. 369–382). Routledge.

Perry, J. L. and Wise, L. R. (1990). The motivational bases of public service. *Public administration review*, 367–373.

Peterson, P. E. (1981). *City limits*. University of Chicago Press.

Pettersson-Lidbom, P. (2012). Does the size of the legislature affect the size of government? Evidence from two natural experiments. *Journal of Public Economics*, 96(3–4), 269–278.

Pfeffer, J. (1981). Understanding the role of power in decision making. *Power in organizations*, 404–423.

Pfeffer, J. and Pfeffer, J. (1981). *Power in organizations* (Vol. 33). Marshfield, MA: Pitman.

Pfeffer, J. and Salancik, G. R. (1977). Organization design: The case for a coalitional model of organizations. *Organizational Dynamics*, 6(2), 15–29.

Polletta, F. (2013). Participatory democracy in the new millennium. *Contemporary Socialogy*, 42(1), 40–50.

Polsby, N. W. (1964). Community power and political theory. *Ethics*, 75(1).

Pressman, J. L. and Wildavsky, A. B. (1973). *How great expectations in Washington are dashed in Oakland*.

Provan, K. G. and Milward, H. B. (2001). Do networks really work? A framework for evaluating public‐sector organizational networks. *Public administration review*, 61(4), 414–423.

Przeworski, A. (2000). *Democracy and development: Political institutions and well-being in the world, 1950–1990* (No. 3). Cambridge University Press.

Putnam, R. D. (1995). Bowling Alone: America's Declining Social Capital. Journal of Democracy. In The City Reader (pp. 166–174). Routledge.

Qvortrup, M. (2021). Citizen-initiated referendums: An empirical assessment. In Democracy on demand (pp. 178-221). Manchester University Press.
Rainey, H. G., Backoff, R. W. and Levine, C. H. (1976). Comparing public and private organizations. *Public administration review*, 36(2), 233-244.
Ramos, F. (2006). The establishment of constitutional courts: A study of 128 democratic constitutions. *Review of Law and Economics*, 2(1), 103-135.
Rawls, John. (1971). *A theory of justice*. The Belknap Press of Harvard University Press.
Ríos, A. M., Benito, B. and Bastida, F. (2017). Factors explaining public participation in the central government budget process. *Australian Journal of Public Administration*, 76(1), 48-64.
Ronald Reagan Presidential Foundation. (1981). Ronald Reagan' Inaugural Address(1981.1.20.).
Rosenberg, S. W. (2007). Rethinking democratic deliberation: The limits and potential of citizen participation. *Polity*, 39(3), 335-360.
Salamon, L. M. (1987). Of market failure, voluntary failure and third-party government: Toward a theory of government-nonprofit relations in the modern welfare state. *Journal of voluntary action research*, 16(1-2), 29-49.
Sartori, G. (1978). Anti-elitism revisited. *Government and opposition*, 13(1), 58-80.
_____. (1994). *Comparative Constitutional Engineering*. New York University Press.
Sassoon, D. (2019). The anxious triumph: a global history of capitalism, 1860-1914. Penguin UK.
Saurugger, S. (2016). Constructivism and agenda setting. *Handbook of public policy agenda setting*, 132-156.
Savas, T. P. (2000). Chickamauga and Chattanooga: Battles for the Confederate Heartland. *A Journal of the American Civil War*, 7(1).
Schlozman, K., Brady, H. and Verba, S. (2018). *Unequal and unrepresented: Political inequality and the people's voice in the new gilded age*. Princeton University Press.
Schubert, G. (1960). *The Public Interest*. Glencoe, Illinois.
Schütze, R. (2009). *From dual to cooperative federalism: the changing structure of European law*. Oxford University Press, USA.
Scott, W. G. (1988). *Organization Theory: A Structural and Behavioral Analysis*. Irwin Series in Management and the Behavioral Sciences.
Shafritz, J. M., Russell, E. W. and Borick, C. (2015). *Introducing public administration*. Routledge.
Sharma, G. N. (1973). *Samuel Butler and Edmund Burke: A Comparative Study in British Conservatism*. The Dalhousie Review.
Shively, W. P. (2014). *Power and choice: An introduction to political science*(14th eds.). McGraw-Hill.
Siaroff, A. (2003). Comparative presidencies: The inadequacy of the presidential, semi-presidential and parliamentary distinction. *European journal of political research*, 42(3), 287-312.

Sigman, R. and Lindberg, S. I. (2019). Democracy for all: conceptualizing and measuring egalitarian democracy. *Political Science Research and Methods*, 7(3), 595–612.

Simon, H. A. (1955). A behavioral model of rational choice. *The quarterly journal of economics*, 69(1), 99–118.

_____. (1997). *Administrative behavior: A study of decision-making processes in administrative organization*(4nd ed.). Free Press.

_____. (1990). *Reason in human affairs*. Stanford University Press.

Singh, S., Karakoç, E. and Blais, A. (2012). Differentiating Winners: How Elections Affect Satisfaction With Democracy. *Electoral Studies*, 31(1), 201–211.

Skaaning, S. E., Gerring, J. and Bartusevičius, H. (2015). A lexical index of electoral democracy. *Comparative Political Studies*, 48(12), 1491–1525.

Smith, S. R. and Lipsky, M. (2009). *Nonprofits for hire: The welfare state in the age of contracting*. Harvard University Press.

Sorauf, F. J. (1957). The public interest reconsidered. *The Journal of Politics*, 19(4), 616–639.

_____. (1962). The conceptual muddle. NOMOS: American Social Policy. *Legal Phil*, 5, 183.

Staudt, K. (2019). Women in Politics: Mexico in global perspective. In *Women's participation in Mexican political life* (pp. 23–40). Routledge.

Stelzer, M. (2011). *The Constitution of the Republic of Austria: A Contextual Analysis*. Boomsbury.

Stepan, A. and Skach, C. (1993). Constitutional frameworks and democratic consolidation: Parliamentarianism versus presidentialism. *World politics*, 46(1), 1–22.

Stogdill, R. M. (1950). Leadership, membership and organization. *Psychological bulletin*, 47(1), 1.

Stone, C. N. (1989). *Regime politics: governing Atlanta, 1946–1988*. University press of Kansas.

Talukder, D. and Pilet, J. B. (2021). Public Support for Deliberative Democracy. A Specific Look at the Attitudes of Citizens From Disadvantaged Groups. Innovation: *The European Journal of Social Science Research*, 34(5), 656–676.

Taylor, F. W. (1914). Scientific management: reply from Mr. FW Taylor. *The Sociological Review*, 7(3), 266–269.

_____. (2004). *Scientific management*. Routledge.

Thomas, S. and Welch, S. (1991). The impact of gender on activities and priorities of state legislators. *Western Political Quarterly*, 44(2), 445–456.

Thompson, D. F. (2015). *John Stuart Mill and representative government*. Princeton University Press.

Thompson, W. R. (1975). Regime vulnerability and the military coup. *Comparative Politics*, 7(4), 459–487.

Tridimas, G. (2021). Constitutional monarchy as power sharing. *Constitutional Political Economy*, 32(4), 431–461.

Truman, D. B. (1951). *The Governmental Process*. New York: Alfred A. Knopf. University of

California: Berkeley.

Vanhanen, T. (1997). *Prospects of democracy: A study of 172 countries*. Psychology Press.

_____. (2004). *Democratization: A comparative analysis of 170 countries* (Vol. 7). Routledge.

Venice Commission. (2010). Draft Report on the Role of the Opposition in a Democratic Parliament.

Vráblíková, K. (2014). How context matters? Mobilization, political opportunity structures and nonelectoral political participation in old and new democracies. *Comparative Political Studies*, 47(2), 203–229.

Vroom, V. H.(1964). *Work and Motivation*. New York: John Wiley & Sons.

Walker, J. L. (1966). A critique of the elitist theory of democracy. *American Political Science Review*, 60(2), 285–295.

Wamsley, G. L. and Wolf, J. F. (Eds.). (1996). *Refounding democratic public administration*. Sage.

Weber, M. (1998). *From Max Weber: essays in sociology*. Routledge.

Weber, M., Henderson, A. M. and Parsons, T. (1947). *The Theory of Social and Economic Organization*. New York: Macmillian Publishing Co., Inc.

Welch, S. and Bledsoe, T. (1988). *Urban reform and its consequences: A study in representation*. University of Chicago Press.

White, O. F. (1972). Psychic energy and organizational change. (A Sage Professional Paper). Beverly Hills, CA: Sage Publications, Inc.

Wiarda, H. J. (2016). *Corporatism and comparative politics: the other great "ism"*. Routledge.

Wilson, J. Q. (1986). The rise of Bureaucratic State. (eds. 4th) Rourke, F. E. Bureaucratic power in national policy making: readings. (No Title).

_____. (2019). *Bureaucracy: What government agencies do and why they do it*. Hachette UK.

Wilson, W. (1887). The study of administration. Political science quarterly, 2(2), 197–222.

Wolman, H., McManmon, R., Bell, M. and Brunori, D. (2008). Comparing local government autonomy across states. In Proceedings. Annual Conference on Taxation and Minutes of the Annual Meeting of the National Tax Association (Vol. 101, pp. 377–383). National Tax Association.

Woodberry, R. D. and Shah, T. S. (2004). The pioneering protestants. *J. Democracy*, 15, 47.

Zeng, R. (2004). Unpublished article. A critique of Maslow's work.

Zhang, W. (2015). Perceived procedural fairness in deliberation: Predictors and effects. *Communication Research*, 42(3), 345–364.

OECD. (2022). Constitutions in OECD Countries: A Comparative Study. https://www.oecd-ilibrary.org/

UN. (2004). Classification of the Functions of Government (COFOG). https://www.oecd.org/gov

US Office of Personnel Management. (2024). Questionnaire for National Security Status. https://www.opm.gov.

[국내 문헌]

강신구. (2012). 어떤 민주주의인가?: 제도와 가치체계의 조응을 통해 바라본 한국 민주주의의 발전 방향 모색. 「한국정당학회보」, 11(3), 39-67.
강황묵·남창우. (2018). 우리나라 지방정부의 주민참여예산 제도 성과 및 영향요인 분석. 한국공공관리학보, 32(3), 25-52.
경남신문. (2010). 한국정치, 여성참여 확대가 필요하다. 2010.01.13.
고길곤·박치성. (2010). 대학생의 직업선택동기와 공직동기. 「행정논총」, 48(2), 339-368.
권자경. (2017). 주민참여예산 제도가 주민주권강화에 미친 영향에 관한 실증연구: 전국 지방자치단체를 대상으로. 「지방정부연구」, 21(1), 217-239.
김선화. (2023). 헌법개정절차 해외헌법규정례. 국회입법조사처, 2023. 04. 14. 제33호.
김정렬. (2004). 독일식 모델의 시련과 미래-사회적 시장경제의 후퇴와 신공공관리적 행정개혁의 향방. 「현대사회와 행정」, 14(3), 111-133.
김형철. (2007). 민주주의 수준에 대한 사회경제적·정치제도 요인의 효과: 8개 신생민주주의 체제에 대한 경험적 비교연구. 「한국정치학회보」, 41(1), 123-144.
박경돈. (2008a). 새 정부 초기의 여건분석을 위한 재정지표 검토. 기획재정부.
_____. (2008b). 주요국 공무원의 전환 배치. 행정안전부.
_____. (2015). 역대국회 회기별 법률안의 처리결정과 처리기간의 영향요인. 의정논총, 10(2), 57-84.
_____. (2017). 개별 법률안 채택의 가능성과 소요 기간. 「의정논총」, 12(2), 217-242.
_____. (2017). 행정부와 의회 간의 균형에 대한 연구. 「의정논총」, 12(1), 25-50.
_____. (2020). 「복지국가경제론」. 윤성사.
_____. (2020). 여성 국회의원의 정치적 대표성에 관한 국가 간 비교. 「의정논총」, 15(1), 71-97.
_____. (2021). 복지국가와 여성의 의회대표성. 「의정논총」, 16(2), 101-126.
_____. (2021). 「정책학」. 윤성사.
_____. (2022). 지방정부의 조례와 규칙 간 균형 관계: 주민참여예산 제도의 제정과 개정. 「의정논총」, 17(2), 151-176.
_____. (2023). 민주주의 발전의 영향요인과 정치체제의 비교. 「인문사회과학연구」, 24(4), 439-470.
_____. (2023). 민주주의 발전의 영향요인과 정치체제의 비교: OECD 국가를 중심으로. 「인문사회과학논총」. 부경대 인문사회연구소.
_____. (2024). 「정책학」(2판). 윤성사.
박천오. (2012). 「한국 정부관료제」. 법문사.
서울신문. (2010). 박경돈, 국유재산 효율적 관리를 위하여. 2010. 05. 20.
신정현. (2001). 「정치학: 과학과 사유의 전개」. 법문사.
신정현. (2001). 「정치학」. 법문사.
안성민·최윤주. (2009). 주민참여예산 제도의 경험과 성과: 5개 자치구를 중심으로. 「한국행정논집」, 21(4), 1369-1399.
안용흔. (2013). 투표선택, 정치제도, 그리고 민주주의: 2012년 총선과 대선의 투표행태와 연관성 분석. 「평화연구」, 21(1), 215-246.

이광원. (2018). 전국의 주민참여예산 조례를 통해 본 참여 범위 및 참여기구의 유형 분석. 「한국정책과학학회보」, 22(2), 77-102.

이순향·김상헌. (2011). 주민참여예산 제도 도입의 효과에 관한 연구: 지출 규모와 구성비 변화를 중심으로. 「한국행정논집」, 23(1), 319-342.

이승종·김혜정. (2018). 「시민참여론」. 박영사.

이창원. (2012). 「조직론」. 대영문화사.

이혜정. (2020). 의회와 국민의 관계-의회의 대표성과 그 발전 방향. 「법학연구」, 61(4), 1-30.

임성호. (2003). 원내정당화와 정치개혁: 의회민주주의 적실성의 회복을 위한 소고. 「의정연구」, 9(1), 133-166.

전광석. (2009). 미국 헌법의 개정 논의. 「미국헌법학회 미국헌법연구」, 20(3), 115-157. 미국헌법학회.

최예나. (2017). 공무원의 관점으로 본 정책도구가 주민참여예산 제도의 정책성과에 미치는 영향에 관한 탐색적 연구: 정책학습의 조절 효과를 중심으로. 「지방정부연구」, 21(3), 89-116.

하연섭. (2021). 「재정학의 이해」(제2판). 다산출판사.

e-나라 지표. (2024). 자치단체 행정구역 및 인구 현황. https://www.index.go.kr/
국회의 법률정보시스템. (2024). 법률안의 입안과정. https://likms.assembly.go.kr/
대통령실. (2024). 공직 예비후보자 자기검증 질문서. https://www.president.go.kr/
법제처. (2023). 행정부의 입법과정에 관한 절차. https://www.moleg.go.kr
세계법제정보센터. (2024a). 미국의 법령체계도. https://world.moleg.go.kr/
세계법제정보센터. (2024b). 미국에서 최근 업데이트 된 세계법제정보. https://world.moleg.go.kr/
전세계 선거위원회 협의회 (2024). 선거위원회. https://aceeeo.org/ and http://www.aaeasec.org
중앙선거관리위원회. (2020). 당선인 통계. http://info.nec.go.kr.
_____. (2024). 사이버역사관. http://museum.nec.gokr.
통합입법예고시스템. (2024). http://opinion.lawmaking.go.kr

찾아보기

[ㄱ]

가중 다수결(Qualified M-ajority)	152
갈등의 준해결(Quasi-solution)	228
강력한 대통령제	164
강시장-의회형 정부(Strong Mayor-Council form of government)	260
강압적 권력	30
강한 민주주의(Strong Democracy)	94
개인 권력	31
개인 소비(Individual Consumption)	75, 76
개인주의(Individualism)	48
개정 용이성(amendability)	117
거래비용(Transaction Costs)	80, 198, 199
거래적 리더십(Transactional Leadership)	284
거버넌스(Governance)	41
경쟁의 원리	106
경합성(Rivaliness)	75, 76, 77
공공선택론	26, 198
공공재(Public Goods)	74
공공재의 교환가능성	25
공공재의 비배제성	74
공공재의 비배타성	74
공공정책	22, 92, 93, 118, 217, 218, 219
공동 소비(Joint Consumption)	75, 76
공동 의사결정	26
공리주의(Utilitarianism)	66, 67
공무원의 규모	249-252
공산주의	58
공유자원(Common Pool Resource)	74, 76, 77
공유지 비극(Tragedy of the Commons)	78
공익(Public Interest)	96, 97, 98
공익의 과정설	97
공익의 실체설	97
공적 서비스의 동기부여이론 (Public Service Motivation Theory: PSM)	276
공직 예비후보자 자기검증 질문서	279
공직자의 대표성	50, 95
공평성	66, 276
과정이론(Pocess theories)	275
과학적 관리론	33, 270
관료국가(Bureaucratic State)	268
관료제(Bureaucracy)	266-272
광의의 행정학	41
구성정책	233
구조적 홈룰(Sructural Home Rule)	259
국가 건설(State-building)	81
국가 원수(head of state)	112, 145, 155, 156, 166
국가 조합주의(State Corporatism)	87
국가 현상설	27
국가(State)	81
국가적 정체성	120
국민(Nation)	81
국민투표(Referendum)	123
국민표결(Nation Vote)	192
국회의원 규모	148
국회의원 임금	150
군사정부(Military Government)	110, 111
군사쿠데타(military coup)	110
군주제(Monarchy)	111
권력 엘리트(Power Elite)	85
권력 현상설	27
권력의 원천	30
권력의 정의와 발생원인	29
권위(Authority)	25, 26
권위의 가치적 배분	23
규제심사	181
규제와 관료주의	34
규제정책	233
그림자 정부(Shadow Government)	54
근대국가	71-74
급진적 사회주의	58
기계적 합리성(Tehnical Rtionality)	269

[ㄱ]

기능적 홈룰(Fnctional Home Rule)	259
기술적 복잡성	40
기업 방침(private policy)	22
기회비용	25, 107

[ㄴ]

나치즘(Nazism)	58, 60
내각 결속력(Cabinet Solidarity)	150
내부접근형	222
내쉬 균형(Nash Equlibrium)	79
내용이론(Cntent theories)	273
노동자계급	58

[ㄷ]

다원주의(Pluralism)	86, 87
단순 다수결(Relative Majority)	153, 157
단원제 의회	143, 162, 172
단일국가	236-241
당선인 결정	205, 207
대리 정부(Proxy Government)	54
대의제 민주주의	49, 50, 93, 94, 96, 97
대중의제(Public Agenda)	222
대통령 권한 축소	164
대통령 입법(Presidential Actions)	141
대통령의 거부권	156-158
대통령의 불신임	159
대통령의 탄핵	160
대표관료제(Representative Bureaucracy)	94
대항 이데올로기	50, 65
도구적 합리성(Istrumental Rtionality)	269
도덕적 민주주의	200
독립 모형(Independent Model)	246
독점적 자본주의(Monopolistic Capitalism)	60
동기부여 위기(Motivation Crisis)	115
동원형	222

[ㄹ]

롤스적 정의관	67
리더십 상황론	283
리더십 유형론	282
리더십 특성론(Trait theory)	281
리더십 행태론	282
리더십 환경론	283

[ㅁ]

만족모형(Satisficing Model)	227
명시적 권력(Explicit Power)	26
모호함의 미학(virtue of vagueness)	116
목표대치(Goal Displacement)	234
무의사결정(non-decision making)	221
무지의 장막(Vveil of Ignorance)	67
문제지향성(problem-orientation)	219
미국 연방헌법 (The Constitution of the United States)	138
미국의 국가안보 지위를 위한 질문지(SF86)	279
미국의 사법담당관 선거	214
미국의 수정헌법	139, 140
미국의 주헌법(State Constitutions)	141
미세관리(micro-management)	36
민간위탁(Contracting-out)	53, 54, 55, 234
민간화	54, 55
민영화(Privatization)	52, 53, 54, 55, 234
민족국가(Nation State)	82
민족주의(Nationalism)	81, 82
민주적 거래(Democratic Bargain)	98
민주주의 발전의 영향요인	101
민주주의와 자본주의	105
민주주의의 역사적 이행	99
민주주의의 유형	90
민주주의의 전제조건	98
민주화의 물결(1, 2, 3차)	100
민중투표	194

[ㅂ]

반대통령제	165
반동기부여론(Anti-motivation theory)	277
반자유주의(Illiberal Democracy)	91
반지성주의	59
방관자 민주주의(Spectator Democracy)	94
배제성(Excludability)	75, 76, 77
법령 체계	127
법률공포안	178
법률안 제출	173
법적 · 합리적 권위(Legal · rational Authority)	32
베니스 위원회(Venice Commission)	151
변혁적 리더십(Transformational Leadership)	285

보상적 권력	30
보수주의	50–52
보수주의 복지국가	52
보편적 복지	52
복지국가(Welfare State)	51, 52, 88
복지국가화	40
부르주아	48
부분 거부권(Partial Veto Power)	157
부의 이전의 원리(Principle of Wealth)	67
부정적 외부성(Negative Externalities)	84
부처 모형(Branch Model)	247
분권화된 단일국가	241
분배정책	233
분점정부	156
불신임(no confidence)	145
비례대표제(Proportional Representation)	103, 131, 189–191, 196, 197
비시장실패(Non-market Failure)	84
비정부실패(Non-governmental Failure)	84

[ㅅ]

사기업 관리	40
사법 모형(Judicial Model)	248
사전 영향평가	180
사회 조합주의(Social Corporation)	88
사회민주주의 복지국가	52
사회적 시민권	52
사회적 자본(Social Capital)	94
사회적 협약	108
사회주의	57, 58
산업재해보상보험	51, 52, 63
산출 위기(Output Crisis)	115
상원	146–149
상임위원회	174
생산가능곡선	24
생산자 잉여	107
선거민주주의(Electoral Democracy)	90
선거위원회(Election Commission)	242
선거인단(Electoral College)	209, 210
선별적 복지제도	63
선출직 공직자	49, 50, 94, 95, 126, 161, 192, 195, 278–281
성공한 국가(Successful State)	83
세 가지 흐름	222, 223
세대 중첩의 공공재 게임	80
소비자 독점(Monopsony)	84
소비자 잉여	107
소환(recall)	126
수정 가결	176
수직적 민주주의(Vertical Democracy)	96
수평적 민주주의(Horizontal Democracy)	95
숙의민주주의(Deliberative Democracy)	92
순환 리더(rotating leaders)	288
시 정부(municipality)	213, 214, 260
시민권(Citizenship Rights)	48
시민사회단체(Civil Social Organization)	84
시민의 입법 발의(Legislation Initiative)	125
시민참여의 긍정론	93
시민참여의 회의론	95
시장의 불완전성(Market Imperfections)	54
시장-의회형 정부(Mayor-Council form of government)	260
시장지배력(Market Power)	84
신공공관리론(New Public Management)	54, 55, 56, 277
신관리주의(New Managerialism)	55
신권 정치체제(Theocratic Regime)	112
신자유주의(Neo-Liberalism)	52
신자유주의(New Liberalism)	64
신조합주의(Neo-corporatism)	88
신탁 모형(trustee model)	49
실용 학문	38, 42
실질적 대표성(Active Representation)	95
실패한 국가(Failed State)	82
심리적 강제력	26
쓰레기통모형(Garbage Can Model)	229

[ㅇ]

암묵적 권력(Implicit Power)	26
애국주의(Patriotism)	82
앨리슨모형(Allison Model)	229
약시장-의회형 정부(Weak Mayor-Council form of government)	260
약한 민주주의(Weak Democracy)	94

양원제 의회	143	입헌군주(Constitutional Monarch)		112
엘리트 정치	202	**[ㅈ]**		
엘리트이론(Elitism; Elite theory)	85, 86	자유민주주의(Liberal Democracy)		90
엘리트주의	60, 85	자유의 원리(Principle of Liberty)		67
역량 원칙	201, 202	자유주의		47-52
역선택(reverse selection)	84	자유주의 복지국가		52
역차별(reverse discrimination)	118	자유주의적 정의관(Liberalism)		67
연방 선거	207, 208, 248	자율국가(Autonomous State)		83
연방국가	236-241	작은 정부	49, 62-64, 250, 252
연정	143, 155, 156	장점재(Worthy Goods)		74
온건적 사회주의	58	재분배정책		233
완전 거부권(Total Veto Power)	157	재정분권화(Fiscal Decentralization)		240
외부비용(External Cost)	198	재정적 홈룰(Fical Home Rule)		259
외부주도형	222	저대표성		37
원안 가결	176	전문적 권력		30
원초적 지위(Original Position)	/ 67	전제정치(Autocracy)		109, 110
위원회형 정부		전체주의 이데올로기		60
(Commission form of government)	264	전체주의 정권		59
위임 모형(delegate model)	49	전체주의(Totalitarianism)		58-61
유럽 근대국가의 발전	72	전체주의자		59, 60
의사결정비용(Decision Making Cost)	198	전통적 관리		54, 55
의원내각제	142	전통적 권위(traditional Authority)		32
의회-도시관리자형 정부		절차적 합리성(Pocedural Rtionality)		269
(Council-Manager form of government)	260	점증모형(Incremental Model)		227
이데올로기	44, 45, 46	점진적 사회개혁		58
이데올로기의 개인적 유용성	45	정규직 노동 시간		
이데올로기의 구조와 특성	45	(full time equivalence: FTE)		252
이데올로기의 사회적 유용성	45	정당의 연합주의		155
이송 법률안	178	정당한 강제력 사용		72
이원집정부제	165	정보 비대칭(information asymmetry)		84
이익의 정치(the Politics of Interest)	97	정부 기능별 분류(COFOG)		248, 249
이중 정통성(Dual Legitimacy)	165	정부 신임 국민투표		130
이중 행정부(Dual Executive)	165	정부 재창조론(Reinventing Government)		55
인센티브 양립 가능성(Incentive Compatibility)		정부실패(Market Failure)		83, 84
	117	정부의 대표성		48
일선관료(Street-level Bureaucrat)	230	정부의제(Government Agenda)		222
임계량	168	정책결과(Policy Output)		235
입법 간소화 절차(Fast Track)	159	정책결정(Policy Decision Making)		224
입법계획제도	179	정책과정(Policy Process)		219
입법권	146, 156, 157, 159, 164, 173, 210, 242, 264	정책과정에 대한 지식		218
입법예고제도	181	정책단계		219, 220

정책대상집단(Policy Target)	221	주민투표법	195
정책문제(Policy Problem)	219	준거적 권력	30, 31
정책분석(Policy Analysis)	223, 224	준공공재	23
정책성과(policy output)	235	준대통령제	158, 164-166
정책수단(Policy Instrument or Tool)	234	직업공무원	160, 254
정책영향력(Policy Impact)	235	직위 권력	31
정책의 책임성	154	집권화된 연방국가	241
정책의제설정(Policy Agenda Setting)	219	집단 현상설	26
정책이론	42, 43	집단행동의 논리	
정책적 거부권(Policy Veto Power)	158	(The Logic of Collective Action)	79
정책집행(Policy Implementation)	230	집합재(Collective Goods)	74-77
정책창 열림	223	집합주의(Collectivism)	59
정책창 이론(Policy Window theory)	222		
정책채택(Policy Adoption)	224	**[ㅊ]**	
정책추진의 신중함	155	차별 철폐 조치 프로그램	
정책학 일반론	42	(Affirmative Action Program)	118
정책형성(Policy Formulation)	223	참여민주주의(Participatory Democracy)	91
정책혼합	35, 36, 37, 223	초합리모형	226
정체성의 대표성(Identity Representation)	95	초헌법성(Hyper-constitutionalisation)	117
정치의 정의	22	총 연임 횟수 제한	163
정치이데올로기	50, 57, 58, 60-66	총 잉여(Total Surplus)	108
정치적 결정	22, 25, 33, 42, 96	총 재임 연수 제한	163
정치적 대표성	95, 167, 168, 170	최소 정부	155
정치적 전략	38	최소국가의 원칙(Minimal State Principles)	68
정치적 지연(Political Gridlocks)	158	최소한의 정부	49
정치적 책임	156	최적모형(Optimal Model)	226
정치체제의 정통성(Legitimacy)	113		
정치-행정 이원론	34	**[ㅋ]**	
정치-행정 일원론	34	카리스마적 권위(Charismatic authority)	32
정통성 위기(Crisis of Legitimacy;		코커스(Caucuses)	208
Legitimation Crisis)	114, 115	코테일 효과(Coattail Effects)	163
제3세대 정책집행	232	클럽재(Club Good)	74, 76, 77
제한된 합리성(Bounded Rationality)	227		
제휴적 민주주의(Concertative Democracy)	109	**[ㅌ]**	
조직관	269	탄핵 심판	160
조직적합성(Organizational Fit)	271	탈규제	52
조직정치의 관리 방안	28	탈상품화(De-commodification)	52, 53
조직정치의 원인	27	탈헌법성(De-constitutionalisation)	117
조합주의(Corporatism)	87, 88	투입 위기(Input Crisis)	115
주민 감사 청구	194	투표 비용	197
주민소환 제도	193	투표의 역설(Paradox of Voting)	196, 197
주민참여예산 제도	133-137	특별지구정부(independent special district)	258

[ㅍ]

파시즘(Fascism)	58, 60
평균주의적 민주주의	91
평등	66
평등민주주의(Egalitarian Democracy)	91
평등주의(Egalitarianism)	66
표현의 자유(freedom of speech)	129
프라이머리(Primaries)	208
플레비시트(Plebiscite)	194

[ㅎ]

하원	146–149
한계변환율	25
합리모형	225
합리성 위기(Rationality Crisis)	115
합리적 무지(Rational Ignorance)	200–203
합리적 의사결정	225
합법적 권력	30
합헌적 거부권(Constitutionality Veto Power)	158
행정 모형(Executive Model)	248
행정부의 입법 기간	183
행정학의 범위	40
행정혼합	36, 37
행태의 대표성(Behavior Representation)	95
헌법 법원(constitutional Court)	243
헌법 체계	127
헌법개정	121
헌법개정의 발의	121
헌법개정의 역사	129
헌법개정의 제약	124
헌법재판소 (Independent Constitutional Court)	243
현자민주주의(Epistocracy)	200, 202
협력적 연방제 모형 (Cooperative Ffederalism)	238
협의의 행정학	40
형식적 대표성(Passive Representation)	95
형평성(Equity)	66, 92, 102, 157, 276
혼합 모형(Mixed Model)	247
혼합대통령제(Mixed-presidential Systems)	142, 165, 166
혼합주사모형(Mixed Scanning Model)	227
홈룰(Home Rule)	259
회기불계속 폐기	176
회사모형(Firm model)	228
효과적인 추종자 정신(Effective Followership)	286

저자 소개

박경돈

부산대학교 경제통상대학 공공정책학부 교수이다. 뉴욕주립대학교(State University of New York/Albany) 록펠러행정정책대학원에서 행정학 박사학위(Ph.D)를 취득하고, 뉴욕주아동가족청 본청(New York State Office of Children & Family Services)의 연구원과 한국행정연구원(KIPA)의 정책서비스연구부 부장(연구위원), 한국교통대학교 (정)교수를 지냈다. 경제·인문사회연구회로부터 2년 연속 '우수연구자상'을 수상했으며, 국무총리실의 중앙행정기관 행정협업평가위원, 행정자치부의 정부3.0평가위원, 농림축산식품부의 장관 직속 자체평가위원을 역임했다. 한국지방정부학회의 총무위원장이었으며, 정책 및 행정 관련 주요 학회의 이사 및 편집·총무위원, 각종 정부 기관의 평가 및 채용 위원을 두루 맡고 있다. 주요 전공 분야는 정책계량분석, 복지보건정책, 공공관리론, 미래연구이다(pkdon0525@pusan.ac.kr).